Peter Christoph Düren

Der Ablass in Lehre und Praxis

Die vollkommenen Ablässe der katholischen Kirche

Peter Christoph Düren

Der Ablass in Lehre und Praxis

Die vollkommenen Ablässe der katholischen Kirche

Dominus-Verlag
Augsburg, 5., ergänzte Aufl. 2025

Bibliografische Information der Deutschen Nationalbibliothek
Die Deutsche Nationalbibliothek verzeichnet diese Publikation in der Deutschen Nationalbibliografie; detaillierte bibliografische Daten sind im Internet über http://dnb.ddb.de abrufbar.

Fünfte Auflage. 2025
Vierte Auflage. 2013
Dritte Auflage. 2003
Zweite Auflage. 2000
Erste Auflage. 2000
Die 1.-3. Auflage erschien im Stella Maris Verlag, Buttenwiesen
(ISBN 3-934225-01-2 und ISBN 3-934225-04-7)

Die 4. u. 5. Auflage beruht auf dem neuesten offiziellen Ablassverzeichnis der für die Ablässe zuständigen Apostolischen Pönitentiarie: Enchiridion indulgentiarum. Normae et concessiones, Roma $^{4\,\text{Reimpressio}}$ 2004 (EI 2004); Handbuch der Ablässe. Normen und Gewährungen, Vatikan ^{2}2008 (HA 2008).

Mit kirchlicher Druckerlaubnis des
Bischöflichen Ordinariates Augsburg,
Nr. 2945 vom 21.05.2025,
Dr. Wolfgang Hacker, Generalvikar

Dr. Peter C. Düren, Mittleres Pfaffengäßchen 11, 86152 Augsburg
Tel. 0 (049) 821 – 56 65 65 8, Fax: 0 (049) 821 – 50 81 41 9
eMail: post@dominus-verlag.de
Internet: www.dominus-verlag.de

ISBN 978-3-940879-26-4

APOSTOLISCHE NUNTIATUR
IN DEUTSCHLAND

Bonn, den 14. Februar 2000

Sehr geehrter Herr Dr. Düren!
Sehr geehrte Frau Dr. Düren!

Sie haben mir das von Ihnen verfaßte und verlegte Werk *Der Ablass in Lehre und Praxis* zugeschickt, das die Ablasslehre der Kirche auf der Grundlage der 4. Auflage des *Enchiridion indulgentiarum* darlegt. .

Ich danke Ihnen für diese Aufmerksamkeit. Gerade im Jubiläumsjahr 2000 ist eine klare Darstellung und Erklärung der nicht selten umstrittenen Ablaßlehre der Kirche sehr nützlich. Da ein derartiges Werk für die Apostolische Pönitentiarie von Interesse sein kann, habe ich das Buch dorthin geschickt.

Mit den besten Segenswünschen und freundlichen Grüßen

Apostolischer Nuntius

Herrn und Frau
Dr. Peter und Dr. Sabine Düren
Stella Maris Verlag
Geistbergstraße 16

86647 Buttenwiesen

Postfach 200152 · 53131 Bonn · Tel. (0228) 959010 · Fax (0228) 379180

APOSTOLISCHE NUNTIATUR
IN DEUTSCHLAND

Bonn, den 13. März 2000

Sehr geehrter Herr Dr. Düren!

Mit Schreiben vom 14. Februar hatte ich Ihnen mitgeteilt, dass ich das von Ihnen verfaßte und verlegte Werk *Der Ablass in Lehre und Praxis* an die Apostolische Pönitentiarie in Rom geschickt habe.

Großpönitentiar Kardinal Baum hat mir mitgeteilt, dass das Büchlein auch an ihn direkt übermittelt wurde, und er hat mich beauftragt, Ihnen für die freundliche Aufmerksamkeit zu danken. Er hält es für ein lobenswertes Unterfangen, dem Ablass, den viele einfach übergehen oder mangelhaft sogar falsch darstellen, eine fundierte Darlegung zu widmen.

Mit den besten Wünschen für eine gesegnete Fastenzeit und freundlichen Grüßen

+ Giovanni Lajolo

Apostolischer Nuntius

Herrn
Dr. Peter Düren
Stella Maris Verlag
Geistbergstraße 16

86647 Buttenwiesen

Postfach 200152 · 53131 Bonn · Tel. (0228) 959010 · Fax (0228) 379180

APOSTOLISCHE NUNTIATUR
IN DEUTSCHLAND

Bonn, den 25. April 2000

Sehr geehrter Herr Dr. Düren!

Mit Schreiben vom 13. März habe ich Ihnen mitgeteilt, dass Großpönitentiar Kardinal Baum es begrüßt hat, dass Sie ein fundiertes Werk über den Ablass verfaßt haben.

Bischof Luigi De Magistris, der Regens der Apostolischen Pönitentiarie, hat mir inzwischen über Ihr Werk *Der Ablass in Lehre und Praxis* eine sehr positive Bewertung mitgeteilt, die ich Ihnen nachfolgend übermittle:

„Der Band ist verdienstvoll, vor allem weil er mit doktrinärer Wahrheit das Thema der Ablässe in Übereinstimmung mit der Lehre der Heiligen Kirche darlegt; sodann weil er mit seiner einfachen und klaren Art der Darstellung einer großen Zahl von Gläubigen jenes ausgezeichnete Geschenk des Herrn und der Kirche, das die Ablässe sind, zugänglich macht. Das Werk ist um so verdienstvoller, als es von einer eindeutigen und mutigen katholischen Gesinnung herrührt, während andere lieber schweigen oder aus einem falsch verstandenen Irenismus die Bedeutung der Ablässe herunterspielen.

Die Pönitentiarie wünscht folglich der Publikation einen guten Erfolg und empfiehlt dem Herrn diejenigen, die daraus den Anreiz ziehen werden, auch mittels des Ablasses die eigene Heiligung zu erlangen.“

Mit den besten Wünschen für eine frohe und gesegnete Osterzeit und freundlichen Grüßen

+ Giovanni Lajolo

Apostolischer Nuntius

Herrn
Dr. Peter Düren
Stella Maris Verlag
Geistbergstraße 16

86647 Buttenwiesen

Postfach 200152 · 53131 Bonn · Tel. (0228) 959010 · Fax (0228) 379180

APOSTOLISCHE NUNTIATUR
IN DEUTSCHLAND

Bonn, den 25. Juli 2000

Sehr geehrter Herr Dr. Düren,

mit Brief vom 15. Mai haben Sie an die Pänitentiarie und an mich geschrieben, um die an diesem Tag herausgekommene zweite Auflage Ihres Buches „Der Ablass in Lehre und Praxis“ anzuzeigen, und mir mit separater Post ein Exemplar aus dieser Auflage zukommen lassen. Die Pänitentiarie gratuliert Ihnen zu dem Erfolg Ihres Buches, dessen klare Lehre und pastorale Wärme sie zu schätzen weiß, und würde sich freuen, wenn es möglich wäre, es auch in Übersetzungen Menschen in anderen Ländern zugänglich zu machen.

Indem ich mich der Wertschätzung der Pänitentiarie gern anschließe, verbleibe ich mit freundlichen Grüßen

Ihr

+ Giovanni Lajolo

Apostolischer Nuntius

Herrn
Dr. Peter C. Düren
Geistbergstraße 16

86647Buttenwiesen

Der Autor Dr. theol. Peter Christoph Düren überreicht dem Heiligen Vater, dem heiligen Papst Johannes Paul II., nach der Generalaudienz auf dem Petersplatz in Rom am 11. Oktober im Heiligen Jahr 2000 auf Einladung der Apostolischen Nuntiatur ein Exemplar der zweiten Auflage des vorliegenden Buches.

STAATSSEKRETARIAT

ERSTE SEKTION
ALLGEMEINE ANGELEGENHEITEN

Aus dem Vatikan, am 13. Oktober 2000

Sehr geehrter Herr Düren,

gerne bestätige ich Ihnen den Empfang Ihres werten Buches, das Sie Seiner Heiligkeit anläßlich der Generalaudienz am 11. September überreicht haben. Zugleich darf ich Ihnen freundlich mitteilen, daß Papst Johannes Paul II. für dieses Zeichen der Verbundenheit sowie für die geschätzte Gabe aufrichtig dankt.

Der Heilige Vater erbittet Ihnen und allen, die Ihnen nahestehen, im Jahr des Großen Jubiläums 2000 für den weiteren Lebensweg Gottes treuen Schutz und die Freude des Heiligen Geistes.

Mit besten Wünschen

Mons. Pedro López Quintana, Assessor

Herrn
Peter Chr. DÜREN
Geistbergstr. 16
D-86647 Buttenwiesen

Die Tiara – dreifache Krone des Papstes – mit den gekreuzten Petrusschlüsseln, den Zeichen der Binde- und Lösegewalt des Papstes, gründend auf dem Wort Jesu an Petrus:
„Ich werde dir die Schlüssel des Himmelreichs geben; was du auf Erden binden wirst, das wird im Himmel gebunden sein, und was du auf Erden lösen wirst, das wird im Himmel gelöst sein."
(Mt 18,18; Joh 20,23)

Auch bei der Gewährung von Ablässen beruft sich die Kirche auf die Schlüsselgewalt des Papstes. So zitiert Papst Paul VI. (1963-1978) einen seiner Vorgänger, Clemens VI. (1342-1352), mit den Worten: „der eingeborene Gottessohn ... hat der streitenden Kirche einen Schatz erworben ... Diesen Schatz hat er durch den heiligen Petrus, den Schlüsselträger des Himmels, und dessen Nachfolger, seine Stellvertreter auf Erden, bereitgestellt zu heilsamer Austeilung an die Gläubigen bei besonderen und sinnvollen Anlässen, bald zu vollständigem, bald zu teilweisem Erlass der zeitlichen Sündenstrafen"

(Clemens VI., Unigenitus Dei filius; zit. in: Paul VI., Indulgentiarum doctrina 7).

I.

Die Ablasslehre der katholischen Kirche

Hl. Johannes Paul II. (1920-2005)
Papst von 1978-2005

Urbi et orbi, 25.12.1997

1. Ist die Ablassgewinnung überholt?

Als Papst Johannes Paul II. Ende des Jahres 1998 seine Verkündigungsbulle »Incarnationis mysterium« zum Großen Jubiläum des Jahres 2000 veröffentlichte, ging ein Aufschrei der Empörung durch die Presse. Was war geschehen? Papst Johannes Paul II. hatte sich nicht damit begnügt, zur Jahrtausendwende ein Jubeljahr auszurufen und für dieses Heilige Jahr zur Pilgerfahrt nach Rom einzuladen. Er hatte in diesem Zusammenhang wieder eine kirchliche Lehre ins Bewusstsein der Öffentlichkeit gebracht, die angesichts des ökumenischen Dialoges viele bereits als »ad acta« gelegt betrachtet hatten. Der Heilige Vater erinnerte nämlich in seinem Schreiben ausdrücklich an die Lehre vom Ablass und kündigte besondere Jubiläumsablässe für die Gläubigen an. So schrieb der Papst:

„Ein weiteres, den Gläubigen wohlbekanntes besonderes Zeichen ist der *Ablass,* der eines der wesentlichen Elemente des Jubiläumsereignisses ausmacht … Mit dem Ablass wird dem reuigen Sünder die zeitliche Strafe für Sünden erlassen, die hinsichtlich der Schuld schon getilgt sind … Indem ich mich auf diese Lehraussagen stütze und den mütterlichen Sinn der Kirche deute, verfüge ich, dass alle Gläubigen, sofern sie angemessen vorbereitet sind, während des ganzen Jubiläumsjahres in den reichlichen Genuss des Ablassgeschenkes kommen können, wie es den dieser Bulle beigefügten Anweisungen entspricht (vgl. Dekret)" (Johannes Paul II., »Incarnationis mysterium« 9f).

Martin Luther und die Ablässe

Die Verstimmung bei evangelischen Kirchenführern und auch bei katholischen Ökumenikern war nicht gering. War es doch neben der Lehre über das Bußsakrament und das Fegfeuer vor allem die Ablasslehre und -praxis, die Martin Luther (1483-1546) am 31. Oktober 1517 in seinen 95 Thesen heftig kritisiert hatte und die mithin zu einem Auslöser der Reformation und der bis heute andauernden Spaltung der Christenheit im Abendland wurde. Noch heute begehen die evangelischen Christen im Andenken daran den 31. Oktober als Reformationstag.

Luther schrieb beispielsweise in seiner 21. These: „Somit irren die Ablassprediger, die sagen, dass durch Ablässe des Papstes der Mensch von aller Strafe befreit und selig werde." Kritisiert wurde von Luther auch die Auffassung, durch ein Geldopfer könne man einem Verstorbenen im Fegfeuer helfen: „Menschenwerk predigen die, die da sagen, dass, sobald der Groschen im Kasten klingt, die Seele befreit werde" (27. These). Luther versprach denjenigen, die sich auf den Ablass verlassen, sogar die Hölle: „Verdammt in Ewigkeit werden mit ihren Lehrern diejenigen sein, die durch Ablassbriefe ihres Heils gewiss zu sein glauben" (32. These). Zu Anfang wollte Luther nur Auswüchse der Ablasspraxis zurückdämmen – in den Thesen 38, 49 und 71 nimmt Luther sogar positiv zur Ablasspraxis Stellung! – ; doch seine Lehre hatte „immer schon die innere Tendenz, die Ablasspraxis im Ganzen entbehrlich zu machen. Die Reformatoren Melanchthon und Calvin lehnten den Ablass von Anfang an wegen der fehlenden biblischen Grundlage ab" (Vorgrimler).

Mit dem Dekret »Cum postquam« (1518) reagierte der Papst auf die Thesen Luthers und hob die Rechtmäßigkeit der Ablasslehre hervor: die Kirche könne den Christgläubigen, „ob sie nun in diesem Leben seien oder am Reinigungsort, aus dem Überfluss der Verdienste Christi und der Heiligen Ablässe gewähren" (DzH 1448). Papst Leo X. verurteilte dann im Jahre 1520 in der Bulle »Exsurge Domini« ausdrücklich eine Reihe von Lehren Martin Luthers in der Ablassfrage, z.B.: „Die Ablässe sind fromme Täuschungen der Gläubigen" (DzH 1468). Nachdem Luther die päpstliche Bulle noch im gleichen Jahr verbrannt hatte, wurde er im Jahre 1521 durch die Bulle »Decet Romanum Pontificem« exkommuniziert.

Das Konzil von Trient und die Ablässe

Einige Jahre nach Luthers Tod legte das Konzil von Trient am 4. Dezember 1563 die katholische Ablasslehre ausführlich dar. Dabei wurde einerseits gegen die Kritik Martin Luthers erneut die katholische Lehre verteidigt. So heißt es, „dass der Gebrauch von Ablässen, der für das christliche Volk äußerst heilsam und durch die Autorität der heiligen Konzilien gebilligt ist, in der Kirche beibehalten werden soll; und es verurteilt die mit dem Anathema, die entweder behaupten, sie seien unnütz, oder sagen, es stehe nicht in der Macht der Kirche, sie zu gewähren" (DzH 1835). Andererseits wurden vom Trienter Konzil aber auch offensichtliche Missbräuche zurückgewiesen. So heißt es wörtlich: Die Kirche „wünscht jedoch, dass man sich beim Gewähren von diesen <Ablässen> der Mäßigung … befleißige, damit nicht durch allzu große Willfährigkeit die kirchliche Ordnung geschwächt werde. Da sie aber die Miss-

bräuche, die sich darin eingeschlichen haben und anlässlich derer der Ruf der Ablässe von Häretikern geschmäht wird, verbessert und korrigiert wünscht, setzt sie durch das vorliegende Dekret allgemein fest, dass alle unrechten Gewinne für die Erlangung … vollständig abzuschaffen sind“ (DzH 1835). Das Konzil erklärte also die Möglichkeit zur Gewinnung von Ablässen und deren segensreiche Wirkung als zum Glaubensgut gehörig und beseitigte zugleich missbräuchliche Praktiken (z.B. ärgerniserregendes Geldgeschäft), die mitverantwortlich für Luthers Kritik am Ablass waren.
Das „Trienter Glaubensbekenntnis“ von 1564 hält ausdrücklich fest: „Ich versichere auch, dass die Vollmacht zu Ablässen von Christus in der Kirche hinterlassen wurde und ihr Gebrauch für das christliche Volk höchst heilsam ist“ (DzH 1867). Und wenn wir nun einen Sprung von zweihundert Jahren machen, lesen wir, dass Papst Benedikt XIV. im Jahre 1743 in seinem den Orientalen vorgeschriebenen Glaubensbekenntnis formulierte: Ich bekenne, „dass der Kirche von Christus die Vollmacht über Ablässe überlassen worden ist und deren Gebrauch für das christliche Volk äußerst heilsam ist“ (DzH 2537). Vierzig Jahre später (1786) lehrte die Synode von Pistoia noch einmal Irriges über die Ablässe, was dann Papst Pius VI. im Jahre 1794 eigens verurteilte (vgl. DzH 2640-2643).

Die Ablasspraxis vor dem Zweiten Vatikanischen Konzil

„Abusus non tollit usum“ – der Missbrauch hebt den Brauch nicht auf. Wenn also mit dem Ablass Missbrauch getrieben wurde, ist das kein Argument gegen Ablassgewinnung an sich. Bis vor einigen Jahrzehnten war die Gewinnung von Ablässen eine häufig und gerne gepflegte religiöse Übung unter Katholiken. Im »Laudate« beispielsweise, dem Gebet- und Gesangbuch für das Bistum Augsburg aus dem Jahre 1954, gab es noch ein eigenes Kapitel »Ablassgebete« (S. 33-36); ebenso in dem bis zum Zweiten Vatikanischen Konzil gültigen »Schott«-Messbuch (1951, S. [205]f.).

Zudem gab es viele Ablass-Bücher. Wirft man einen Blick in eine Liste dieser zumeist deutschsprachigen Werke, so stellt man fest, dass kontinuierlich durch die Jahrhunderte hindurch die Ablassgewinnung von den Gläubigen gepflegt wurde:

Im 16. Jahrhundert:

Das seint die Kirchen und der Ablass zu Rom, Rom 1512.

Ein schöns tractetlein von dem Götlichen, und römischen Ablas, uffs gegenwürtig Jubel jar yetzt zu Rom, gemacht durch ein ungelärten Leyen, Speyer 1525.

Paul III., Bulla, bebstlicher Ablass und Fasten, Petten, Almusen, Ingolstadt 1544.

Anton Otto, Von dem fröhlichen Ablass auf das guldene Jar des itzigen fünfzigsten Jars, Magdeburg 1550.

Jakob Feucht, Zehn christliche Predigt vom Ablass, Cöln 1575.

Jacob Heerbrand, Neuer Bäpstischer Ablass, Tübingen 1580.

Copey oder Verzaychnuß der gnedigsten unnd vätterlichen, auch hayligen Indulgentien oder Ablass, welche Bapst Sixtus Quintus Pontifex … vätterlich verlichen hatt, Augsburg 1588.

Im 17. Jahrhundert:

Summa aller der ablass, von underschiedlichen Römischen Bäpsten, verliehen dem hailigen Orden der mündern Brüder, Augspurg 1605.

Beschreibung der VII Haupt oder Ertzkirchen Zue Rohm, Augspurg 1610.

Kurzer Bericht von dem großen Ablass der sieben privilegirten Altären in der Haupt-Kirchen S. Peters zu Rom, München 1668.

Bruderschafft Der Todt-Angst Jesu Christi am heiligen Creutz, Augspurg 1671.

Vitus Faber, Seelen-Heil, oder vollkommener Ablass Portiuncula, Amberg 1674.

Marcus Eschenloher, Goldener Schlüssel zu den Schatz der kathol. Kirchen deß vollkommenen Ablass Jubilaeum genannt, Augsburg 1675.

Im 18. Jahrhundert:

Verzeichniß deren Indulgenzen, und Ablass, ca. 1700.
Martin von Cochem, Köstliches Ablass-Büchlein, Augspurg u. Dillingen 1722.
Matthäus Seutter, Le Sette Chiese Di Roma con le loro principali Reliquie, Stationi et indulgenze, Augsburg 1725.
Geistlicher Fasten-Spiegel, in Welchem die Stationes und Ablass, Epistel und Evangelia, für jeden Tag der gantzen Fasten-Zeit, München 1734.
Philipp J. Spener, Der Römischen Kirchen Ablass und Jubel-Jahr, Frankfurt 1750.
Kurzer Auszug der großen und vielfältigen Abläß, welche die Brüder und Schwestern der heiligen Erzbruderschaft Mariä von Trost oder schwarz-ledernen Gürtel der heiligen Mutter Monica theils täglich, theils zu gewissen Zeiten erlangen können Tegernsee, [ca. 1750].
Andächtige Christliche Übungen, Mayntz 1759.
Johann M. Schweighofer, Vollkommener Ablass, Wien 1782.
Patent des bischöflichen Vicariats zu Augsburg, die Decanen diser Diöcese, den gelegentlich der Anwesenheit des Pabstes Pius VI. in genannter Stadt von ihm ertheilenden Segen und vollkommenen Ablass betreffend, Augspurg 1782.
Erneuerte Päbstliche Gnade des Sieben-Kirchen-Ablasses in der Heiligen Röm. Reichstadt Augsburg, oder Bericht von den sieben Kirchen zu Rom, und den sieben dagegen von Hochgeistl. Obrigkeit genannten Kirchen zu Augsburg Gestellt von einem gutmeynenden Petriner nach der romanischen Anweisung. Mit Erlaubniß der Obern, Augsburg 1789.

Im 19. Jahrhundert:

Pius Brunquell, Abhandlung über den Ablass, Bamberg 1816.
Satzungen, Ablässe und Andachtübungen der löblichen Bruderschaft der Todesangst Christi in der Wallfahrtkirche zum heiligen Kreuz zu Mindelaltheim Bruderschaft der Todesangst Christi in der Wallfahrtkirche zum Heiligen Kreuz <Mindelaltheim>. Augsburg 1816.
Martin Königsdorfer, Das heilige Jubiläum und andere Ablässe der katholischen Kirche bei Gelegenheit Seiner Heiligkeit Leo XII sündiger Christenheit ausgeschriebenen Jubelablasses, Augsburg 1825.

Ablass-Büchlein oder Unterricht über den vollkommenen Ablass …, Oettingen 1833.
Heinrich Roßwurm, Ueber den Ablass, Augsburg 1833.
Predigt über den Ablass, als Einleitung zur Feier des elfhundertjährigen Jubiläums der Diözese Regensburg, Regensburg 1840.
J. A. Eberle, Der Seelsorger als Tröster am Kranken- und Sterbelager der Gläubigen, Schaffhausen 1850.
Sammlung von Gebeten u. frommen Werken, Regensburg 1859.
Antonin Maurel, Die Ablässe, ihr Wesen und ihr Gebrauch, Paderborn 1863.
Marquard Pichler, Ablassbüchlein, Augsburg 1865.
Julius Müllendorff, Unterweisung über die mit gesegneten Gegenständen verbundenen Ablässe, Regensburg u.a. 1866.
Gaudentius Guggenbichler, Ablass- u. Bruderschaftsbuch für katholische Christen, Bd. 1 und Bd. 2, Innsbruck 1867.
Congregatio Indulgentiis Sacrisque Reliquiis Praeposita, Die geistliche Schatzkammer von der Heiligen Congregation der Ablässe hrsg., Regensburg 1878.
Wilhelm Auer, Anbetung Jesu im heiligsten Altarsacramente, Augsburg 1888.

Im 20. Jahrhundert:

Die Ablässe, ihr Wesen und Gebrauch. Handbuch für Geistliche und Laien nach den neuesten Entscheidungen und Bewilligungen der hl. Ablasskongregation bearb. von Franz Beringer, Paderborn [13]1906.
Bonifazius Schneider, Ablass-Brevier oder praktisches Ablass-, Hand- und Andachtsbuch, München 1907.
Nazarius Sasse, Gewinnt mehr Ablässe!, Paderborn 1913.
Joseph Hilgers, Das goldene Büchlein für Priester und Volk, Regensburg u.a. 1919.
Ablassbuch. Neue amtliche Sammlung der von der Kirche mit Ablässen versehenen Gebete und frommen Werke, Regensburg 1939.
Der deutsche Rompilger. Das kirchliche Reisegebet und der Heilig-Jahr-Ablass, Fulda 1950.
Ablassbuch. Neue amtliche Sammlung der von der Kirche mit Ablässen versehenen Gebete und frommen Werke, einzige von der Pönitentiarie genehmigte vollständige Ausgabe, Regensburg [3]1952.
Ablass-Gebetbüchlein, München 1953.
Eugen Herrbach, Der Ablass. Praktische Belehrung über Begriff, Bedingungen und höheren Zweck der Ablässe nach den neuesten Bestimmungen der Kirche, Freiburg/CH 1954.

Die Ablasspraxis seit dem Zweiten Vatikanischen Konzil

Das Zweite Vatikanische Konzil (1962-65) befasste sich vom 9.-13. November 1965 mit Lehre und Praxis der Ablässe; aus Zeitnot und mangels rascher Einigung wurden die Beratungen über diesen Punkt aber abgebrochen. So kommt es, dass der Begriff »Ablass« kein einziges Mal im Text der 16 Dokumente des Zweiten Vatikanischen Konzils auftaucht (vgl. aber S. 43). Man könnte daraus schließen, dass sich Martin Luther 450 Jahre nach der Abfassung der 95 Thesen nun doch durchgesetzt und die nachkonziliare Kirche die Ablässe abgeschafft habe. Denn tatsächlich ist in den letzten 60 Jahren seit dem Konzil in der kirchlichen Verkündigung und Predigt kaum von Ablässen die Rede gewesen. Auf diesem Hintergrund kann man die ökumenische Verstimmung verstehen, die Papst Johannes Paul II. durch eine erneute Verkündigung von Ablässen im Heiligen Jahr 2000 ausgelöst hat, und ebenso Papst Franziskus im Heiligen Jahr 2025.

Die Ansicht, seit dem Zweiten Vatikanischen Konzil seien in der katholischen Kirche die Ablässe abgeschafft, ist jedoch völlig verfehlt. Der hl. Papst Paul VI. erließ nämlich gut ein Jahr nach Abschluss des Konzils, am 1. Januar 1967, die Apostolische Konstitution »Indulgentiarum doctrina«, in der er die Ablasslehre ins Gedächtnis der Gläubigen zurückrief und die Ablasspraxis neu regelte (lateinisch-deutsch in: NKD 2, Trier 1967, S. 72-127). Am 29. Juni des darauffolgenden Jahres approbierte Papst Paul VI. das offizielle Ablassverzeichnis, das im Jahre 1968 gleich in zwei Auflagen erschien:

Papst Paul VI. öffnet die Heilige Pforte im Petersdom am 24.12.1974 zum Heiligen Jahr 1975

„Nicht zu übergehen ist ..., dass die Gläubigen beim Gewinnen von Ablässen sich den rechtmäßigen Hirten der Kirche und besonders dem Nachfolger des heiligen Petrus, des himmlischen Schlüsselträgers, fügsam unterwerfen, da ja der Erlöser selbst diese beauftragt hat, seine Kirche zu weiden und zu leiten."

(Paul VI., Indulgentiarum doctrina 10, in: HA 2008, S. 112).

Enchiridion indulgentiarum. Normae et concessiones, Roma [1,2]1968.

Drei Jahre später kamen private Übersetzungen ins Deutsche heraus:

Handbuch der Ablässe. Normen und Bewilligungen, München (Rosenkranz-Verlag) 1971.
Arnold Guillet, Die Ablassgebete der katholischen Kirche, Stein am Rhein (Christiana-Verlag) 1971 [6]2007.

Die Promulgation des neuen kirchlichen Gesetzbuches CIC machte eine Überarbeitung der lateinischen Fassung notwendig; so erschien das verbindliche Ablassverzeichnis in 3. Auflage:

Enchiridion indulgentiarum. Normae et concessiones, Roma [3]1986.

Drei Jahre später wurde das Buch in einer vom Sekretariat der Deutschen Bischofskonferenz herausgegebenen deutschen Übersetzung publiziert:

Handbuch der Ablässe. Normen und Gewährungen, Bonn 1989.

Diese zeitliche Verzögerung einer offiziellen Übersetzung (21 Jahre nach der Publikation der ersten lateinischen Fassung) hing wohl damit zusammen, dass man gerade im Land der Reformation seine (psychologisch wohl verständlichen) Schwierigkeiten mit der Ablasslehre hat. Und so wurde dem Ablassbuch der Bischofskonferenz ein teilweise kritischer Beitrag von Herbert Vorgrimler über den Ablass beigefügt: Der Begriff „Sündenstrafen“ wird als „Katechismussprache“ (ab-)qualifiziert; außerdem habe man „aus einem Läuterungsgeschehen einen Reinigungsort gemacht und sich phantasievoll ein regelrechtes Fegfeuer ausgemalt“ (S. 3), was gegen die Lehre der Kirche sei. Gegen diese

Ansicht ist festzuhalten, dass die Kirche diese Läuterung nach wie vor „Purgatorium" [Reinigungsort] oder „Fegfeuer" nennt (vgl. KKK 1031).

Im »Gotteslob«, dem gemeinsamen deutschsprachigen katholischen Gebet- und Gesangbuch aus dem Jahre 1975, spielte die christliche Frömmigkeitsübung der Ablassgewinnung nur noch eine ganz untergeordnete Rolle; so wird dort lediglich der *„Portiunkula-Ablass" (GL alt 54,7)*, der *Ablass „in unmittelbarer Todesgefahr" (GL alt 76)* und der *„Allerseelen-Ablass" (GL alt 77,3)* erwähnt – allerdings nur im »Kleingedruckten«. Die große Zahl der Ablassgebete bleibt ungenannt. Das neue »Gotteslob« (2013) ging einen Schritt weiter und erwähnt überhaupt keine Ablässe mehr. Diese Tatsache, dass die Ablassgebete im offiziellen Gebetbuch der deutschsprachigen Katholiken nun völlig verschwunden sind, ist bedenklich, da nach dem Grundsatz »lex orandi – lex credendi« das Gebet – auch das fehlende – das Glaubensbewusstsein prägt – in diesem Falle negativ.

Wenn jedoch die Ablasslehre zum katholischen Glaubensgut gehört, die Gewährung von Ablässen „äußerst heilsam" (Konzil von Trient) ist und die Kirche „ihren Gläubigen aufs neue den Gebrauch der Ablässe empfiehlt" (Paul VI.), worauf auch seine Nachfolger hinwiesen, wäre es unverantwortbar, diesen Schatz der Gnade den Gläubigen und den Verstorbenen vorzuenthalten. Daher erwähnt beispielsweise der liturgische Kalender (Direktorium) der Diözese Augsburg seit 1996 ausdrücklich die im Laufe des Jahres zu gewinnenden Ablässe.

Das vorliegende Buch war bereits druckreif, als unerwarteterweise 13 Jahre nach der Herausgabe der 3. Auflage – mit einem auf den 16.07.1999 datierten und am 01.10.1999 im deutschsprachigen L'Osservatore Romano publizierten Dekret der Apostolischen Pönitentiarie – eine systematisch völlig überarbeitete 4. Auflage des offiziellen Ablassverzeichnisses erschien:

Enchiridion indulgentiarum. Normae et concessiones, Roma ^{4}1999.
Eine leicht ergänzte und bearbeitete Fassung erschien fünf Jahre später:
Enchiridion indulgentiarum. Normae et concessiones, Roma $^{4\ \mathrm{Reimpressio}}$ 2004.
Weitere vier Jahre brauchte es bis zur neuen deutschen Fassung:
Handbuch der Ablässe. Normen und Gewährungen, Vatican ^{2}2008.

Aufgrund einer anderen Zusammenstellung der Ablässe konnte die Anzahl der „Gewährungen" (concessiones) von 70 auf 33 reduziert werden, ohne dass dadurch inhaltlich etwas verlorenging. Im Gegenteil: es kamen neue Ablassgewährungen hinzu. Neu sind die Gewährungen eines vollkommenen Ablasses:

- bei der „Weihe der Familie" (Nr. 1) an das Heiligste Herz Jesu oder an die Heilige Familie, hier: S. 239/241,
- am „Allgemeinen Tag zur Feier eines religiösen Anliegens" (Nr. 5), S. 120,
- bei der „Gebetswoche für die Einheit der Christen" (Nr. 11), S. 126,
- für „Gebete der Orientalischen Kirchen" (Nr. 23), und zwar für den „Hymnus Akáthistos" oder das „Offizium Paráklesis", S. 70-104,
- anlässlich der Feier des „25., 40. oder 50. Jahrestages einer Bischofsweihe" (Nr. 27), S. 229, und
- bei einem Besuch einer Kathedralkirche, päpstlichen Basilika oder eines Heiligtums (Wallfahrtsortes) an bestimmten Tagen (Nr. 33), S. 221-224.

Neu ist auch die Bestimmung, dass vollkommene Ablässe gewonnen werden können, wenn man sich

- mit dem über Radio oder Fernsehen übertragenen Rosenkranzgebet des Papstes (Nr. 17) oder der vom Papst vorgetragenen Kreuzwegandacht (Nr. 13) vereinigt (S. 61-63), was bislang schon beim Segen „Urbi et orbi" möglich war.

Die Glaubenskommission der Deutschen Bischofskonferenz veröffentlichte am 26.11.1999 einen Text unter dem Titel: „Der Ablass. Zum Verständnis der katholischen Lehre und Praxis. Ein Thema ökumenischer Diskussion". Das bislang nur als Manuskript vorliegende Papier (abgedruckt in: Kirche heute 1/2000, S. 14-20) sollte später in die geplante deutsche Ausgabe der Neuauflage des „Handbuches der Ablässe" aufgenommen werden (was aber nicht geschah). Der Text verweist auf „Verwunderung und Befremden", die die Verkündigung des Jubiläumsablasses zum Heiligen Jahr 2000 hervorgerufen habe, und auf die Gefahr, dass „der mühsame Prozess einer Verständigung über die Rechtfertigung, der in der ‚Gemeinsamen Erklärung der katholischen Kirche und dem Lutherischen Weltbund' einen wesentlichen Schritt vorangekommen" sei, „gestört werden" könnte. Im Begriff „Ablass" sammelten „sich viele Animositäten und negative Erinnerungen in der Geschichte der Kirchen und Konfessionen der letzten 500 Jahre". Daher stelle sich „die Frage, ob der Ablass gegenwärtig ein sinnvolles Thema" sei.

Das Papier betont aber positiv, dass „die im Gang der Theologiegeschichte zutage getretene, in der Sache begründete Unterscheidung der Sünde nach den Aspekten der Schuld und Strafe … nicht zugunsten einer undifferenzierten Redeweise rückgängig gemacht werden" kann. Positiv wird auch notiert, dass „die Gnade der Läuterung" sich „aus der Sühne Christi für unsere Sünden" ergibt und „eine Teilnahme an dem Ergebnis der stellvertretenden Sühne (=dem unendlichen Verdienst Christi)" ist. „Diese Verknüpfung der Sühne Christi mit dem Handeln und Beten der Christen (Kol 1,24) ergibt sich aus der inneren Verbindung zwischen Haupt und Gliedern des einen Leibes Christi, die durch die Taufe und hier dem Bußsakrament verwirklicht wird.“ Christus hat den Menschen durch die Taufe neu geschaffen „und ihm die Möglichkeit eröffnet, an der Umwandlung der alten in die neue Welt aktiv mitzuwirken“.

Auch der im Jahre 2001 neu ernannte Kardinal Leo Scheffczyk (1920-2005) nahm zum Ablass Stellung; er schreibt: „Die genannten Formen katholischer Wahrheit und Frömmigkeit (Heiligenverehrung, Ablassgewinnung) stehen zwar, je für sich genommen, in einer gewissen Distanz zum Zentrum und nähern sich mehr der Peripherie, oder sie stellen die Akzidentien (die hinzukommenden Eigenschaften) dar, welche die Substanz (das Wesentliche) ergänzen. Andererseits ist zu bedenken, dass sie in Abhängigkeit vom Zentrum existieren, seine Äußerung darstellen und seinen Zustand ausdrücken. Schließlich kann man das Zentrum oder den Kreis nicht ohne die Peripherie denken und erstellen. Auch die Substanz ist uns nur vermittels der Akzidentien gegeben. Darum ist die Ablehnung dieser Ausformungen der katholischen Wahrheit und des katholischen Lebens nicht leicht zu nehmen. … Die Leugnung des Ablasses kann wohl kaum losgelöst von einer Minderbewertung von Sünde, den Sündenstrafen und dem Bußsakrament verstanden werden; aber vor allem kann sie wohl kaum von einer Geringschätzung der Solidarität und des Austausches übernatürlicher Güter im mystischen Leib freigesprochen werden. So stellen die genannten Ausfälle Mangelerscheinungen dar, die auf Dauer nicht ohne Wirkung auf den Glaubenskern bleiben können“ (Entschiedener Glaube – befreiende Wahrheit, S. 218). So stellt der Kardinal fest: „Vom Ablass … lässt sich sagen, dass er eine hocherhobene Frucht am Baum der kirchlichen Bußfrömmigkeit ist, die selbst von katholischen Christen gegenwärtig nicht mehr erreicht und gepflückt wird. In dieser Wahrheit laufen die Gedankenlinien von der Nachlassgewalt der Kirche, von ihrer inneren Fruchtbarkeit aufgrund des Wirkens Christi und der Heiligen (Gnadenschatz) und von der Solidarität in der Gemeinschaft der Heiligen zusammen. Das rechte Verständnis des Ablasses kann zu einer Vertiefung des Sünden- wie des Gnadenbewusstseins, zur Erkenntnis der überreichen Barmherzigkeit Gottes, aber auch zum Verständnis der Bedeutung des Mitwirkens des Menschen an der Heilsvollendung innerhalb der Gemeinschaft der Heiligen führen. Wegen dieser seiner tiefen Verankerung in der Heilswirklichkeit ist die Annahme unbegründet, dass die Kirche von dieser Einrichtung, die in der Tat erst im 11. Jahrhundert im Westen aufkam, je wieder Abstand nehmen könnte, dies auch nicht aus ökumenischen Gründen. Entwicklungen in der Lehre vom Ablass sind aber durchaus festzustellen und anzuerkennen, so das Bemühen um eine tiefere anthropologische Erklärung der notwendigen Aufarbeitung der zeitlichen Sündenfolgen und -strafen im Zusammenwirken der Kirche mit dem Menschen. Auch in der Zuweisung der Nachlassvollmacht weniger an die Schlüsselgewalt der Kirche als vielmehr an ihre autoritative Fürbittkraft ist eine lebendige Entwicklung im Gange. Diese bietet aber keine sichere Aussicht, zu einem Einvernehmen mit der evangelischen Lehre zu kommen. Das reformatorische Denken lehnt den Ablass vielmehr wegen der angeblichen Vergegenständlichung der Gnade und der Verrechnungsmentalität bezüglich der Buße ab; es kann ihn auch aus dem Grundsatz der Rechtfertigung ‚aus dem Glauben allein' (sola fide) nicht annehmen“ (ebd., S. 278f).

2. Was ist ein Ablass?

Aufgrund eines ungenauen Wissens um das, was eigentlich der Ablass ist, halten viele Gläubige den Ablass für überholt. Viele denken sogleich an den mittelalterlichen »Ablasshandel« und damit verbundene Missbräuche. Daher ist es notwendig, sich zunächst zu fragen, was die Kirche eigentlich unter einem Ablass versteht.
Der Ablass in seiner heutigen Form ist im 11. Jahrhundert entstanden. Er ging aus den frühmittelalterlichen außersakramentalen Absolutionen (Lossprechungen) hervor, mit denen Papst, Bischöfe und Priester die Barmherzigkeit Gottes für einzelne Personen herabriefen. Als man daranging, die von Gott erhoffte Vergebung der zeitlichen Sündenstrafen auf die nach der sakramentalen Buße sich ergebende kirchliche Bußzeit anzurechnen, wurde daraus der Ablass.
Erstmals beschäftigte sich im Jahre 1215 ein Konzil – das Vierte Laterankonzil – mit der Ablasspraxis (DzH 819). Die erste abgeschlossene Ablasslehre formulierte der hl. Kirchenlehrer Thomas von Aquin (1225-1274) in seiner Summa theologiae, suppl., qq. 25-27. In neuerer Zeit legten Bernhard Alfred R. Felmberg, Johannes Hüttenbügel, Christiane Neuhausen, Nikolaus Paulus, Bernhard Poschmann, Karl Rahner, Alexander Seibold und Herbert Vorgrimler dogmengeschichtliche Forschungen und Studien zum Ablass vor.

Schwere Sünde und ewige Sündenstrafe

Die Lehre vom Ablass kann man nur verstehen, wenn man um den Zusammenhang von Sünde und Sündenstrafe weiß.
Die Kirche lehrt: Wenn jemand eine schwere Sünde begeht, stirbt dadurch das Leben der Gnade in ihm; er

verliert die lebendige Beziehung zu Gott und ist kein Freund Gottes mehr. Um eine solche Todsünde handelt es sich, wenn sich jemand in einer *wichtigen Angelegenheit* mit *freiem Willen* und *voller Erkenntnis* verfehlt (vgl. KKK 1857-1860). Wenn jemand nun im Zustand der Todsünde ohne Reue über seine Sünden sterben würde, gelangte er in die Hölle, und dort bliebe er auf ewig (vgl. KKK 1035; 1861). Dies versteht die Kirche unter dem Begriff »ewige Sündenstrafe«.

„Die schwere Sünde beraubt uns der Gemeinschaft mit Gott und macht uns zum ewigen Leben unfähig. Diese Beraubung heißt ‚die ewige Sündenstrafe' " (KKK 1472). Wenn die Todsünde „nicht durch Reue und göttliche Vergebung wieder gutgemacht wird, verursacht sie den Ausschluss aus dem Reiche Christi und den ewigen Tod in der Hölle" (KKK 1861).

Wenn jemand, der eine Todsünde begangen hat, jedoch beichtet oder mit dem Vorsatz zur Beichte aus Liebe zu Gott seine Sünden bereut, vergibt Gott ihm sogleich die Sünden und erlässt ihm die Höllenstrafe (vgl. KKK 1446; 1452).

„Die Göttliche Barmherzigkeit weiß tatsächlich auch die schwersten Sünden zu vergeben, aber während sie es tut, bewegt sie die Gläubigen dazu, einen übernatürlichen, nicht nur psychologischen Schmerz über die eigenen Sünden zu verspüren, damit die Gläubigen, immer mit Hilfe der göttlichen Gnade, den festen Vorsatz fassen, nicht mehr zu sündigen. Mit einer solchen inneren Haltung erlangt der Gläubige wirklich die Vergebung der Todsünden, wenn er das Bußsakrament fruchtbringend empfängt oder sie in einem Akt vollkommenen Schmerzes und vollkommener Liebe bereut mit dem Vorsatz, baldmöglichst das Bußsakrament zu empfangen. Denn unser Herr Jesus Christus lehrt uns im Gleichnis des verlorenen Sohnes, dass der Sünder sein Elend vor Gott mit den Worten »Vater, ich habe mich gegen den Himmel und gegen dich versündigt. Ich bin nicht mehr wert, dein Sohn zu sein« (*Lk* 15,18–19) bekennen und auch spüren muß, dass es Gottes Werk ist: Er »war tot und lebt wieder; er war verloren und ist wiedergefunden worden« (*Lk* 15,32)“ (Apostolische Pönitentiarie, Dekret vom 29. Juni 2002. Andachtsübungen zu Ehren der Göttlichen Barmherzigkeit mit Ablässen verbunden, in: HA 2008, S. 122).

Leichte Sünde und zeitliche Sündenstrafe

Wer leichte Sünden begeht, verletzt die Freundschaft mit Gott. Sie kann durch das Bußsakrament oder durch Werke der Buße (Gebet, Fasten, Nächstenliebe) aber wieder erneuert werden. Zeitliche Sündenstrafen bleiben dem Sünder jedoch. Er muss entweder im Diesseits oder im Fegfeuer für seine Sünden büßen. Stirbt er, ohne von seinen Sündenstrafen befreit worden zu sein, gelangt er in einen Läuterungszustand, auch „Purgatorium“ (Reinigungsort) oder Fegfeuer genannt. Denn bevor jemand das Angesicht Gottes schauen und die Freude des Himmels in der Gemeinschaft der Heiligen genießen kann, muss er ganz rein und heilig geworden sein. Dies geschieht entweder durch die Leiden, die Not und die Mühsal des *irdischen Lebens* oder *nach dem Tod* mittels Strafen, die die sogenannte »Arme Seele« im Fegfeuer passiv erleiden muss.

„Nach der Lehre der göttlichen Offenbarung folgen aus den Sünden von Gottes Heiligkeit und Gerechtigkeit auferlegte Strafen. Sie müssen in dieser Welt durch Leiden, Not und Mühsal des Lebens und besonders durch den Tod oder in der künftigen Welt durch Feuer und Qual oder Reinigungsstrafen abgebüßt werden" (Paul VI., »Indulgentiarum doctrina«; vgl. KKK 1472f).

Das Fegfeuer als Läuterungsort

Es ist Lehre der Kirche, dass diejenigen, die in der Gnade Gottes sterben, aber noch nicht vollkommen geläutert sind, zwar ihres Heiles sicher sind, aber nach dem Tod noch geläutert werden müssen, und zwar im Purgatorium (Reinigungsort) oder Fegfeuer (vgl. KKK 1033f).

„Dass auch nach der Sündenvergebung noch Strafen abzubüßen und Überbleibsel der Sünden zu tilgen bleiben können und oft tatsächlich bleiben, zeigt ganz deutlich die Lehre vom Fegfeuer/Reinigungsort. Hier werden ja die Seelen der Verstorbenen, die ‚mit wahrer Buße in der Liebe Gottes gestorben sind, ohne zuvor durch würdige Früchte der Buße für ihre Vergehen und Unterlassungen Genugtuung geleistet zu haben', nach dem Tode durch Reinigungsstrafen geläutert" (Paul VI., »Indulgentiarum doctrina«).

Arme-Seelen-Altar, Marienmünster Dießen/Ammersee

Der Ablass als Nachlass zeitlicher Strafe (Fegfeuer)

Wenn nun aber ein Gläubiger in seinem irdischen Leben einen vollkommenen Ablass gewinnt, so wird er dadurch aufgrund der Fürbitte der Kirche von seinen zeitlichen Sündenstrafen, die er nach dem Leben für bereits vergebene Sünden erleiden müsste, befreit.
Der deutsche Begriff »Ablass« kann das Gemeinte vielleicht nicht so deutlich machen wie das dafür seit dem 13. Jahrhundert allgemein verwendete lateinische Wort »indulgentia«; dies lässt sich mit »Nachsicht, Güte, Zärtlichkeit, Gnade, Straferlass« übersetzen. Ein »vollkommener Ablass« ist also ein »vollständiger Straferlass«. Man könnte auch – analog zum weltlichen Bereich – von »Amnestie« oder »Begnadigung« sprechen, die vom Staatsoberhaupt gegenüber einem Straftäter ausgesprochen wird und die ihn vor weiterer Strafverbüßung verschont. Es handelt sich beim Ablass somit um eine äußerst positive und sympathische Angelegenheit. Nach der Lehre der Kirche ist der »Ablass« wie folgt definiert:

> „Der Ablass ist Erlass einer zeitlichen Strafe vor Gott für Sünden, die hinsichtlich der Schuld schon getilgt sind. Ihn erlangt der Christgläubige, der recht bereitet ist, unter genau bestimmten Bedingungen durch die Hilfe der Kirche, die als Dienerin der Erlösung den Schatz der Genugtuungen Christi und der Heiligen autoritativ austeilt und zuwendet“ (KKK 1471; vgl. c. 992 CIC).

Der Schatz der Verdienste Christi und der Heiligen

Möglich wird die Gewährung von Ablässen durch den Schatz der Verdienste Jesu Christi und der Heiligen, den diese während ihres irdischen Lebens durch Gebete und gute Werke, Leiden und Sterben erworben haben. Dieser Schatz wird von der Kirche „verwaltet“ und kann vom Papst aufgrund seiner Schlüsselgewalt den Lebenden durch Lossprechung und den Verstorbenen auf dem Wege der Fürbitte frei zugewendet werden (vgl. S. 16, 27). Diese von Theologen des 13. Jahrhunderts, vor allem Hugo von St.-Cher (1230) und Thomas von Aquin unter Berufung auf 2 Kor 5,10 und Kol 1,24 erarbeitete Lehre vom Kirchenschatz (thesaurus Ecclesiae) wurde erstmals im Jahre 1343 von Papst Clemens VI. anlässlich des Heiligen Jahres 1350 vorgelegt (DzH 1025-1027) und vom hl. Papst Johannes Paul II. anlässlich des Heiligen Jahres 2000 in Erinnerung gerufen:

> „Alles kommt von Christus, aber da wir sein Eigentum sind, wird auch das, was uns gehört, zu seinem Eigentum und gewinnt eine heilbringende Kraft. Das ist gemeint, wenn man vom »Schatz der Kirche« spricht, der aus den guten Werken der Heiligen besteht. Für die Erlangung des Ablasses beten heißt, in diese geistliche Gemeinschaft eintreten und sich damit ganz den anderen öffnen. Denn auch im geistlichen Bereich lebt keiner nur für sich allein“ (Johannes Paul II., »Incarnationis mysterium« 10).

So ist der Ablass keineswegs nur auf unser persönliches Heil ausgerichtet.

„Du bist Petrus und auf diesen Felsen werde ich meine Kirche bauen und die Mächte der Unterwelt werden sie nicht überwältigen. Ich werde dir die Schlüssel des Himmelreichs geben; was du auf Erden binden wirst, das wird auch im Himmel gebunden sein, und was du auf Erden lösen wirst, das wird auch im Himmel gelöst sein.“
(Mt 16,18f)

Hilfe für die Armen Seelen im Fegfeuer

Im Bewusstsein der Gemeinschaft der Gläubigen mit den Armen Seelen im Fegfeuer pflegt die Kirche das fürbittende Gebet für die Verstorbenen:

> „Schon die Apostel haben ihre Schüler ermahnt, für das Heil der Sünder zu beten; diese Übung hat der uralte Brauch der Kirche heilig bewahrt, vor allem, … wenn dem Verstorbenen durch den Beistand, besonders durch die Darbringung des eucharistischen Opfers, geholfen wurde … Da durch die Ablässe die Glieder der sich läuternden Kirche rascher der himmlischen Kirche eingegliedert werden, wird gerade durch die Ablässe die Königsherrschaft Christi immer mehr und schneller verwirklicht" (Paul VI., »Indulgentiarum doctrina«).

Es ist also möglich, die Ablässe, die man gewinnt, fürbittweise bestimmten Verstorbenen zukommen zu lassen, was schon seit Mitte des 13. Jahrhunderts praktiziert wird. Das kirchliche Gesetzbuch aus dem Jahre 1983 legt fest:

> „Jeder Gläubige kann Teilablässe oder vollkommene Ablässe für sich selbst gewinnen oder fürbittweise Verstorbenen zuwenden" (c. 994 CIC).

Sorge um das Heil des Anderen

Aus dem Gesagten wird ersichtlich, wie wichtig das Gebet der Gläubigen für die Armen Seelen im Fegfeuer ist. Denn diese können nichts mehr selbst dafür wirken, um von ihren Sündenstrafen befreit zu werden und zur ewigen Anschauung Gottes sowie zur Freude der Erlösten zu gelangen. Sie sind bezüglich der Abkürzung ihrer

Fegfeuerzeit völlig darauf angewiesen, dass die sogenannte streitende Kirche auf Erden ihnen zu Hilfe kommt.

„Die heilsame Sorge um das eigene Seelenheil wird erst dann von Furcht und Egoismus befreit, wenn sie zur Sorge auch um das Heil des anderen wird“ (Johannes Paul II., »Incarnationis mysterium« 10).

Diese solidarische Hilfe der Gläubigen auf Erden mit den Verstorbenen wird möglich durch die „lebendige Gemeinschaft mit den Brüdern, die … noch nach dem Tode gereinigt werden“, wie das Zweite Vatikanische Konzil formuliert (»Lumen gentium« 51). Wenn also auch der Begriff »Ablass« kein einziges Mal in den Dokumenten des letzten Konzils auftaucht, so doch die Nützlichkeit des Gebetes für die Verstorbenen:

„Aus der tiefen Anerkennung dieser Gemeinschaft des ganzen mystischen Leibes Jesu Christi hat die pilgernde Kirche seit den Anfängen der christlichen Religion das Gedächtnis der Verstorbenen mit großer Ehrfurcht gepflegt und hat auch Fürbitten für sie dargebracht, ‚weil es ein heiliger und heilsamer Gedanke ist, für die Verstorbenen zu beten, damit sie von ihren Sünden erlöst werden’ (2 Makk 12,46)“ (Zweites Vatikanisches Konzil, »Lumen gentium« 50).

3. Warum soll man Ablässe gewinnen?

Es ist heute oft vom Priestertum der Gläubigen die Rede. Dabei meinen viele, sie könnten nur dann priesterlich leben und wirken, wenn sie irgendeine liturgische Funktion während der Messfeier ausüben. Diesen Gläubigen sei die Gewinnung von Ablässen ans Herz gelegt.

Priestertum der Gläubigen

Aufgrund der Taufe haben alle Christen Anteil am königlichen Priestertum Christi „zur Ausübung eines geistlichen Kultes zur Verherrlichung Gottes und zum Heil der Menschen“ (Zweites Vatikanisches Konzil, »Lumen gentium« 34). Die Christgläubigen „üben ihr Priestertum aus im Empfang der Sakramente, im Gebet, in der Danksagung, im Zeugnis eines heiligen Lebens, durch Selbstverleugnung und tätige Liebe“ (ebd. 10), also auch bei der Ablassgewinnung. Alle Gläubigen haben die Möglichkeit, durch entsprechende Ablassgebete jeden Tag einen vollkommenen Ablass zu gewinnen, den sie fürbittweise den Verstorbenen zukommen lassen können (vgl. S. 55-104). Das heißt: Sie können mit Hilfe der Kirche aufgrund der Verdienste Christi und der Heiligen durch die Gewinnung eines vollkommenen Ablasses Tag für Tag darum beten, dass eine Seele aus dem Fegfeuer erlöst wird. Dies ist eine wahrhaft priesterliche Aufgabe, für die es sich wohl lohnt, täglich oder wenigstens ab und zu eine halbe Stunde geistlichen Tuns zu investieren.

Apostolat der Kranken

Dieser Heilsdienst ist im übrigen auch den Kranken möglich, die häufig meinen, sie seien unnütz, könnten niemandem helfen und würden anderen nur zur Last fallen. Nein: vielmehr können Kranke beispielsweise durch das Rosenkranzgebet oder durch eine halbstündige Betrachtung der Heiligen Schrift einen vollkommenen Ablass gewinnen sowie durch die Aufopferung ihrer Krankheit und mit ihrem Gebet viel Gutes für die lebenden und verstorbenen Glieder der Kirche tun. Auch den Jubiläumsablass konnten die Kranken täglich gewinnen, ohne dazu nach Rom fahren zu müssen:

Die „Kranken und alle, die nicht imstande sind, ihre Wohnung zu verlassen", können ja bekanntlich „den Ablass dadurch gewinnen, dass sie sich geistig mit denen verbinden, die das vorgeschriebene Werk in ordentlicher Weise erfüllen, und dass sie Gott ihre Gebete, Leiden und Entbehrungen aufopfern" (Apost. Pönitentiarie, 29.11.1998).

Bezüglich aller übrigen Ablässe gilt für die Kranken:

„Die Beichtväter sind bevollmächtigt, das für die Gewinnung eines Ablasses vorgeschriebene Werk oder die Bedingungen für all jene umzuwandeln, die zufolge rechtmäßiger Verhinderung diese nicht erfüllen können" (HA 2008, Nr. 24, S. 24, vgl. EI 2004, Nr. 24, S. 27).

Kein ökumenischer Affront

Wenn die katholische Kirche zu den Heiligen Jahren 1975, 2000 und 2025 den Schatz der Verdienste Christi und der Heiligen wieder in besonderer Weise öffnete und die Gläubigen zur Gewinnung von Ablässen einlud, so handelte es sich dabei nicht um einen ökumenischen

Affront. Der heilige Papst Johannes Paul II. sagte bei der Generalaudienz am 29.09.1999:

> „Es handelt sich um ein brisantes Thema, über das es an geschichtlichen Missverständnissen nicht gefehlt hat, die sich negativ auf die Gemeinschaft der Christen selbst auswirkten. Im gegenwärtigen ökumenischen Umfeld verspürt die Kirche die Notwendigkeit, dass diese alte Praxis, begriffen als bedeutungsvoller Ausdruck des Erbarmens Gottes, recht verstanden und angenommen werde … Der Ausgangspunkt, um den Ablass zu verstehen, ist die Überfülle des Erbarmens Gottes, die am Kreuz Christi offenkundig wurde. Der gekreuzigte Jesus ist der große »Ablass«, den der Vater den Menschen gewährt hat … Im Lichte dieses Grundsatzes ist es nicht schwer zu verstehen, wie die Versöhnung mit Gott, die zwar auf einem ungeschuldeten und überreichen Angebot des Erbarmens beruht, dennoch zugleich einen anstrengenden Prozess erforderlich macht, in den der Mensch mit seinem persönlichen Einsatz und die Kirche mit ihrem sakramentalen Auftrag einbezogen ist“ (Oss. Romano [dt.] v. 08.10.1999, S. 2).

Solidarität mit den Verstorbenen

Wenn man sich bewusst ist, dass es möglich ist, täglich einen vollkommenen Ablass zu gewinnen, könnte man sich fragen, was ein zweiter und jeder weitere vollkommene Ablass bewirken soll, da doch bereits der einmalige vollkommene Ablass „vollkommen“ von Sündenstrafen befreit. Dazu ist folgendes zu sagen:

Erstens ist es sinnvoll, hin und wieder für sich selbst diesen vollkommenen Ablass zu erlangen, da die täglichen (leichten) Sünden, die wir auf uns laden, zwar im Bußsakrament oder durch gute Werke nachgelassen werden, aber immer wieder auch Sündenstrafen nach sich ziehen. Von diesen Sündenstrafen befreit der Ablass.
Zweitens – und das ist wohl der Sinn dessen, dass es möglich ist, „täglich" einen vollkommenen Ablass zu gewinnen – kann der Ablass fürbittweise den Verstorbenen zugewendet werden. Auf diese Weise hilft unser Gebet auf Erden den Armen Seelen, damit sie rascher aus dem Fegfeuer erlöst werden.
Drittens tut dieses täglich mögliche fürbittende Gebet für die Verstorbenen aber unserem eigenen Heil keinen Abbruch. Denn in der Sterbestunde können wir für uns selbst einen vollkommenen Ablass gewinnen, wenn wir während des Lebens die Gewohnheit hatten, regelmäßig zu beten – auch wenn beim Sterben kein Priester zugegen ist, der den Päpstlichen Segen erteilen könnte, der mit einem vollkommenen Ablass verbunden ist (vgl. S. 256-260).
Wie es in den „Anweisungen für die Erlangung des Jubiläumsablasses" zum Heiligen Jahr 2000 heißt, vollbringen die Christgläubigen durch das Zuwenden eines Ablasses für die Verstorbenen „eine hervorragende Übung übernatürlicher Liebe …, kraft des Bandes, durch das im mystischen Leib Christi die noch auf Erden pilgernden Gläubigen mit jenen vereint sind, die ihren irdischen Lebensweg schon abgeschlossen haben."
Es handelt sich also um die Wiederentdeckung einer katholischen Lehre und religiösen Praxis, die dem Heil der Gläubigen und vor allem der Erlösung der Armen Seelen aus dem Fegfeuer dient. Es wäre ein Zeichen

mangelnder Solidarität mit unseren Verstorbenen, würden wir Ihrer vergessen und nicht mehr für sie beten. Der hl. Papst Johannes Paul II. schreibt in der Verkündigungsbulle »Incarnationis mysterium«:

> Die Offenbarung lehrt, „dass der Christ auf seinem Bekehrungsweg nicht allein gelassen ist. In Christus und durch Christus ist sein Leben durch ein geheimnisvolles Band mit dem Leben aller anderen Christen in der übernatürlichen Einheit des mystischen Leibes verbunden. So kommt es zwischen den Gläubigen zu einem wunderbaren Austausch geistlicher Güter, kraft dessen die Heiligkeit des einen den anderen zugute kommt, und zwar mehr als die Sünde des einen den anderen schaden kann.“ Wir sind in das Heilswirken Christi mit einbezogen. „Das besagt die bekannte Stelle aus dem Kolosserbrief: ‚Für den Leib Christi, die Kirche, ergänze ich in meinem irdischen Leben das, was an den Leiden Christi noch fehlt‘ (1,24)“ (Johannes Paul II., »Incarnationis mysterium« 10).

Auch Benedikt XVI. hat in seinem Pontifikat (2005-2013) mehrfach besondere Ablässe verliehen, z.B. zu den Konzilsjubiläen 2005 und 2012/2013, zum 150. Jahrestag der Erscheinungen in Lourdes 2007/2008, zu den Weltjugendtagen in Köln 2005, Sydney 2008 und Madrid 2011 und zu den Weltfamilientreffen in Valencia 2006, Ciudad 2009 und Mailand 2012. Ebenso Papst Franziskus u.a. für die Heiligen Jahre 2016 und 2025.

Zur Frage der Läuterung nach dem Tod, dem Fegfeuer, nimmt ein eigenes Kapitel III am Schluss dieses Buches ausführlich Stellung (S. 267-302).

In der Gregorsmesse fließt das Blut Christi über den Altar und öffnet den Armen Seelen (s.u. links) den Weg in den Himmel.

Ablass als göttliche Amnestie

Die Lehre vom Ablass ist etwas ganz Großes und Tröstliches. Sie besagt, dass Gott uns durch kirchliche Ablassverleihung die konsequente Strafe für unsere lässlichen Sünden – das Fegfeuer – ersparen will. Der Ablass ist also eine Art göttliche »Amnestie«. Die Ablasslehre besagt auch, dass es möglich ist, unseren lieben Verstorbenen helfen zu können, indem wir ihnen fürbittweise einen Ablass zukommen lassen, um ihre Leidenszeit abzukürzen.
Der Ablass ist der Nachlass von Sündenstrafen, die unsere Verstorbenen im Fegfeuer abbüßen müssen. Wäre es da nicht unterlassene Hilfeleistung, wenn wir nicht regelmäßig und häufig Ablässe gewinnen und sie den Verstorbenen zukommen ließen?

4. Bedingungen und Voraussetzungen zur Ablassgewinnung

Ablässe für sich oder für Verstorbene zu gewinnen, ist im Grunde ganz einfach. Zunächst soll hier auf die »vollkommenen Ablässe« hingewiesen werden, die von *allen* Sündenstrafen befreien (S. 55-260). Teilablässe bewirken einen Teilerlass der Sündenstrafen (S. 303-311). Das amtliche Verzeichnis der mit vollkommenen oder Teilablässen versehenen und in diesem Buch enthaltenen Gebete und Werke findet sich im *Enchiridion indulgentiarum* (Roma 4 Reimpressio 2004) und im neuen *Handbuch der Ablässe* (Vatikan 2 2008). Diese beiden Bücher (und weitere landessprachliche Übersetzungen) sind die verbindlichen Ablassverzeichnisse der für das Ablasswesen zuständigen Apostolischen Pönitentiarie.

Zur Gewinnung eines vollkommenen Ablasses müssen (gemäß Ablassnorm Nr. 20) generell *fünf Bedingungen* eingehalten werden:

1) *sakramentale Beichte*, also Befreiung von Schuld (dabei genügt eine Beichte zur Gewinnung mehrerer Ablässe, etwa 20 Tage vorher oder nachher),
2) *entschlossene Abkehr von jeder Sünde,* also der feste Vorsatz, in allem ganz nach dem Willen Gottes zu leben,
3) *Kommunionempfang,* also die sakramentale Vereinigung mit Jesus Christus in der Eucharistie,
4) *Gebet nach Meinung des Heiligen Vaters,* also Gebet in den Anliegen des Stellvertreters Christi auf Erden (siehe z.B. die offiziellen monatlichen „Gebetsmeinungen des Heiligen Vaters"), der den Nachlass von Sündenstrafen gewähren kann (z.B. Vaterunser und Gegrüßet seist du Maria),
5) *Erfüllung des vorgeschriebenen Werkes* (zumeist ein Ablassgebet).

Die Beichtväter haben die Vollmacht, *jenen, die gehindert sind,* das vorgeschriebene Werk oder die Bedingungen zu erfüllen, diese umzuwandeln (vgl. Paul VI., Indulgentiarum doctrina, Nr. 11).

Außerdem gibt es nach kirchlichem Recht (c. 996 CIC; vgl. HA 2008, Nr. 17, S. 21; EI 2004, Nr. 17, S. 25) *fünf Voraussetzungen* zur Erlangung von Ablässen:

1) Wer einen Ablass gewinnen will, muss *getaufter Christ* sein,
2) darf *nicht exkommuniziert* sein,
3) muss sich wenigstens beim Abschluss der vorgeschriebenen Werke *im Stande der Gnade* befinden,
4) muss zumindest die allgemeine *Absicht* haben, Ablässe zu gewinnen,
5) muss die auferlegten *Werke* gemäß den Bestimmungen in der *festgesetzten Zeit* und in der *gebotenen Weise* erfüllen.

Im Fegfeuer bleiben die leidenden Seelen trotz der Marter hoffnungsfroh. Wenn die Qual vorüber ist, wartet auf sie der Himmel.

II.

Die Ablasspraxis der katholischen Kirche

Auf der Insel Malta laden zahlreiche Fegfeuerdarstellungen die Vorübergehenden ein, für die Armen Seelen zu beten.

1.

Tägliche vollkommene Ablässe

Auf einem Relief in der Kirche von Maria Vesperbild (Bistum Augsburg) hebt Maria die durch das Blut Christi erlösten Armen Seelen aus dem Fegfeuer; auf einer Tafel rechts daneben steht die Inschrift: „Lieber Heiland, sei so gut, lasse doch dein teueres Blut in das Fegefeuer fließen, wo die Armen Seelen büßen."

Die Kirche ist sehr großzügig bei der Gewährung von Ablässen; dies zeigt sich besonders bei den „Gewährungen, die mit Werken verbunden sind, durch die der Gläubige – und zwar jeder für sich allein und *an allen Tagen des Jahres* – einen vollkommenen Ablass erlangen kann … Die besagten Werke sind:

- ♦ die Anbetung des Allerheiligsten Altarssakramentes, wenigstens eine halbe Stunde lang;
- ♦ die Kreuzwegandacht;
- ♦ das Rosenkranzgebet oder der Hymnus ‚Akáthistos' [oder das Offizium ‚Paráklesis'] in einer Kirche, in einer öffentlichen Kapelle, in der Familie, in der Ordensgemeinschaft, einer religiösen Gemeinschaft, einer christlichen Vereinigung und überhaupt, wenn mehrere zu irgendeinem ehrenhaften Zweck zusammenkommen;
- ♦ die andächtige Lesung der Heiligen Schrift, wenigstens eine halbe Stunde lang."

(vgl. HA 2008, S. 47; ebd. Nr. 23, § 1, S. 70; EI 2004, S. 49)

Wer alle sechs Wochen *beichten* geht, sich von jeder *Anhänglichkeit an eine Sünde lossagt*, täglich das *Sakrament der Eucharistie* empfängt und ein *Gebet nach Meinung des Heiligen Vaters* spricht, kann jeden Tag einen vollkommenen Ablass erlangen, den er entweder für sich selbst gewinnen oder den Verstorbenen zuwenden kann; dazu ist entweder eine *halbstündige eucharistische Anbetung* erforderlich oder eine *halbstündige geistliche Lesung der Heiligen Schrift* oder eine *Kreuzwegandacht an den 14 Stationen* oder das *Rosenkranzgebet* bzw. *der Hymnus „Akathistos"* bzw. *das Offizium „Paráklesis" in einer Kirche, in der Familie oder in frommer Gemeinschaft.*

Eucharistische Anbetung

Ein vollkommener Ablass wird demjenigen Christgläubigen gewährt, der … das Allerheiligste Altarssakrament für wenigstens eine halbe Stunde zur Anbetung besucht.

(HA 2008, Nr. 7 § 1, 1°, S. 53; vgl. EI 2004, Nr. 7 § 1, 1°, S. 54)

Da Jesus Christus im Sakrament der Eucharistie unter den Gestalten von Brot und Wein wahrhaft, wirklich und wesenhaft gegenwärtig ist, gebührt der Eucharistie die Anbetung, die Gott zu erweisen ist (vgl. KKK 1374-1381).
Um den vollkommenen Ablass zu gewinnen, müssen wir eine Kirche oder Kapelle besuchen, in der das Allerheiligste Altarssakrament aufbewahrt wird, also eine Kathedrale, eine Pfarrkirche oder eine Ordenskirche bzw. -kapelle. Wir nehmen uns eine halbe Stunde Zeit, um den im Sakrament der Eucharistie gegenwärtigen Herrn und Gott Jesus Christus anzubeten.

Herr Jesus Christus,
im wunderbaren Sakrament des Altares
hast du uns das Gedächtnis deines Leidens
und deiner Auferstehung hinterlassen.
Gib uns die Gnade, die heiligen Geheimnisse
deines Leibes und Blutes so zu verehren,
dass uns die Frucht der Erlösung zuteil wird.
Der du in der Einheit des Heiligen Geistes
mit Gott dem Vater lebst und herrschest
in alle Ewigkeit.

Tagesgebet von Fronleichnam

Das Anbetungsgebet kann ein inneres Herzensgebet sein. Man kann aber auch vorformulierte Gebetstexte verwenden. Kurze Anbetungstexte befinden sich im »Gotteslob« unter Nr. 6,4-8; 8.

Hier sei besonders verwiesen auf die eucharistischen Lieder im »Gotteslob« (von 2013):
GL 496: Tantum ergo [s. S. 145]
GL 495: Sakrament der Liebe Gottes
GL 494: Pange, lingua
GL 493: Preise, Zunge, das Geheimnis
GL 492: Jesus, du bist hier zugegen
GL 497: Gottheit tief verborgen
GL 498: Das Heil der Welt

Geeignet sind auch »Jesus Christus«- Lieder (GL 357ff) oder die Psalmen als vom Heiligen Geist inspirierte Gebete: GL 31-80.

Folgende im »Gotteslob« befindliche Andachten können ebenfalls verwendet werden:
GL 674: Andacht mit Aussetzung des Allerheiligsten
GL 675: Andachtsabschnitte 2) Menschwerdung, 3) Kreuz und Leiden, 4) Auferstehung, 6)-7) Zu seinem Gedächtnis, 8)-9) Lebendiges Brot
GL 676: Andachtsabs. 1)-2) Wahre Speise, 3) Herz Jesu

Zu empfehlen sind auch diese Litaneien:
GL 557: Litanei von der Gegenwart Gottes
GL 560: Christus-Rufe
GL 561: Jesus-Litanei
GL 563: Litanei vom Leiden Jesu
GL 564: Herz-Jesu-Litanei

Andächtige Lesung der Heiligen Schrift

Ein vollkommener Ablass wird demjenigen Christgläubigen gewährt, der die Heilige Schrift in einer von der zuständigen Autorität approbierten Ausgabe mit der dem göttlichen Worte gebührenden Ehrfurcht und in dem Bemühen um geistlichen Gewinn wenigstens eine halbe Stunde liest.

(HA 2008, Nr. 30, § 1, S. 78; vgl. EI 2004, Nr. 30, § 1, S. 75)

Jesus Christus ist „gegenwärtig ... in seinem Wort, da er selbst spricht, wenn die heiligen Schriften in der Kirche gelesen werden" (Zweites Vatikanisches Konzil, »Sacrosanctum Concilium« 7). Das Konzil mahnt die Priester, Diakone und Katecheten, „in beständiger heiliger Lesung und gründlichem Studium sich mit der Schrift [zu] befassen, damit keiner von ihnen werde zu ‚einem hohlen und äußerlichen Prediger des Wortes Gottes, ohne dessen innerer Hörer zu sein' (Augustinus) ... Ebenso ermahnt die Heilige Synode alle an Christus Glaubenden, zumal die Glieder religiöser Gemeinschaften, besonders eindringlich, durch häufige Lesung der Heiligen Schrift sich die ‚alles übertreffende Erkenntnis Christi' (Phil 3,8) anzueignen. ‚Die Schrift nicht kennen heißt Christus nicht kennen' (Hieronymus). Sie sollen deshalb gern an den heiligen Text selbst herantreten, einmal in der mit göttlichen Worten gesättigten heiligen Liturgie, dann in frommer Lesung ... Sie sollen daran denken, dass Gebet die Lesung der Heiligen Schrift begleiten muss, damit sie zu einem Gespräch werde zwischen Gott und Mensch" (»Dei Verbum« 25).

Um diesen Ablass zu gewinnen, brauchen wir nicht unbedingt eine Kirche aufzusuchen, weshalb diese Ab-

lassgewährung besonders für diejenigen geeignet ist, die zuhause einen Ablass gewinnen wollen. Wir können die Heilige Schrift daheim zur Hand nehmen und uns einen Raum und eine Zeit der Stille suchen. Vielleicht zünden wir eine Kerze an – eingedenk dessen, dass wir nun das lebendige Wort Gottes hören.

Wir suchen uns ein oder mehrere Kapitel aus dem Alten oder Neuen Testament aus. Liest man die Heilige Schrift Tag für Tag Stück für Stück, so nennt man dies »lectio continua« – fortlaufende Schriftlesung. Man muss jedoch nicht während der ganzen Zeit lesen, sondern hält bei einzelnen Versen, von denen man sich besonders angesprochen fühlt, inne und erwägt im Herzen, was der Heilige Geist mit diesem Wort der Kirche und uns selbst sagen möchte.

Kreuzwegandacht
Gedächtnis des Leidens und Sterbens des Herrn

Ein vollkommener Ablass wird demjenigen Christgläubigen gewährt, … der selbst die fromme Übung der Kreuzwegandacht vollzieht oder sich während der Fernseh- oder Rundfunkübertragung der Kreuzwegandacht, die der Heilige Vater betet, mit ihm in frommer Gesinnung vereint.

(HA 2008, Nr. 13, 2°, S. 59; vgl. EI 2004, Nr. 13, 2°, S. 59)

In der Kreuzwegandacht wird der Schmerzen gedacht, die unser göttlicher Erlöser auf seinem Weg vom Haus des Pilatus, wo er zum Tode verurteilt wurde, bis zum Kalvarienberg, wo er zu unserem Heil am Kreuz gestorben ist, erlitten hat.

Der Kreuzweg hat seinen Ursprung darin, dass man in Jerusalem schon recht früh einige Stellen des Kreuzweges des Herrn mit Steinen oder Kapellen bezeichnete. Diese wurden dann von Pilgern besucht, die im 14.-16. Jahrhundert von den Franziskanern auf diesen Weg geführt wurden. Zunächst ging man verschiedene Wegstrecken, und auch die Anzahl der Stationen wechselte. Im Abendland errichtete man im 15. Jahrhundert Nachbildungen des Kreuzweges; die endgültige Festlegung auf 14 Stationen erfolgte im Jahre 1515. Weltweit verbreitet wurde dieser Kreuzweg im 18. Jahrhundert; 1731 und 1742 wurde das Beten des Kreuzweges mit Ablassgewährungen verbunden.

Für die Gewinnung des vollkommenen Ablasses gilt:

1. *Die Andacht muss an den dafür vorgesehenen Kreuzwegstationen verrichtet werden.*
2. *Zur Errichtung eines Kreuzweges sind 14 Kreuze erforderlich, denen meist Tafeln oder Bilder beigefügt werden, welche die Leidensstationen von Jerusalem darstellen.*
3. *Üblicherweise gehört zum Kreuzweg die Lesung von 14 Schriftstellen, auf welche jeweils Gebete folgen.*
   Zum geistlich fruchtbaren Vollzug der Kreuzwegandacht genügt aber auch die Betrachtung des Leidens und Sterbens des Herrn, daher ist die ausdrückliche Berücksichtigung der einzelnen Stationsgeheimnisse nicht notwendig.
4. *Zur Verrichtung der Kreuzwegandacht gehört das Gehen von der einen zur nächsten Station. Wenn beim gemeinsamen (öffentlichen) Vollzug nicht alle*

Teilnehmer ohne Schwierigkeiten mitgehen können, genügt es, wenn der Vorbeter sich zu den einzelnen Stationen begibt und die Übrigen an ihren Plätzen bleiben.

5. *Gläubigen, denen der Mitvollzug der Kreuzwegandacht aus einsichtigem Grund nicht möglich ist, können denselben Ablass gewinnen, wenn sie in geistlicher Lesung und Betrachtung des Leidens und Sterbens unseres Herrn Jesus Christus wenigstens eine gewisse Zeit (Viertelstunde) verharren.*
6. *Der Kreuzwegandacht können – im Hinblick auf die Ablassgewährung – auch andere von der kirchlichen Autorität approbierte fromme Übungen entsprechen, die dem Gedächtnis des Leidens und Sterbens unseres Herrn dienen und gleichfalls in 14 Stationen aufgegliedert sind.*
7. *Für die Orientalen, die diese Übung der Kreuzwegandacht nicht kennen, können die Patriarchen für die ihnen anvertrauten Gläubigen zur Gewinnung dieses Ablasses eine andere Frömmigkeitsform zum Gedächtnis an das Leiden und Sterben unseres Herrn Jesus Christus bestimmen.*

(HA 2008, Nr. 13, S. 59f; vgl. EI 2004, Nr. 13, S. 59f)

Neu ist, dass der vollkommene Ablass nun auch gewonnen werden kann, wenn man sich am Radio oder Fernsehen mit dem vom Papst vorgebeteten Kreuzweg in frommer Weise vereinigt.

Literaturtipp:
F. Kolfhaus, ***Via Dolorosa. Der Kreuzweg Christi.*** *Augsburg ²2014.*
Florian Kolfhaus, ***Den Kreuzweg beten,*** *Augsburg ²2015.*
Markus Dusek – P.B. Wodrazka (Hrsg.), ***Schauen auf den Durchbohrten,*** *Augsburg ²2016.*

Auf der rechten Seite ist das Fegfeuer dargestellt, aus dem Engel die Seelen erretten und zu Gott-Vater tragen, der in der oberen Bildhälfte mit einem großen Tuch voller erlöster Menschen dargestellt ist. Auf der linken Seite knien Geistliche und Laien, alle beten Rosenkränze, die ihnen ein Engel herabbringt, oben in Wolken die Halbfigur der Madonna mit dem Jesuskinde und zwei kleinen Engeln.

Rosenkranzgebet

Ein vollkommener Ablass wird demjenigen Christgläubigen gewährt,
1° der den Rosenkranz in einer Kirche, in einer öffentlichen Kapelle, in der Familie, in der Ordensgemeinschaft, in einer frommen Vereinigung oder überhaupt mit mehreren, die zu einem ehrenhaften Zweck zusammenkommen, betet;
2° der sich während der Fernseh- oder Rundfunkübetragung des Rosenkranzgebetes, das der Heilige Vater betet, mit ihm in frommer Gesinnung vereint.

(HA 2008, Nr. 17, § 1, S. 62; vgl. EI 2004, Nr. 17, § 1, S. 62)

Im 11. Jahrhundert beteten die des Lesens unkundigen Laienbrüder anstelle von 50 Psalmen 50 Paternoster (Vaterunser); zur Zählung diente die Paternosterschnur. Das spätestens im 9. Jahrhundert rezipierte Ave Maria wurde im 12./13. Jahrhundert regelmäßig dem Vaterunser angefügt. Dann entstand der Marienpsalter: eine ununterbrochene Reihe von 150 Ave-Maria. Die Zisterzienser rieten dazu, die Anzahl auf 50 zu begrenzen, damit das Gebet nicht zu einem „Geplapper der Heiden" (Mt 6,7) werde. Für die 50 Ave Maria kam der Begriff »Rosarium« auf. Der Legende nach habe Maria einem Zisterziensermönch geraten, anstelle von 50 Rosen, die dieser häufig zu einem Kranz fügte und damit eine Madonnenstatue schmückte, lieber einen geistlichen Kranz von 50 Ave Maria zu beten. Mit der Zeit wurde die Ave-Maria-Reihe mit Betrachtungspunkten angereichert. Der Rosenkranz leitet dazu an, die Geheimnisse der Menschwerdung, des Menschenlebens

Jesu, seines Leidens sowie seiner Auferstehung und Himmelfahrt betend zu betrachten.

Die Gebetsform des Rosenkranzes umfasst 20 Gesätze [Dekaden] des »Gegrüßet seist du, Maria«, in denen die Beter die entsprechend zugeordneten Geheimnisse unserer Erlösung betrachten. Zwischen den einzelnen Gesätzen wird das »Vater unser« gebetet.
Für die Gewinnung des vollkommenen Ablasses für das Rosenkranzgebet gilt:

a) Es genügt, fünf Gesätze (Geheimnisse) zu beten; aber sie müssen ohne Unterbrechung gebetet werden.
b) Das mündliche Beten muss von der geistlichen Betrachtung der Geheimnisse begleitet sein.
c) Beim öffentlichen (gemeinsamen) Gebet sollen die Geheimnisse – nach örtlicher Gewohnheit – gesprochen werden. Beim privaten Beten genügt es, die Geheimnisse im Geist zu betrachten.

(vgl. HA 2008, Nr. 17 § 1, S. 62; EI 2004, Nr. 17 § 1, S. 62)

Neu ist, dass der vollkommene Ablass nun auch gewonnen werden kann, wenn man sich am Radio oder Fernsehen mit dem vom Papst vorgebeteten Rosenkranz in frommer Weise vereinigt.
Programm auf http://www.radiovaticana.va
Der hl. Papst Johannes Paul II. emfahl das Rosenkranzgebet in seinem Apostolischen Schreiben «Rosarium Virginis Mariae» vom 16. Oktober 2002 ausdrücklich als Ablassgebet: „Der Rosenkranz schließt mit dem Gebet in der Meinung des Heiligen Vaters ab. Er weitet so den Blick des Betenden auf den umfassenden Rahmen

kirchlicher Anliegen und Nöte. Um dem Rosenkranz gerade diese gesamtkirchliche Blickrichtung zu geben, wollte die Kirche ihn mit Ablässen für diejenigen versehen, die ihn in der richtigen Absicht beten" (Nr. 37).

ROSENKRANZ
Im Namen des Vaters + und des Sohnes und des Heiligen Geistes. Amen.

Ich glaube an Gott … *(S. 171)*

Ehre sei dem Vater und dem Sohn und dem Heiligen Geist,*
wie im Anfang, so auch jetzt und alle Zeit* und in Ewigkeit. Amen.

Vater unser im Himmel,* geheiligt werde dein Name.* Dein Reich komme.* Dein Wille geschehe,* wie im Himmel, so auf Erden.* Unser tägliches Brot gib uns heute.* Und vergib uns unsere Schuld,* wie auch wir vergeben unsern Schuldigern.* Und führe uns nicht in Versuchung,* sondern erlöse uns von dem Bösen.

Gegrüßet seist du, Maria,* voll der Gnade,* der Herr ist mit dir.* Du bist gebenedeit unter den Frauen,* und gebenedeit ist die Frucht deines Leibes, Jesus,*
der in uns den Glauben vermehre*.
Heilige Maria, Mutter Gottes,* bitte für uns Sünder* jetzt und in der Stunde unseres Todes. Amen.*

Gegrüßet seist du, Maria … ***(Jesus, der in uns die Hoffnung stärke)***
Gegrüßet seist du, Maria … ***(Jesus, der in uns die Liebe entzünde)***
Ehre sei dem Vater …

Vater unser …
Gegrüßet seist du, Maria … *(zehnmal mit Einfügung des ersten Geheimnisses des freudenreichen, des lichtreichen, des schmerzhaften oder des glorreichen Rosenkranzes)*
Ehre sei dem Vater …

Vater unser …
Gegrüßet seist du, Maria … *(zehnmal mit Einfügung des zweiten Geheimnisses)*
Ehre sei dem Vater …

Vater unser …
Gegrüßet seist du, Maria … *(zehnmal mit Einfügung des dritten Geheimnisses)*
Ehre sei dem Vater …

Vater unser …
Gegrüßet seist du, Maria … *(zehnmal mit Einfügung des vierten Geheimnisses)*
Ehre sei dem Vater …

Vater unser …
Gegrüßet seist du, Maria … *(zehnmal mit Einfügung des fünften Geheimnisses)*
Ehre sei dem Vater …

Zur Gewinnung eines mit einem Gebet verbundenen Ablasses reicht es aus, das Gebet abwechselnd mit einem anderen zu sprechen oder es im Geist mitzuvollziehen, während es von einem anderen vorgebetet wird.

(HA 2008, Ablass-Normen Nr. 23, S. 24; EI 2004, N. 23, S. 27)

Beim „freudenreichen Rosenkranz", den der hl. Papst Johannes Paul II. für den ***Montag*** *und den* ***Samstag*** *empfiehlt, werden folgende Geheimnisse eingefügt:*
Jesus, den du, o Jungfrau, vom Heiligen Geist empfangen hast
Jesus, den du, o Jungfrau, zu Elisabet getragen hast
Jesus, den du, o Jungfrau, (in Betlehem) geboren hast
Jesus, den du, o Jungfrau, im Tempel aufgeopfert hast
Jesus, den du, o Jungfrau, im Tempel wiedergefunden hast

Beim „lichtreichen Rosenkranz" am ***Donnerstag*** *werden folgende Geheimnisse eingefügt:*
Jesus, der von Johannes getauft worden ist
Jesus, der sich bei der Hochzeit in Kana offenbart hat
Jesus, der uns das Reich Gottes verkündet hat
Jesus, der auf dem Berg verklärt worden ist
Jesus, der uns die Eucharistie geschenkt hat

Beim „schmerzhaften Rosenkranz" am ***Dienstag*** *und* ***Freitag*** *werden folgende Geheimnisse eingefügt:*
Jesus, der für uns Blut geschwitzt hat
Jesus, der für uns gegeißelt worden ist
Jesus, der für uns mit Dornen gekrönt worden ist
Jesus, der für uns das schwere Kreuz getragen hat
Jesus, der für uns gekreuzigt worden ist

Beim „glorreichen Rosenkranz“, der vor allem am ***Mittwoch*** *und am* ***Sonntag*** *gebetet wird, werden folgende Geheimnisse eingefügt:*

Jesus, der von den Toten auferstanden ist
Jesus, der in den Himmel aufgefahren ist
Jesus, der uns den Heiligen Geist gesandt hat
Jesus, der dich, o Jungfrau, in den Himmel aufgenommen hat
Jesus, der dich, o Jungfrau, im Himmel gekrönt hat

Gebete der Orientalischen Kirchen

Ein vollkommener Ablass wird demjenigen Christgläubigen gewährt, der den Hymnus „Akathistos“ oder das Offizium „Paraclisis“ [Paráklesis] in einer Kirche oder einer Kapelle, in der Familie, in der Ordensgemeinschaft, in einer frommen Vereinigung oder überhaupt mit mehreren, die zu einem ehrenvollen Zweck zusammenkommen, andächtig betet.

(HA 2008, Nr. 23, § 1, S. 70; vgl. EI 2004, Nr. 23, § 1, S. 68f)

Bislang galten diese Ablassgewährungen nur für Angehörige von Orientalischen Rituskirchen (vgl. HA 1989, Nr. 48, § 4, S. 56). Nun können auch die Christen der Westkirche den Ablass gewinnen, der mit den aus den Ostkirchen des byzantinischen Ritus stammenden Gebeten verbunden ist.

Dies begründet das Ablassbuch wie folgt: »Kraft der Katholizität bringen „die einzelnen Teile der Kirche ihre eigenen Gaben den übrigen Teilen und der ganzen Kirche hinzu, so dass das Ganze und die einzelnen Teile

zunehmen" (»Lumen gentium« 13) was alle geistlichen Gaben des göttlichen Reichtums betrifft. Daher ist es geschehen, dass Gebete aus den verschiedenen orientalischen Traditionen – auch bei den Gläubigen des lateinischen Ritus – besonders in den letzten Jahren verbreitet wurden und mit großem Gewinn für die Frömmigkeit privat oder öffentlich gebraucht werden.«
(HA 2008, Nr. 23, S. 70; EI 2004, Nr. 23, S. 68)

Maria, Mutter der immerwährenden Hilfe
(Ostkirchliche Marienikone, Original aus dem 14. Jhdt.,
vermutlich von der Insel Kreta)

Die griechischen Abbreviaturen „MP“ und „ΘY“ für die Wörter „Mutter“ und „Gottes“ kennzeichnen Maria als „Mutter Gottes“ (Μήτηρ Θεού). Das Haupt des Jesuskindes ist mit einem Kreuznimbus umgeben, rechts daneben steht die Abbreviatur „IC-XC“ für den Namen „Jesus Christus“ ('Ιησοῦς Χριστός).
Jesus wird von der linken Hand Mariens gehalten und greift mit beiden Händen nach ihrer rechten. Sein Kopf ist abgewandt, der Blick geht zu dem Kreuz hinüber, das der Erzengel Gabriel trägt. Wie durch eine Bewegung vorahnenden Erschreckens hat sich von dem einen Fuß die Sandale gelöst und fällt zu Boden. Die Erzengel Gabriel und Michael tragen in verhüllten Händen die Leidenswerkzeuge Christi.

HYMNOS „AKÁTHISTOS“

Der Hymnos „Akáthistos“ gilt als die älteste und schönste Mariendichtung und wird seit über 1200 Jahren in der Ostkirche gebetet und gesungen. In verschiedenen Entstehungsgeschichten mischen sich byzantinische und heidnische Historie und Legende und berichten von seiner gewaltigen Kraft bei der Abwehr von Angriffen auf das christliche Byzanz-Konstantinopel. G.G. Meersseman O.P. (Der Hymnos Akáthistos im Abendland, 1. Akáthistos-Akoluthie und Grußhymnen, Freiburg/ Schweiz 1958; Hymnos Akáthistos, Die älteste Andacht zur Gottesmutter, Freiburg/Schweiz 1958) hat die wissenschaftlichen Aspekte der Entstehungsgeschichte und damit zusammenhängend vermutbarer Autorschaft dargestellt. Das traditionelle Attribut akáthistos bedeutet, „nicht im Sitzen“ zu singen (s.u. E.M. Zumbroich) und betont das Hervorragende gerade dieses Hymnos‘ im Gegensatz zu anderen, gewöhnlich sitzend wiedergegebenen. Die 24 Strophen beginnen mit den 24 Buchstaben des griechischen Alphabetes. Im ersten (Strophen 1-6) und zweiten (7-12) Viertel orientiert sich der Text weitgehend am Lukas-Evangelium, verwendet daneben geringfügig verschiedene Apokryphen und setzt mit einer Fülle von „Begrüßungen“ der Mutter Gottes den Englischen Gruß Gabriels fort. Das dritte (Strophen 13-18) und vierte (19-24) Viertel meditieren über das neue Schöpfungswunder der Menschwerdung Christi aus Maria und über die Wirkungen dieses seines Erlösungswerkes durch die Zeiten bis zu den beispiellosen Gedankengängen einer umgreifenden kosmischen Frömmigkeit. Hier können sich urchristlich chaldäische Weisheit und Erkenntnisse des Raumfahrtzeitalters dialogisch ergänzen.

Erbarmen, Wegweisung und Fürbitte – Grundtypen der Marienikonen – bestimmen auch die Dimensionen der tiefsten Marienandacht. Strophe für Strophe erweist eine geradezu schöpferische Synthese von Paradoxien als dichterisches Prinzip. Diese Tatsache lässt den uralten Text aber zugleich in lebendigem Bezug zur Gegenwart vernehmen. Erfahren wir doch selbst ein Leben voller Widersprüche in Fragen nach dem Diesseits wie nach dem Jenseits. In einer vergleichsweise ähnlich angespannten Existenz muss sich also schon der griechische Dichter – wer immer es nun sei – erlebt haben, als er die Mittel seiner Sprache und des seinerzeitigen Bildungsbewusstseins beschwor, Unwahrscheinliches und Widersprüchliches provokativ zu formulieren, um es alsdann im Lichte christlichen Glaubens zu meditieren: „Sei gegrüßt, Unversöhnliches hast du versöhnt."

„Was den Hymnus »Akáthistos« betrifft, so muss er für die Gewinnung eines vollkommenen Ablasses nicht ganz gebetet werden, vielmehr reicht es aus, einen gebührenden Teil ohne Unterbrechung nach rechtmäßiger Gewohnheit zu beten" (HA 2008, Nr. 23, S. 70; vgl. EI 2004, Nr. 23, S. 69).

Der erste und zweite Teil erzählt die Heilsgeschichte; der dritte und vierte Teil ist theologisch-dogmatischer Natur und preist die neue Schöpfung, die durch Inkarnation und Erlösung geschieht. Es kann jeder Teil separat gebetet werden. Am Ende jeden Teils endet man dann mit dem Schlussgebet.

Text und Kommentar: Eberhard Maria Zumbroich, Das Geheimnis der Gottesmutter – Hymnos Akáthistos, Gaildorf [8]1970. Textheft mit Noten.

Vgl. V. Trenner, Art. Akáthistos Hymnos, in: Marienlexikon 1, St. Ottilien 1988, S. 66-68.

Ist ein Priester gegenwärtig, beginnt man folgenderma-ßen:
P: **Gepriesen sei unser + Gott allezeit, jetzt und immerdar und von Ewigkeit zu Ewigkeit.**
A: **Amen.**

Ist kein Priester gegenwärtig, beginnt man wie folgt:
Im Namen des Vaters, des Sohnes und des Heiligen Geistes. Amen. *(dreimal)*
Durch die Gebete unserer heiligen Väter, Herr Jesus Christus, erbarme Dich unser.

Ehre sei + Dir, unser Gott, Ehre sei Dir.
Himmlischer König, Tröster, Geist der Wahrheit,* der Du überall bist und alles erfüllst,* Schatzkammer aller guten Gaben und Spender des Lebens.* Komm und nimm Wohnung in uns,* reinige uns von jeglichem Makel* und rette, o Guter, unsere Seelen.
Heiliger + Gott, heiliger Starker, heiliger Unsterblicher, erbarme Dich unser. *(dreimal)*
Ehre sei dem + Vater und dem Sohne und dem Heiligen Geiste,* jetzt und allezeit und von Ewigkeit zu Ewigkeit. Amen.
Allheilige Dreifaltigkeit, erbarme Dich unser,* Herr, mach uns rein von unseren Sünden.* Gebieter, vergib unsere Verfehlungen,* Heiliger, blick auf uns hernieder und heile unsere Schwächen* um Deines Namens Willen.
Herr, erbarme Dich. *(dreimal)*
Ehre sei dem + Vater und dem Sohne und dem Heiligen Geiste,* jetzt und allezeit und von Ewigkeit zu Ewigkeit. Amen.
Vater unser im Himmel,* geheiligt werde dein Name.* Dein Reich komme.* Dein Wille geschehe,* wie

im Himmel, so auf Erden.* Unser tägliches Brot gib uns heute.* Und vergib uns unsere Schuld,* wie auch wir vergeben unsern Schuldigern.* Und führe uns nicht in Versuchung,* sondern erlöse uns von dem Bösen.

Nur wenn ein Priester gegenwärtig ist:
P: **Denn Dein ist das Reich, die Macht und die Herrlichkeit, des Vaters + und des Sohnes und des Heiligen Geistes, jetzt und immerdar und von Ewigkeit zu Ewigkeit.**
A: **Amen.**

Hier beginnt der eigentliche Hymnos „Akáthistos“
Unbesiegbare Heerführerin, dir gelten die Lieder des Sieges! Aus der Gefahr befreit, bringt deine Stadt, Gottesgebärerin, dir Hymnen des Dankes entgegen. Du, von unwiderstehlicher Macht, befreie mich von jeder Gefahr, damit ich dir zurufen kann:
A: **Sei gegrüßt, du jungfräuliche Mutter!**

1. Teil
Die Verkündigung des Herrn (Lk 1,26-38)
A *– Alpha*
P: **Aus dem Himmel her trat ein Erzengel in die Welt des Sichtbaren, der Gottesmutter den Freudengruß zu sagen. Und als er dich mit seinem leiblosen Wort zugleich leibhaft werden sah, o Herr, da stand er außerstande und jubelte ihr zu:**
Sei gegrüßt, durch dich leuchtet das Heil hervor;
sei gegrüßt, dunkel wird das Unheil vor dir.

Sei gegrüßt, den gefallenen Adam richtest du wieder auf;
sei gegrüßt, von ihren Tränen erlösest du Eva.
Sei gegrüßt, allem menschlichen Überlegen hoch überlegen bist du;
sei gegrüßt, so abgrundtief erschauen dich die Engel nicht einmal.
Sei gegrüßt, von Uranfang des Friedefürsten Thron;
sei gegrüßt, denn du trägst den, der alles erträgt.
Sei gegrüßt, du Stern, der offenbart die Sonne;
sei gegrüßt, aus deinem Leib wird Gott der Menschensohn.
Sei gegrüßt, aus dir wird die Schöpfung neu geboren;
sei gegrüßt, durch dich wirkt der Schöpfer ungeboren als Kind.
Sei gegrüßt,* du jungfräuliche Mutter!

B – *Beta*
P: **So ganz ihres lauteren Wesens inne bekannte sie vor Gabriel: Das Wunder deiner Rede vermag ich nicht wahrzuhaben; denn mit Jauchzen kündest du mir die göttliche Erwählung an: Halleluja, Halleluja,* Halleluja!**

Γ – *Gamma*
P: **Die unerkannte Kunde zu erkunden suchend flehte die Jungfrau zum Gottesdiener: Wie es mir möglich sei, aus meinem unversehrten Leibe Gottes Sohn zu gebären, das sollst du mir sagen! Jener aber sprach voll Schauer, umso mehr ihr verkündend:**
Sei gegrüßt, der geheimnisvolle Ratschluß ist dir anvertraut;

sei gegrüßt, Vertrauende, da es des Schweigens bedarf.
Sei gegrüßt, der Wunder Christi bist du der Anbeginn;
sei gegrüßt, der Inbegriff von allen seinen Lehren bist du.
Sei gegrüßt, Himmelsleiter, darauf Gott herniederstieg;
sei gegrüßt, unsere Brücke von der Erde zum Himmelreich.
Sei gegrüßt, von den Engeln wieder und wieder erwogenes Wunder;
sei gegrüßt, du für die Widersacher heillose Wunde.
Sei gegrüßt, empfangen hast du unsagbar das Licht;
sei gegrüßt, niemanden hast du gelehrt, wie solches geschieht.
Sei gegrüßt, die der Weisen Weisheit übertrifft;
sei gegrüßt, die der Gläubigen Glauben vertieft.
Sei gegrüßt,* du jungfräuliche Mutter!

Δ *– Delta*

P: **Da überschattete die Kraft des Allerhöchsten die Unvermählte, und ihren mütterlichen Schoß ließ sie einen würdigen Nährboden werden allen, die Erlösung ernten wollen, indem sie also singen: Halleluja, Halleluja,* Halleluja!**

Besuch Mariens bei Elisabeth (Lk 1,39-56)

E *– Epsilon*

P: **Da Maria Gott empfangen, eilte sie zu Elisabeth. Deren Ungeborenes erkannte sogleich ihren liebenden Gruß und freute sich ihrer Freude, als sänge es der Mutter Gottes:**

**Sei gegrüßt, Reis des nie verdorrenden Stammes;
sei gegrüßt, reich bist du an lauterer Frucht.
Sei gegrüßt, du ernährst den, der uns Nahrung gewährt;
sei gegrüßt, du geleitest zum Leben den, der unser Leben leitet.
Sei gegrüßt, solchen Reichtum des Erbarmens ziehst du auf deiner Flur;
sei gegrüßt, wie von einem Altar hebst du den Segen der Versöhnung.
Sei gegrüßt, dass du dem Leibe Stärkung in Fülle gewährst;
sei gegrüßt, dass du den Seelen die bergende Hülle bereitest.
Sei gegrüßt, des Lobgesanges Weihe;
sei gegrüßt, du Aussöhnung für das unendliche All.
Sei gegrüßt, du bist Gottes Wohlgefallen bei den Sterblichen;
sei gegrüßt, der Sterblichen Fürbitte bei Gott bist du.
Sei gegrüßt,* du jungfräuliche Mutter!**

Die Zweifel des heiligen Josef (Mt 1,18-21)

Z *– Zeta*

P: **Ein innerer Ansturm zweideutiger Gedanken verwirrte den besonnenen Josef. Er, der dich als die Unvermählte kannte, tadelte dich im Argwohn hinterlistiger Verbindung, du ohne Fehl. Als er aber deiner Erwählung vom Heiligen Geiste gewahr wurde, sprach er: Halleluja, Halleluja,* Halleluja!**

2. Teil

Die Anbetung der Hirten (Lk 2,8-20)

H *– Eta*

P: **Aus den Jubelchören der Engel vernahmen die Hirten die fleischgewordene Gegenwart Christi. Wie zu einem Hirten liefen sie zu ihm und sahen das Lamm Gottes unschuldig in Mariens Schoße weiden. Da jubelten auch sie:**
Sei gegrüßt, des Lammes Mutter und des Hirten;
sei gegrüßt, Hürde der geistigen Schafe.
Sei gegrüßt, du beschützest vor den unerkannten Gegnern;
sei gegrüßt, du erschließest das Heiligtum des Paradieses.
Sei gegrüßt, die Himmel jauchzen mit der Erde;
sei gegrüßt, in Christus frohlocken alle Geschöpfe.
Sei gegrüßt, durch dich sind die Apostel mündig geworden;
sei gegrüßt, an dir haben die Märtyrer Gleichmut gewonnen.
Sei gegrüßt, du starker Halt des Glaubens;
sei gegrüßt, du lichte Offenbarung der Gnade.
Sei gegrüßt, durch dich wird die Unterwelt entmachtet;
sei gegrüßt, von dir sind wir im Glauben ermächtigt.
Sei gegrüßt, du jungfräuliche Mutter!

Die Anbetung der Sterndeuter (Mt 2,1-12)

Θ *– Theta*

P: **Einen Stern beachteten die Weisen, der sie auf Gott hin deutete. Sie vermochten dessen Weisung zu folgen und hielten sich daran gleichwie an eine Fackel. So fanden sie den Herr-**

schenden-Mächtigen. Nun ihm nahe, sagten sie dem Unnahbaren ihre Liebe zu: Halleluja, Halleluja,* Halleluja!

I – *Iota*

P: **Die den Stern deuten, sahen in den Händen der Jungfrau den, der mit seiner Hand die Menschen gebildet. Eingedenk dessen, dass er in Knechtesgestalt jedoch ihr Gebieter sei, trachteten sie mit ihren ehrenden Gaben ihm zu dienen und der Benedeiten zu huldigen:**
Sei gegrüßt, Mutter des allerheiligsten Sternes;
sei gegrüßt, Morgenglanz des mystischen Lebens.
Sei gegrüßt, den glühenden Irrtum löschest du aus;
sei gegrüßt, allen der Dreifaltigkeit Geweihten zeigst du ihre Majestät.
Sei gegrüßt, Gewalt verwirfst du und Unmenschlichkeit;
sei gegrüßt, in Christus schauen wir den Menschenfreund als Herrn.
Sei gegrüßt, du befreist uns von heidnischem Götzendienst;
sei gegrüßt, du bewahrst uns vor der Ausgeburt der Zwietracht.
Sei gegrüßt, du setzest der Anbetung des Feuers ein Ende;
sei gegrüßt, du befreist die von Begierden Besessenen.
Sei gegrüßt, den Gläubigen weisest du den Weg zur Weisheit;
sei gegrüßt, alle Wesen erfüllst du mit Seligkeit.
Sei gegrüßt, du jungfräuliche Mutter!

K – *Kappa*

P: **Zu gotterfüllten Kindern geworden, kehrten die Seher zurück nach Babylon und erfüllten dort die Prophezeiung, indem sie allen dich als den Messias verkündeten. Herodes, den Heuchler, verließen sie, der Lob zu singen nicht verstand: Halleluja, Halleluja,* Halleluja!**

Die Flucht nach Ägypten (Mt 2,13-15)

Λ – *Lambda*

P: **Nach Ägypten hast du das Feuer der Wahrheit getragen, das Dunkel des Irrwahns hat sich verflüchtigt. Dir, Erretter, unterlagen seine Götzen, da sie an deiner Macht nichts vermochten. Die aber so befreit waren, dankten der Gottesmutter:**
Sei gegrüßt, du erneuerst die Würde des Menschen;
sei gegrüßt, zu Grunde gehen lässt du die Verführer.
Sei gegrüßt, zertreten hast du den betrogenen Betrüger;
sei gegrüßt, die vergötterten Abgötter hast du entthront.
Sei gegrüßt, du Meer, das verschlungen die Welt der Pharaonen;
sei gegrüßt, du Fels, daran getrunken, die nach Leben dürsten.
Sei gegrüßt, Flammenzeichen, welches die Umnachteten geführt;
sei gegrüßt, du Schutzmantel um aller Welt Drangsal.
Sei gegrüßt, du Nahrung, die das Manna abgelöst;
sei gegrüßt, denn du dienst mit heiliger Speise.
Sei gegrüßt, du Land der Verheißungen;

sei gegrüßt, daraus Milch und Honig fließt.
Sei gegrüßt, du jungfräuliche Mutter.

Die Darstellung Jesu im Tempel (Lk 2,25-35)

M *– My*

P: **Als Simeon bestimmt war, vor der Schwelle zwischen Zeit und Ewigkeit zu stehen, da wurdest du, o Herr, als Kind ihm dargereicht. Er aber schaute zudem den vollkommenen Gott in dir. Außer sich vor Staunen über dein unvorstellbares Dasein rief er aus: Halleluja, Halleluja,* Halleluja!**

3. Teil

Das Mysterium der Menschwerdung des Schöpfers

N *– Ny*

P: **Eine neue Schöpfung brachte der Schöpfer hervor, die so noch nie war, da er uns erschien, die wir von ihm geschaffen. Aus dem jungfräulichen Schoß stammt er und behütet ihn, wie er war: – rein, auf dass wir das Wunder wahrhaben und mit Lobgesang die Gottesmutter preisen:**
Sei gegrüßt, Blüte der Unvergänglichkeit;
sei gegrüßt, Sieg der Gewaltlosigkeit.
Sei gegrüßt, der Auferstehung leuchtende Spur;
sei gegrüßt, den Engeln gleich lebst du im Lichtschein.
Sei gegrüßt, herrlich fruchtender Baum, der die Gläubigen labt;
sei gegrüßt, schützendes Laubdach, darunter viele sich bergen.
Sei gegrüßt, den Ziellosen hast du den Weg gewiesen;

sei gegrüßt, anheimgestellt hast du den Unfreien die Freiheit.
Sei gegrüßt, ehrfürchtig stehst du vor dem All-Richter;
sei gegrüßt, in dir findet unser Fehlen Beistand bei ihm.
Sei gegrüßt, denen, die ohne Zuversicht wandern, bist du ein Gewand;
sei gegrüßt, dein Lieben ist über alles Verlangen groß.
Sei gegrüßt, du jungfräuliche Mutter!

Ξ *– Xi*

P: Solch ungewöhnlicher Geburt nachsinnend werden wir dem Gewöhnlichen mehr und mehr entwöhnt und wenden unser Sinnen zum Himmel. Denn der Gewaltige hat die Schwäche des Menschseins auf sich genommen, damit er aus der Tiefe führe, die als Herrn ihn glauben: Halleluja, Halleluja,* Halleluja!

O *– Omikron*

P: Ganz war er eins mit uns bis in den Tod und war seiner Gottheit doch gar nie entkleidet. Nicht dass er etwa von einem Ort hin zu einem andern ging; sondern hernieder kam das unumschränkte Wort in der Niederkunft der Jungfrau. Uns neigt sie sich zu:
Sei gegrüßt, Raum Gottes, den der Raum nicht zu fassen vermag;
sei gegrüßt, Zugang zum unverfügbaren Geheimnis.
Sei gegrüßt, den Ungläubigen ein widersprüchliches Gerücht;

sei gegrüßt, den Gläubigen ein unwidersprochenes Rühmen.
Sei gegrüßt, du auserwähltes Gefährt dessen über den Cherubim;
sei gegrüßt, du erlesenes Gefäß dessen über den Seraphim.
Sei gegrüßt, Unversöhnliches hast du versöhnt;
sei gegrüßt, jungfräulich hast du geboren.
Sei gegrüßt, vergänglich geworden ist durch dich unser Vergehen;
sei gegrüßt, das Paradies hast du wieder zugänglich gemacht.
Sei gegrüßt, du bist der Schlüssel zu Christi Königreich;
sei gegrüßt, du nährst die Hoffnung auf die ewige Güte.
Sei gegrüßt, du jungfräuliche Mutter!

Engel erschauern vor dem Geheimnis der Inkarnation

Π *– Pi*

P: **Durch und durch erschauerten die Engel vor dem gewaltigen Geschehen deiner Menschwerdung. Sie nämlich schauten den Unzugänglichen vordem als Gott, nun aber als Menschen zugänglich allen, wie er mitten unter uns wohnt und von uns allen hört: Halleluja, Halleluja,* Halleluja!**

Maria thront über den Rhetoren

Ρ *– Rho*

P: **Sprachlos werden die wortwendigen Redner vor dir, o Gottesmutter. Solcher**

Ohnmacht versagt sich das Wort: wie du jungfräulich gebären konntest. Staunend schauen wir das Geheimnis des Glaubens:
Sei gegrüßt, du Gefäß der Weisheit Gottes;
sei gegrüßt, du Gemach seiner Vorsehung.
Sei gegrüßt, Philosophen hast du an die Grenzen geführt;
sei gegrüßt, Wissensforschern hast du das Unerforschliche gezeigt.
Sei gegrüßt, denn die gelehrten Streiter schwindelte;
sei gegrüßt, denn die Mythendichter schwanden dahin.
Sei gegrüßt, spitzfindige Denkgeflechte hast du zerrissen;
sei gegrüßt, gefüllt hast du die Netze der Fischer.
Sei gegrüßt, aus unbekanntem Abgrund hast du uns herausgeführt;
sei gegrüßt, bereichert hast du viele an Erkenntnis.
Sei gegrüßt, du rettendes Schiff derer, die erstreben das Heil;
sei gegrüßt, du Hafen derer, die das Leben erfahren.
Sei gegrüßt, du jungfräuliche Mutter!

Gott will seine Schöpfung erlösen

Σ *– Sigma*

P: **Der All-Herrscher hat sich erboten, das Universum seiner Schöpfung zu erlösen. Unser Gott, unser Hirte, erschien uns als Lamm. Ihn, der sich für uns und uns zu seinesgleichen bestimmt hat, beten wir an: Halleluja, Halleluja,* Halleluja!**

4. Teil

Maria thront über den Jungfrauen

T *– Tau*

P: **Bei dir, jungfräuliche Gottesgebärerin, sind die Jungfrauen geborgen und alle, die zu dir Zuflucht nehmen. Denn des Himmels und der Erde Schöpfer schmückte dich, Reine, da er in dir als seiner Mutter wohnte und alle lehrte, dir zuzurufen:**
Sei gegrüßt, du Pfeiler der Reinheit;
sei gegrüßt, du Pforte zum Erlösungswerk.
Sei gegrüßt, durch dich wird der menschliche Geist neu geprägt;
sei gegrüßt, du stattest ihn aus mit göttlicher Gnade.
Sei gegrüßt, denn du überzeugst jene, die das Vergangene betrog;
sei gegrüßt, denn du begeisterst die Entgeisterten.
Sei gegrüßt, weil du vernichtest, was die Seelen verdirbt;
sei gegrüßt, weil du den gebierst, der Lauterkeit sät.
Sei gegrüßt, du Brautgemach des unversehrten Verlöbnisses;
sei gegrüßt, die sich ihm vertrauen, die vertraust du dem Herrn.
Sei gegrüßt, du keusches Leitbild der Heranwachsenden;
sei gegrüßt, bräutlich geleitest du heilige Seelen.
Sei gegrüßt, du jungfräuliche Mutter!

Maria thront über den Sängern

Y *– Ypsilon*

P: **Jeglicher Lobgesang vermisst sich vergebens, das Ausmaß deines unendlichen Erbarmens zu ermessen. Könnten wir dir selbst**

ebensoviele Loblieder opfern, wie Sandkörner sind, Heiliger König, nichts vermöchten wir zu vollenden, dem angemessen, was du uns geschenkt hast, die wir zu dir rufen: Halleluja, Halleluja,* Halleluja!

Φ – *Phi*

P: **Im leuchtenden Strahlenkleide den Verblendeten erschienen, schauen wir die Heilige Jungfrau. Seit sie das ewige Feuer ergriffen, führt sie auf immer zur Gotteserkenntnis, strahlenden Blickes den Geist erleuchtend. Wir huldigen ihr mit Rufen:**

Sei gegrüßt, du Morgenstern der geistigen Sonne;
sei gegrüßt, du Lichtträger des Allerheiligsten.
Sei gegrüßt, du Wetterstrahl, der unsere Seelen trifft;
sei gegrüßt, wie vor dem Donnergroll entsetzen sich die Feinde.
Sei gegrüßt, du bringst die himmlische Erleuchtung ans Licht;
sei gegrüßt, denn dir entquillt, was überquellend uns tränkt.
Sei gegrüßt, das heilende Bad stellst du vor;
sei gegrüßt, den Makel der Sünde nimmst du fort.
Sei gegrüßt, du Schale, darin das Gewissen geläutert;
sei gegrüßt, du Kelch, daraus Jubel geschenkt.
Sei gegrüßt, du mystische Rose, daraus uns Christus entströmt;
sei gegrüßt, du der Inbrunst kostbarer Odem.
Sei gegrüßt, du jungfräuliche Mutter!

Christus zerreißt den Schuldbrief

X – *Chi*

P: **Weil er aus Liebe alle begnadigen wollte, welche der Strafe schuldig sind, kam ureigens er, der alle Menschen freispricht, heim als ein Fremder zu denen, welche fern seiner Gnade lebten. Und als er so den Schuldbrief zerriß, hörte er aus aller Munde: Halleluja, Halleluja,* Halleluja!**

Maria thront über den Heiligen und Priestern

Ψ – *Psi*

P: **Deinem Sohn Lob singend wollen wir alle auch dich als lebendiges Heiligtum preisen, o Gottesgebärerin. Der in deinem Leibe gewohnt hat, der mit seiner Hand alles zusammenhält, der Herr hat dich geheiligt, dich verherrlicht und uns gelehrt, dir zu singen:**
Sei gegrüßt, du Tempel Gottes und des Wortes;
sei gegrüßt, heilig bist du über allen Heiligen.
Sei gegrüßt, du vom Heiligen Geiste vergoldeter Schrein;
sei gegrüßt, du unschätzbarer Quell des Lebens.
Sei gegrüßt, du Ehrenkrone aller, die Gott fürchten;
sei gegrüßt, rühmend erhöhst du priesterliche Diener.
Sei gegrüßt, bei dir ist die Kirche geborgen;
sei gegrüßt, des Reiches uneinnehmbare Mauer.
Sei gegrüßt, du setzest Zeichen der Überwindung;
sei gegrüßt, durch dich fallen die feind Gesinnten ab.
Sei gegrüßt, meine Seele geleitest du;
sei gegrüßt, meinen Leib machst du heil.
Sei gegrüßt, du jungfräuliche Mutter!

Schlußgebet

Ω – *Omega*

P: **Du über alles gepriesene Mutter hast geboren das allen Heiligen heiligste Wort. Nimm auf, was wir hier und jetzt vor dich bringen, von allem Missgeschick uns zu befreien, und bewahre uns vor zukünftiger Strafe, die wir einig beten: Halleluja, Halleluja,* Halleluja!**

Ist ein Priester gegenwärtig, endet das Gebet wie folgt:
P: **Weisheit.**
A: **Geehrter als die Cherubim* und unvergleichlich herrlicher als die Seraphim,* unversehrt hast du das göttliche Wort geboren:* du wahrhaft Gottesgebärerin, sei hochgepriesen.**
P: **Ehre sei + Dir, Christus, Gott, unsere Hoffnung, Ehre sei Dir.**
A: **Ehre sei dem + Vater und dem Sohn und dem Heiligen Geist, jetzt und allezeit und von Ewigkeit zu Ewigkeit. Amen. Herr, erbarme Dich, Herr, erbarme Dich, Herr, erbarme Dich. Gib den Segen.**
P: **Christus, unser wahrer Gott, durch die Fürsprache Seiner allreinen Mutter, der heiligen, glorreichen und allverehrten Apostel, unserer gotttragenden Väter und aller Heiligen, erbarme sich und errette uns, denn Er ist gütig und liebt die Menschen.**
A: **Amen.**

Ist kein Priester gegenwärtig, endet man wie folgt:
Durch die Gebete unserer heiligen Väter, Herr Jesus Christus, erbarme Dich unser.
Im Namen des Vaters, des Sohnes und des Heiligen Geistes. Amen. *(dreimal)*

OFFIZIUM „PARÁKLESIS“

Der Begriff „Parákiesis“ hat zwei verschiedene Bedeutungen: erstens meint er „Tröstung“, weswegen der Heilige Geist auch „Paraklet“ (von griechisch „parakaleo“, „herbei rufen“) oder „Tröster“ genannt wird. Die zweite Bedeutung ist „Flehen“ oder „Bitten“. Das Offizium „Parákiesis“ setzt sich aus Bitt-Hymnen zusammen, um Trost und Mut zu erlangen. Es sollte in Zeiten der Versuchung, Entmutigung oder Krankheit gebetet werden. Vor allem wird es in den zwei Wochen vor „Entschlafung“ oder „Aufnahme“ der allerseligsten Muttergottes (15. August) verwendet.

Das Offizium „Parákiesis“ ist ein Bittgottesdienst, der sich an die Gottesmutter richtet. Er kann sowohl in Kirchen als auch in Privathäusern gehalten werden, um göttliche Hilfe bei geistigen oder körperlichen Leiden oder sonstigen persönlichen Schwierigkeiten auf die Fürsprache Mariens zu erflehen. Während des Gottesdienstes nennt der Priester die Namen jener, in deren Anliegen gebetet wird.

Es gibt zwei Formen des „Parákiesis“. Der Kleine parakletische Kanon ist in der Regel das, was „Parákiesis“ genannt wird; der Große parakletische Kanon wird meist in Kirchen gelesen.

Für den Verfasser des Kleinen Kanons hält man den Hymnographen Theophanes bzw. Theosteriktos Monachos (wahrscheinlich 9. Jhdt.), über den sonst nichts bekannt ist. Der Verfasser des Großen Kanons ist Kaiser Theodoros II. Laskaris in Nikaia (etwa Mitte des 13. Jhdt.s). Es scheint, dass der Kern, aus dem beide Kanones erwachsen sind, bis ins 5. Jhdt. zurückgeht. Beide Kanones werden abwechselnd an den Abenden des

Muttergottesfastens (1.-15. August) gesungen, nicht jedoch an den Festen Christi Verklärung und Entschlafung der Gottesmutter (Aufnahme Mariens in den Himmel).

J. Madey, Paráklesis, in: Marienlexikon 5, St. Ottilien 1993, S. 89f.

Die Zweite Ode fehlt im Text; sie ist ein Bußgesang und wird nur in der Fastenzeit verwendet.

Der kleine Kanon auf die Gottesmutter von Theosteriktos Monachos

Erste Ode:

Da es die Flut wie trockenen Grund durchschritten und der Fron Ägyptens entflohen, schrie auf Israel: Lasst uns singen unserm Gott und Erretter.

Bedrängt von vielen Prüfungen, fliehe ich zu dir und suche das Heil: o Mutter des Wortes und Jungfrau. Sei mir Retterin vor Beschwernis und Schrecken.

Stürme der Leidenschaft umtosen mich. Mit großer Verzagtheit erfüllen sie mir meine Seele. Gib Frieden, o Braut, durch die Ruhe deines Sohns, deines Gottes, über allen Tadel Erhabene.

Ich flehe dich an, o Jungfrau, die Gott, den Heiland, geboren, von den Feinden mich zu befreien. Denn da ich jetzt zu dir meine Zuflucht nehme, halte hin ich dir die Seele, den Geist.

Ihn, der an Leib und Seele erkrankt ist, würdige deiner heiligen Sorge und Fügung, einzige Gottesmutter, die du als Gute den Guten geboren.

Dritte Ode: **Du der Himmelskuppel Bedacher, Herr, der Kirche Erbauer, mach mich stark in deiner Liebe, du der Gebieter oberster Herr, der Gläubigen Halt, Menschenfreund du allein.**

Zu meines Lebens Schutz und Schirm bestelle ich dich, Gottesgebärerin, Jungfrau. Zu meinem Hafen lenke du mich, du Ursache alles Guten, der Gläubigen Stab, einzig allgefeiert in Hymnen.
Jungfrau, ich flehe zu dir: Zerstreu mir der Seele Verwirrung, der Mutlosigkeit Stürme. Denn du, Gottesbraut, hast Christus, den Fürsten des Friedens, empfangen, du allein Makellose.
Du hast geboren den gnädigen Herrn, der Tugend Begründer. Lasse allen sprudeln den Reichtum der Huld. Denn du kannst ja alles, da du Christus geboren, Gottseligste, als den, der mächtig an Kraft.
Von schlimmer Kraftlosigkeit, von krankhafter Leidenschaft werde ich versucht, o Jungfrau. Sei du mir Helferin. Denn als der Heilungen Schatz erkenne ich dich, der nicht vergeht, o Allreine, den man niemals erschöpft.
Errette aus Gefahren deine Knechte, Gebärerin Gottes, weil wir alle nächst Gott zu dir unsre Zuflucht nehmen als einer unzerbrechlichen Mauer und Hilfe.
Schaue in Huld, Gebärerin Gottes, allbesungen in Hymnen, auf meines Leibes schlimme Bedrängnis und heile den Schmerz meiner Seele.
Warmherzige Mittlerin, unbezwingliche Mauer, der Erbarmung Born, Zuflucht der Welt, mit ausgebreiteten Armen rufen wir zu dir: Gottesgebärerin, Herrin, zuvorkommend befreie uns aus Gefahren, du allein hilfst uns schnell.

Vierte Ode: **Vernommen hab ich, Herr, deiner Heilsordnung Mysterium, bedacht deine Werke, deine Gottheit gerühmt.**

Beruhige meiner Leidenschaften Verwirrung und meiner Fehler Brandung, die du, Braut Gottes, Christus, den Steurer, geboren.
Die Tiefe deiner Erbarmung schenke mir, der darum fleht. Denn du hast den Erbarmer geboren, den Retter aller, die dich besingen in Hymnen.
Da wir, Allheilige, genießen deine Geschenke, senden wir empor eine Hymne des Dankes, die wir als Gottes Mutter dich kennen.
Da wir in dir die Hoffnung besitzen, den Halt, des Heiles unerschütterte Mauer, in Hymnen Allgepriesene, werden wir von allem Ungemache befreit.

Fünfte Ode: **Erleuchte uns, Herr, durch deine Gebote, mit deinem erhabenen Arme reiche, Menschenfreund, deinen Frieden uns dar.**
Mit Heiterkeit, Reine, erfülle mein Herz: Gib uns deine ungemischte Freude, die du der Heiterkeit Bringer geboren.
Befreie uns aus Gefahren, Gottesgebärerin, Reine, die du ewige Erlösung geboren und jenen Frieden, der allen Verstand übersteigt.
Die Nacht meiner Fehler verscheuche, Gottes Braut, durch das Licht deines Glanzes, die du geboren das göttliche und ewige Licht.
Meiner Seele Krankheit heile, o Reine, deiner Sorge würdige mich, durch deine Fürbitte schenk mir die Heilung.

Sechste Ode: **Das Flehen gieße aus ich beim Herrn, ihm künde ich meine Bedrängnisse. Denn von Sünden ist meine Seele erfüllt, und dem Hades hat sich**

mein Leben genaht. Und ich flehe wie Jonas: Aus dem Verderben, o Gott, führ mich empor.
Der Retter aus Tod und Verwesung überlieferte sich selber dem Tod. Ihn, deinen Herrn, deinen Sohn, o Jungfrau, fleh an, dass er meine Natur, die dem Verderben, dem Tode verfallen, von der Feinde Bosheit befreie.
Als des Lebens Schirmerin erkenne ich dich, als seine zuverlässige Wächterin, Jungfrau, die auflöst der Versuchungen Schwarm und den Übermut der Dämonen verjagt. Und ich bitte, mich stets zu befreien aus der Leidenschaften Verderben.
Eine Mauer der Zuflucht besitzen wir in dir, der Seelen vollendete Rettung, eine Weite in den Drangsalen, Braut. Und wir freuen uns stets deines Lichtes, o Herrin. Aus Leidenschaften und Gefahren sei uns Retterin auch jetzt.
Auf dem Lager der Kranken liege jetzt ich danieder. Nicht gibt für mein Fleisch es noch Heilung. Wohlan, die du Gott hast empfangen, den Heiland der Welt, den Befreier von Krankheit, dich, Gute, flehe ich an: Erhebe mich von der Krankheit Verderben.
Errette aus Gefahren deine Knechte, Gebärerin Gottes, weil wir alle nächst Gott zu dir unsre Zuflucht nehmen als einer unzerbrechlichen Mauer und Hilfe.
Schaue in Huld, Gebärerin Gottes, allbesungen in Hymnen, auf meines Leibes schlimme Bedrängnis und heile den Schmerz meiner Seele.
Der Christen Helferin, die nicht wird zuschanden, unwandelbare Mittlerin beim Bildner, verachte nicht die Rufe der Gebete der Sünder. Nein, komm uns zu Hilfe, o Gute, die wir gläubig rufen zu dir: Eilig

bitte, schnell flehe, die stets du jene beschirmst, Gottesmutter, die dich verehren.

Siebente Ode: **Die Jünglinge, die aus Judäa einst nach Babylon kamen, im Glauben an die Dreiheit traten die Glut des Ofens sie nieder und sangen: Gott unserer Väter, gepriesen bist du.**
Weil du unsere Rettung, Heiland, betreiben wolltest, hast du im Schoße der Jungfrau gewohnt, die du der Welt als Beschirmerin zeigtest: Gott unserer Väter, gepriesen bist du.
Ihn, der da liebt das Erbarmen, den du geboren, Mutter, du Reine, fleh an, zu befreien von Fehlern, von den Makeln der Seele, die gläubig rufen: Gott unserer Väter, gepriesen bist du.
Als Schatz des Heiles, als der Unverweslichkeit Quell hast du die gezeigt, welche dich empfangen, als der Sicherheit Burg, als Pforte der Reue denen, die rufen: Gott unserer Väter, gepriesen bist du.
Des Körpers Weichlichkeit und der Seele Kraftlosigkeit, Gottesgebärerin, lass dich herab, denen zu heilen, die in Liebe unter deinen heiligen Schutz eilen, die du uns Christus, den Heiland, geboren.

Achte Ode: **Den König der Himmel, den die Heere der Engel in Hymnen besingen, preiset in Hymnen und erhebet ihn in alle Äonen.**
Verachte, Jungfrau, nicht, die Hilfe von dir erflehen, die dich in Hymnen besingen und, Braut, dich erheben in die Äonen.
Der Heilungen Reichtum gieße aus über die, welche gläubig dich, Jungfrau, in Hymnen besingen und erheben dein unsagbares Gebären.

Meiner Seele Schwachheiten heile, die Leiden des Fleisches, o Jungfrau, dass ich dich, die Begnadete, preise.
Der Versuchungen Stürmen und der Leidenschaft Andrang verjagst du, o Jungfrau. Drum erheben in Hymnen wir dich in alle Äonen.

Neunte Ode: **Mit Recht bekennen wir dich als Gottesgebärerin, wir, die durch dich errettet sind, Jungfrau, du Reine, mit den Reigen der Körperlosen erheben wir dich.**
Den Strom der Tränen entferne mir nicht, die du, Jungfrau, Christus geboren, der aus jedem Antlitz jede Träne entfernte.
Mit Freude erfülle, o Jungfrau, mein Herz, die du die Fülle der Freude empfangen und zunichte machtest die Trauer der Sünde.
Hafen und Hilfe sei denen, die ihre Zuflucht, Jungfrau, nehmen zu dir, und unerschütterte Mauer, Zuflucht, Schutz und Frohlocken.
Mit den Strahlen des Lichtes erleuchte, o Jungfrau, der Unwissenheit Dunkel verscheuchend, jene, die als Gottesgebärerin gläubig dich künden.
Ihn, der am Orte der Trübsal durch Schwachheit gebeugt ist, heile, o Jungfrau, aus Kraftlosigkeit führe ihn zur Kraft.

Der große Kanon auf die Gottesmutter von Kaiser Theodorus Laskaris II.

Erste Ode:

Den Wagenkämpfer Pharao versenkte einst des Moses Wunderstab. Mit des Kreuzes Zeichen peitschte, teilte er das Meer. Doch Israel, das zog zu Lande, hat er errettet auf der Flucht, dass es ein Lied ihm sang.
Der Leiden Andrang umstürmt meine elende Seele. Und die Wolken des Unheils verhüllen mein Herz, Gottesbraut. Wohlan, du hast geboren das heilige, ewige Licht, der Freude Licht lass mir leuchten.
Aus maßlosen Nöten, Bedrängnissen, von grollenden Feinden, vom Unheil des Lebens durch deine gewaltige Macht erlöst, o Allreine, besinge ich in Hymnen, erhebe ich deine unermessliche Liebe, die Tröstung, die du mir gabst.
Nun nehme vertrauend ich meine Zuflucht zu deiner mächtigen Hilfe, und mit ganzer Seele bin unter deinen Schutz ich geeilt, und ich beuge, o Herrin, das Knie und weine und seufze: Mich Armen verachte nicht, Zuflucht der Christen.
Nicht will ich schweigen. Laut will ich deine Großtaten künden. Denn ständest nicht du, Braut, stets als Schirmerin da, zu deinem Sohn, deinem Gotte flehend für mich, wer hätte mich dann aus so gewaltiger Brandung und furchtbaren Gefahren errettet?

Dritte Ode: **Du der Himmelskuppel Bedacher, du der Kirche Erbauer, mach mich stark in deiner Liebe, du der Gebieter oberster Herr, der Gläubigen Halt, Menschenfreund du allein.**

Mangel leidend an allem, rufe ich klagend zu dir: Warmherzige Helferin, schenke zuvorkommend Hilfe deinem Knechte, dem Niedrigen, Armen, der heiß deine Hilfe begehrt.
Du hast nun in Wahrheit wunderbar an mir bewiesen, Herrin, Braut, deine Wohltaten, deine Erbarmungen. Drum preise ich dich, besinge ich in Hymnen, rühme im Liede ich deine reiche, unermessliche Sorge.
Das Brausen des Unheils, Herrin, umstürmt mich. Es versenken mich die Brandungen der Leiden. Wohlan denn, zuvorkommend reiche mir deine helfende Hand, meine warmherzige Helferin und Beschirmerin.
Als wahre Gottesgebärerin bekenne ich dich, o Herrin, die des Todes Macht vernichtet hat. Denn als Beleberin hast du aus den Banden des Hades zum Leben mich hingeführet, der zerronnen zu Staub.
Errette aus Gefahren deine Knechte, Gebärerin Gottes, weil wir alle nächst Gott zu dir unsre Zuflucht nehmen als einer unzerbrechlichen Mauer und Hilfe.
Schaue in Huld, Gebärerin Gottes, allbesungen in Hymnen, auf meines Leibes schlimme Bedrängnis und heile den Schmerz meiner Seele.
Warmherzige Mittlerin, unbezwingliche Mauer, der Erbarmung Born, Zuflucht der Welt, mit ausgebreiteten Armen rufen wir zu dir: Gottesgebärerin, Herrin, zuvorkommend befreie uns aus Gefahren, du allein hilfst uns schnell.

Vierte Ode: **Du bist meine Stärke, Herr, bist meine Kraft, du mein Gott, mein Frohlocken. Du hast nicht den Schoß des Vaters verlassen und doch unsre Ar-**

mut geschaut. Drum rufe ich zu dir mit Habakuk, dem Propheten: Preis sei deiner Macht.
Und wo denn will ich sonst eine Hilfe finden? Wohin soll ich fliehen? Wo soll ich gerettet werden? Wen soll ich als warmherzige Helferin haben, von den Nöten, wehe mir, den Stürmen des Lebens bedrängt? Zu dir allein geht mein Hoffen, zu dir mein Vertrauen, mein Rühmen. Unter deinen Schutz eile ich. Sei Retterin mir.
Den süßen Strom deiner Erbarmung, der mit reichen Gaben meine ganz arme und elende Seele benetzt, die von des Unheils, der Bedrängnisse Feuer entzündet, Allreine, erhebe ich, künde ich. Unter deinen Schutz eile ich. Sei Retterin mir.
Dich, reine, makellose Jungfrau, allein habe ich als unbezwingliche Mauer, als Zuflucht, als mächtige Helferin, als Bollwerk des Heils. Verachte mich, den Verzweifelten, nicht, Hoffnung der Hoffnungslosen, der Kranken Beistand, der Bedrängten Freude und Schutz.
Wie soll ich vermögen, würdig dein unermessliches Erbarmen, o Herrin, zu künden, das stets meine furchtbar brennende Seele wie Wasser besprengte? Doch, o deiner Sorge, o deiner Wohltat, die so reich ich gekostet.

Fünfte Ode: **Warum hast du mich verstoßen von deinem Angesicht, unzugängliches Licht? Warum hat feindseliges Dunkel mich Armen bedeckt? Wohlan, bekehre mich und zum Licht deiner Gebote, ich bitte, lenk meine Wege.**
Dankbar ruf ich zu dir: Freude dir, Mutter und Jungfrau. Freude dir, Gottes Braut. Freude dir,

heilige Schirmerin. Freude dir, Wehr und unzerstörbare Mauer. Freude dir, Patronin, derer, die gläubig eilen zu dir, Hilfe und Heil.
Die töricht mich hassen, hielten Geschosse und Schwerter und Gruben bereit, und zu zerfleischen suchen sie meinen armseligen Leib, suchen ihn zur Erde zu werfen, o Reine. Drum, zuvorkommend vor ihnen sei Retterin mir.
Erlöse mich aus jeglicher Not, aus Trauer und Krankheit und Schaden. Durch deine Macht in deinem Schutze behüte mich unversehrt vor jeder Gefahr, vor Feinden, die mich bekriegen und hassen, du in Hymnen allgefeierte Braut.
Welche Gabe des Dankes soll ich dir bringen als Entgelt für deine Geschenke und deine unermessliche Güte, die ich genießen durfte? So will ich denn preisen, in Hymnen besingen, erheben deine unsagbare Liebe zu mir.

Sechste Ode: **Das Flehen gieße aus ich beim Herrn. Ihm künde ich meine Bedrängnisse. Denn von Sünden ist meine Seele erfüllt. Und dem Hades hat sich mein Leben genaht. Und ich flehe wie Jonas: Aus dem Verderben, o Gott, führ mich empor.**
Die Wolken der Leiden bedecken meine elende Seele, mein Herz, und rufen hervor, o Braut, mir die Nacht. Du hast geboren das unzugängliche Licht. Durch das Wehen deines heiligen Flehens verjage sie weit.
Als Trost in der Trübsal stehst du mir vor Augen, als Arzt in Krankheiten erkenne ich dich, als die, welche gänzlich zerschmettert den Tod, als des Lebens unerschöpflichen Strom und als aller Leidenden schnelle, entschlossene Helferin.

Nicht verheimliche ich die Tiefe deiner Erbarmung und das Quellen unermesslicher Wunder und den wahrhaft nie versiegenden Born deiner Liebe, Herrin, zu mir. Wohlan denn, allen bekenne ich's, rufe und künd ich es, tue laut ich es kund.
Die Wogen des Lebens schlossen ringsum mich ein wie Bienen die Wabe, o Jungfrau, und quälen mein Herz, verwunden es mit dem Pfeile der Trübsal. O möchte ich dich als Helferin, Verfolgerin, Schirmerin finden, Allreine.
Errette aus Gefahren deine Knechte, Gebärerin Gottes, weil wir alle nächst Gott zu dir unsre Zuflucht nehmen als einer unzerbrechlichen Mauer und Hilfe.
Schaue in Huld, Gebärerin Gottes, allbesungen in Hymnen, auf meines Leibes schlimme Bedrängnis und heile den Schmerz meiner Seele.
Der Christen Helferin, die nicht wird zuschanden, unwandelbare Mittlerin beim Bildner, verachte nicht die Rufe der Gebete der Sünder. Nein, komm uns zu Hilfe, o Gute, die wir gläubig rufen zu dir: Eilig bitte, schnell flehe, die stets du jene beschirmst, Gottesmutter, die dich verehren.

Siebente Ode: **Der Hebräer Jünglinge traten kühn nieder im Ofen die Glut und wandelten das Feuer in Tau, und sie riefen: Herr, Gott, gepriesen bist du in die Äonen.**
Du hast, Gottesgebärerin, geboren das Licht. Erleuchte mich, der durch die Nacht der Sünden verfinstert ist, du des Lichtes reines, fleckenloses Gefäß, damit ich in Liebe dich preise.

Schutz sei und Schirm und Hilfe und Ruhm du, o Jungfrau, mir, der jetzt von jeder Hilfe entblößt ist, da der Hilflosen Kraft, der Hoffnungslosen Hoffen du bist.
Mit ganzer Seele, ganzem Geist, ganzem Herzen, mit den Lippen preise ich dich, der ich genießen durfte deine Gnadengeschenke. O deiner Güte, deiner unermesslichen Wunder.
Blick her mit gnädigem Antlitz und schaue mein Leid. Von schlimmem Unheil, von Schaden, Gefahren und Prüfungen errette mich in deinem grenzenlosen Erbarmen.

Achte Ode: **Ihn, der verherrlicht ward auf heiligem Berge und dem Moses im Dornbusch das Mysterium der allzeit Jungfräulichen kundtat im Feuer, rühmet in Hymnen den Herrn und erhebet ihn in alle Äonen.**
Ob der Güte deiner Erbarmung, o Jungfrau, verachte mich, Heilige, nicht, der im Schwall der Wellen des Lebens versinkt. Wohlan, reiche mir deine helfende Hand, mir, der sich in den Leiden des Lebens erschöpft.
Es fanden mich Bedrängnisse, Trübsale, Nöte, o Reine, und des Lebens Leiden und Prüfungen schlossen rings stets mich ein. Wohlan, tritt zu mir her und nimm mich in deinen mächtigen Schutz.
In den Brandungen fand ich als Hafen dich, in der Trübsal als Freude und Wonne, als schnelle Helferin in der Krankheit, als Schirmerin in den Gefahren und in der Prüfung als Schutz.
Freude dir, des Herren feuriger Thron. Freude dir, heiliges Mannagefäß. Freude dir, goldener Leuchter, unauslöschliches Licht. Freude dir, der Jungfrauen Glanz, der Mütter Zierde und Ruhm.

Neunte Ode: **Es erstaunte darüber der Himmel, und die Enden der Erde erschraken, dass Gott im Leibe den Menschen erschienen und dein Schoß weiträumiger ward als die Himmel. Drum, Gottesgebärerin, erheben dich die Ordnungen der Engel und Menschen.**
Zu wem, Reine, sonst soll ich fliehen? Wohin soll ich noch eilen? Wo finden das Heil? Wohin soll ich wandern? Welche Zuflucht soll ich noch suchen? Welche warmherzige Helferin noch? Welchen Beistand in Trübsal? Zu dir allein geht mein Hoffen, auf dir allein steht mein Rühmen. Zu dir nehme vertrauend ich Zuflucht.
Nicht ist es möglich, Gottesbraut, deine Großtaten zu zählen und die unergründliche Tiefe deiner Wunder zu künden, die den Verstand überragen, die du ständig an denen gewirkt, die in Liebe dich ehren und gläubig dir huldigen als Gottes wirklicher Mutter.
In Dankeshymnen preise ich und in Liedern erhebe ich dein grenzenloses Erbarmen und bekenne allen deine gewaltige Macht. Und deine Wohltaten, die du ausgeschüttet auf mich, künde ich, erhebe stets ich mit Seele und Herz, mit den Lippen, im Geist.
Mein armseliges Flehen nimm an und mein Weinen verachte nicht, meine Tränen, mein Seufzen. Nein, nimm meiner, o Gute, dich an und erfüll meine Bitten. Denn du kannst ja alles, Mutter des allmächtigen Gottes und Herrn, wenn du nur noch dich neigest zu meiner elenden Ohnmacht.

Textquelle des Offizium Paráklesis: Kilian Kirchhoff, Hymnen der Ostkirche. Dreifaltigkeits-, Marien- und Totenhymnen, Münster ²1979, S. 176-188.

2.
Vollkommene Ablässe im Jahreslauf

Basilika Santa Sabina, Rom
(Stationskirche am Aschermittwoch)

Besuch der römischen Stationskirchen
Teilnahme am Gottesdienst

Ein vollkommener Ablass wird demjenigen Christgläubigen gewährt, der an dem dafür jeweils vorgesehenen Tag in einer (römischen) Stationskirche einer liturgischen Feier beiwohnt.

(HA 2008, Nr. 33, § 2, S. 81; vgl. EI 2004, Nr. 33, § 2, S. 77)

Nach einem jährlich wiederkehrenden Plan wird an bestimmten Tagen des Jahres (den Tagen der Quadragesima [Fastenzeit], den wichtigsten Sonntagen und großen Festen des Herren- und Heiligenjahres) in jeweils einer bestimmten Kirche Roms ein »Stationsgottesdienst« gefeiert. Seinen Ursprung hat dieser Brauch im 3. Jahrhundert, als die Priester in Rom mit ihren Gemeinden regelmäßig die Eucharistie in ihren Titelkirchen feierten. An bestimmten Tagen zelebrierte der Papst als Bischof von Rom diese Gottesdienste und erwies sich so als oberster Liturge in der Bischofsstadt. Im Laufe der Zeit bekam diese „statio" (Standort, Wallfahrtsstation) die Bedeutung eines in einer bestimmten Kirche an einem bestimmten Tag gefeierten Papstgottesdienstes. Dabei wurde das Stundengebet und die Eucharistie gefeiert. An diesen Tagen wurden auch der Reliquienschatz der festlich geschmückten Stationskirche zur Verehrung ausgestellt und die Grabstätten lokaler Heiliger in der Unterkirche zugänglich gemacht. Im 7. Jahrhundert wurde (der Überlieferung gemäß von Papst Gregor dem Großen) ein fester Plan für diese Stationskirchen festgelegt. Während des Avignoner Exils (1305-1376) verlor diese Frömmigkeitsform an Bedeutung. Der hl. Papst Johannes XXIII. (1958-1963)

nahm den altüberlieferten Brauch des Stationsgottesdienstes am Aschermittwoch in Santa Sabina wieder auf.
Auch andere Diözesen folgten dem Beispiel des Stationsgottesdienstes. Das neue Zeremoniale für die Bischöfe (1998) empfiehlt sehr, in der Fastenzeit nach römischem Brauch solche Stationsgottesdienste zu feiern (Nr. 260). Der Gottesdienst in der »Stationskirche«, zu dem sich Klerus und Laien versammeln, wird vom Bischof oder seinem Vertreter gefeiert und stellt den Hauptgottesdienst dar. Der Grundgedanke ist dabei die »überpfarrliche« Liturgiefeier, die reihum in den verschiedenen Pfarrgemeinden vom Bischof zelebriert wird und so die Einheit der Diözese zum Ausdruck bringt.
Um einen vollkommenen Ablass zu gewinnen, ist es außer den üblichen Bedingungen (Beichte, Kommunion, Gebet nach Meinung des Papstes) erforderlich, die jeweilige römische Stationskirche am betreffenden Tag aufzusuchen und dort am Morgen- oder Abendgottesdienst teilzunehmen.

Literatur:
H.-J. Kracht u.a., Stationskirchen – Stätten geistlicher Sammlung (Serie), in: Oss. Rom. (dt.) v. 10.12.1999, S. 5 [und folgende Teile].
Dino Satolli, Römische Fastenzeit. Betrachtungen zu den Stationsfeiern mit einer kurzen Beschreibung der Stationskirchen [Quaresima a Roma], Wien 1965.
Johann Peter Kirsch, Die Stationskirchen des Missale Romanum. Mit einer Untersuchung über Ursprung und Entwicklung der liturgischen Stationsfeier (=Ecclesia orans 19), Freiburg im Breisgau 1926.

Römische Stationskirchen:

1. Adventssonntag:	*Santa Maria Maggiore*
Quatember-Mi:	*Santa Maria Maggiore*
Quatember-Fr:	*Zu den hll. Zwölf Aposteln*
Quatember-Sa:	*St. Peter*
2. Adventssonntag:	*Zum hl. Kreuz in Jerusalem*
3. Adventssonntag:	*St. Peter*
4. Adventssonntag:	*Zu den hll. Zwölf Aposteln*
Weihnachtsvigil:	*Santa Maria Maggiore*
In der hl. Nacht:	*Santa Maria Maggiore (Krippe)*
Am Weihn.morgen:	*Sta. Anastasia*
Am Weihn.tag:	*Santa Maria Maggiore*
26.12.:	*St. Stephanus auf dem Cœlius*
27.12.:	*Santa Maria Maggiore*
28.12.:	*St. Paul*
1.1.:	*Sta. Maria jenseits des Tiber*
6.1.:	*St. Peter*
Septuagesima:	*St. Laurentius vor den Mauern*
Sexagesima:	*St. Paul*
Quinquagesima:	*St. Peter*
Aschermittwoch:	*Sta. Sabina*
Do nach Ascherm.:	*St. Georg*
Fr nach Ascherm.:	*St. Johannes und Paulus*
Sa nach Ascherm.:	*St. Augustin*
1. Fastensonntag:	*St. Johann im Lateran*
Mo. der 1. Fastenw.:	*St. Peter bei den Ketten*
Di:	*Sta. Anastasia*
Mi:	*Santa Maria Maggiore*
Do:	*St. Laurentius in Paneperna*
Fr:	*Zu den hll. Zwölf Aposteln*
Sa:	*St. Peter*
2. Fastensonntag:	*Sta. Maria in Dominica*
Mo:	*St. Klemens*

Di:	*Sta. Balbina*
Mi:	*Sta. Caecilia*
Do:	*Sta. Maria jenseits des Tiber*
Fr:	*St. Vitalis*
Sa:	*St. Marcellinus und Petrus*
3. Fastensonntag:	*St. Laurentius vor den Mauern*
Mo:	*St. Markus*
Di:	*Sta. Pudentiana*
Mi:	*St. Xystus*
Do:	*St. Kosmas und Damian*
Fr:	*St. Laurentius in Lucina*
Sa:	*Sta. Susanna*
4. Fastensonntag:	*Zum hl. Kreuz in Jerusalem*
Mo:	*Zu den hll. Vier Gekrönten*
Di:	*St. Laurentius in Damaso*
Mi:	*St. Paul*
Do:	*St. Silvester und Martinus*
Fr:	*St. Eusebius*
Sa:	*St. Nikolaus im Kerker*
Passionssonntag:	*St. Peter*
Mo:	*St. Chrysogonus*
Di:	*Sta. Maria in Via Lata*
Mi:	*St. Marcellus*
Do:	*St. Apollinaris*
Fr:	*St. Stephanus auf d. Mons Cælius*
Sa:	*St. Johannes v.d. Latein. Pforte*
Palmsonntag:	*St. Johann im Lateran*
Mo:	*Sta. Praxedis*
Di:	*Sta. Prisca*
Mi:	*Santa Maria Maggiore*
Do:	*St. Johann im Lateran*
Fr:	*Zum hl. Kreuz in Jerusalem*
Sa:	*St. Johann im Lateran*

Ostersonntag:	*Santa Maria Maggiore*
Mo:	*St. Peter*
Di:	*St. Paul*
Mi:	*St. Laurentius vor den Mauern*
Do:	*Zu den hll. Zwölf Aposteln*
Fr:	*Sta. Maria bei den Märtyrern*
Sa:	*St. Johann im Lateran*
Weißer Sonntag:	*St. Pankratius*
Bitttage - Mo:	*Santa Maria Maggiore*
Di:	*St. Johann im Lateran*
Mi:	*St. Peter*
Christi Himmelfahrt:	*St. Peter*
Pfingstvigil:	*St. Johann im Lateran*
Pfingstsonntag:	*St. Peter*
Pfingstmontag:	*St. Peter zu den Ketten*
Di:	*Sta. Anastasia*
Mi:	*Santa Maria Maggiore*
Do:	*St. Laurentius vor den Mauern*
Fr:	*Zu den hll. Zwölf Aposteln*
Sa:	*St. Peter*
Herbst-Quatember	
Mi:	*Santa Maria Maggiore*
Fr:	*Zu den hll. Zwölf Aposteln*
Sa:	*St. Peter*

Zu den Stationskirchen in der Fastenzeit:

https://www.vatican.va/roman_curia/pontifical_academies/cult-martyrum/documents/rc_pa_martyrum_20020924_stazioni_ge.html

Feste von Ordensgründern

Ein vollkommener Ablass wird demjenigen Christgläubigen gewährt, der die Kirche oder Kapelle von Instituten des geweihten Lebens und Gesellschaften des apostolischen Lebens am Festtag des Gründers der Gemeinschaft besucht und dort das Vaterunser und das Glaubensbekenntnis andächtig betet.

(vgl. HA 2008, § 1, 7°, S. 81; EI 2004, Nr. 33, § 1, 7°, S. 76f)

Das Zweite Vatikanische Konzil hat dargelegt, dass das „Streben nach vollkommener Liebe auf dem Weg der evangelischen Räte [Armut, Gehorsam, Keuschheit] in Lehre und Leben des göttlichen Meisters seinen Ursprung hat" (Perfectae caritatis 1). Seinen Anfang nahm das Mönchtum, als Einsiedler (Eremiten) ihre Familien verließen, freiwillig arm und ehelos lebten und in die Wüste gingen, um dort durch Enthaltsamkeit (Askese) den Kampf gegen die Dämonen aufzunehmen und Jesus Christus nachzufolgen. Später bildeten diese Mönche eine Gemeinschaft (Kloster). Im Osten prägte der hl. Basilius von Caesarea (330-379), im Westen der hl. Benedikt von Nursia (480-547) das Mönchtum. Im Laufe der Kirchengeschichte haben viele weitere Heilige religiöse Gemeinschaften und Orden gegründet und so zur Heiligung der Menschen und zur Verherrlichung Gottes beigetragen.

Die aufgeführten heiligen Ordensgründer befinden sich im liturgischen Generalkalender oder im deutschen Regionalkalender. Die Feste von Ordensgründern größerer und in Deutschland angesiedelter (bzw. bisher niedergelassenen) Gemeinschaften (s. Fettdruck) wer-

den an den entsprechenden Tagen eingereiht; die übrigen entnehme man der nachfolgenden Liste.
Der Augustinerorden, dem auch Papst Leo XIV. angehört, hat keinen eigentlichen Gründer, sondern entstand im 13. Jhdt. durch den Zusammenschluss älterer lose organisierter Eremitengruppen zu einem strukturierten Orden.
http://www.orden.de, http://www.orden-online.de/

Um den vollkommenen Ablass zu gewinnen, ist es erforderlich, die entsprechende Ordenskirche oder -kapelle am Gedenktag des heiligen Gründers bzw. der heiligen Gründerin aufzusuchen und das Vaterunser und das Glaubensbekenntnis zu beten.
Vater unser …
Ich glaube an Gott … *(S. 171)*

7. Januar:	*Hl. Raimund von Peñafort (1175/80-1275), Gründer des Ordo B. Mariæ de Mercede redemptionis captivorum (OdeM, Mercedarier)*
17. Januar:	*Hl. Antonius (251/2-356), Mönchsvater*
22. Januar:	*Hl. Vinzenz Pallotti (1795-1850), Gründer der Gesellschaft des Katholischen Apostolates (SAC,* ***Pallottiner****)*
24. Januar:	*Hl. Franz von Sales (1567-1622), Gründer des Ordens von der Heimsuchung Mariä (OVM,* ***Salesianerinnen****)*
27. Januar:	*Hl. Angela Meríci (1474-1540), Gründerin der Gesellschaft der hl. Ursula (OSU,* ***Ursulinen****)*
31. Januar:	*Hl. Johannes Bosco (1815-1888), Gründer der Frommen Gesellschaft*

	vom heiligen Franz von Sales (SDB, ***Salesianer****) und der Kongregation der Mariahilf-Schwestern.*
8. Februar:	*Hl. Hieronymus Aemiliani (1486-1537), Gründer der Compagnia dei servi dei poveri (CRS, Somasker)*
17. Februar:	*Die heiligen Gründer des Servitenordens (OSM, Orden der Diener Mariens)*
8. März:	*Hl. Johannes von Gott (1495-1550), Gründer des Hospitalordens (OSJdD, OHosp,* ***Barmherzige Brüder****)*
9. März:	*Hl. Franziska von Rom (1384-1440), Gründerin der Compagnia delle Oblate del Monastero Olivetano di S. Maria Nova*
2. April:	*Hl. Franz von Paola (1436-1507), Gründer des Ordens der Mindesten Brüder (Minimen, Paulaner)*
7. April:	*Hl. Johannes Baptist de La Salle (1651-1719), Gründer der Genossenschaft der* ***Christlichen Schulbrüder*** *(FSC, Brüder von den christlichen Schulen)*
26. Mai:	*Hl. Philipp Neri (1515-1595), Gründer der* ***Oratorianer*** *(CO)*
6. Juni:	*Hl. Norbert von Xanten (1082-1134), Gründer der* ***Prämonstratenser*** *(OPraem)*
19. Juni:	*Hl. Romuald (952-1027), Gründer der Camaldoli-Eremitengemeinschaft (OSBCam, Kamaldulenser)*

5. Juli:	*Hl. Antonius Maria Zaccaría (1502-1539), Gründer der Englischen Schwestern vom hl. Paulus (Angeliken) und der Regularkleriker vom hl. Paulus (CRSP, Barnabiten, Paulaner)*
11. Juli:	*Hl. Benedikt von Nursia (480-547), Vater des Abendländischen Mönchtums, Gründer der* ***Benediktiner*** *(OSB)*
14. Juli:	*Hl. Kamillus von Lellis (1550-1614), Gründer des Ordo Clericorum Regularium Ministrantium Infirmis (MI OSCam,* ***Kamillianer****)*
23. Juli:	*Hl. Birgitta von Schweden (1302/03-1373), Gründerin des Ordo Sanctissimi Salvatoris (OSSalv,* ***Birgitten****)*
31. Juli:	*Hl. Ignatius von Loyola (1491-1556), Gründer der Societas Jesu (SJ,* ***Jesuiten****)*
1. August:	*Hl. Alfons Maria von Liguori (1696-1787), Gründer der* ***Redemptoristen*** *(C.Ss.R.)*
2. August:	*Hl. Petrus Julianus Eymard (1811-1868), Gründer der Sacerdotes Sanctissimi Sacramenti (SSS,* ***Eucharistiner****)*
7. August:	*Hl. Kajetan (Gaetano von Thiene) (1480-1547), Gründer der Theatiner (OTheat)*
8. August:	*Hl. Dominikus (1175-1221), Gründer des Ordo praedicatorum (OP,* ***Dominikaner****)*

11. August:	*Hl. Klara von Assisi (1194-1253), Gründerin des Klarissenordens (OSCl,* ***Klarissen****)*
19. August:	*Hl. Johannes Eudes (1601-1680), Gründer der Congrégation de Jésus et Marie (CJM, Eudisten) und der Schwestern vom Guten Hirten*
25. August:	*Hl. Josef von Calasanza (1556/57-1648), Gründer der Genossenschaft regulierter Kleriker der frommen Schule (Piaristen, SP)*
27. September:	*Hl. Vinzenz von Paul (1581-1660), Gründer der Congregatio Missionis (CM, Lazaristen oder* ***Vinzentiner****) und der Filles de la Charité (****Vinzentinerinnen****)*
4. Oktober:	*Hl. Franz von Assisi (1181/82-1226), Gründer der* ***Franziskaner*** *(OFM),* ***Klarissen*** *(OSCl), Tertiaren*
6. Oktober:	*Hl. Bruno (1030/35-1101), Gründer des Kartäuserordens (OCart.,* ***Kartäuser****)*
9. Oktober:	*Hl. Johannes Leonardi (1541-1609), Gründer der Leonardini (später: Piaristen)*
15. Oktober:	*Hl. Theresia von Ávila (1515-1582), Gründerin der* ***Unbeschuhten Karmeliten und -innen*** *(OCD)*
19. Oktober:	*Hl. Paul vom Kreuz (1694-1775), Gründer der* ***Passionisten*** *und Passionistinnen (CP)*
24. Oktober:	*Hl. Antonius Maria Claret (1807-1849), Gründer der Söhne des Unbe-*

	fleckten Herzens Mariä (CMF, Claretiner) und des Apostolischen Bildungsinstituts von der Unbefleckten Empfängnis (Claretinerinnen)
12. Dezember:	*Hl. Johanna Franziska von Chantal (1572-1641), Gründerin des Ordens von der Heimsuchung Mariä (OVM,* ***Salesianerinnen****)*
14. Dezember:	*Hl. Johannes vom Kreuz (1542-1591), Gründer der* ***Unbeschuhten Karmeliten*** *(OCD)*

Literatur zu Geschichte, Spiritualität und deutschen Niederlassungen der Orden:

Claus Schreiner (Hrsg.), ***Frauenorden*** *in Deutschland, Fulda u.a. 1993.*

Alfred Herrmann, Sich Gott nähern: ***Frauenorden*** *in Deutschland, Paderborn 2017.*

Leonhard Holtz (Hrsg.), ***Männerorden*** *in der Bundesrepublik Deutschland, Köln u.a. 1984.*

Alfred Herrmann, Gott suchen: ***Männerorden*** *in Deutschland, Paderborn 2014.*

http://www.orden.de/

Feste zu Ehren neuer Heiliger und Seliger

Zur Förderung der frommen Verehrung von neuen Heiligen und Seligen [wird] demjenigen Christgläubigen einmal ein vollkommener Ablass gewährt, der Kirchen oder Kapellen andächtig besucht, in denen innerhalb Jahresfrist nach der Heilig- bzw. Seligsprechung zu ihrer Ehre eine Festfeier gehalten wird, und dort das »Vater unser« und das Glaubensbekenntnis spricht.

(HA 2008, Nr. 21, § 2, S. 69; vgl. EI 2004, Nr. 21, § 2, S. 67)

Zu Anfang der Kirche wurden von den Christen zunächst ohne eine besondere Heiligsprechung die Apostel und Märtyrer verehrt, die zum Zeugnis für den Glauben ihr Leben geopfert hatten. Hinzu kamen neben der seligen Jungfrau und Gottesmutter Maria und den Engeln die Bekenner, die Jungfrauen und die anderen Vorbilder im Glauben, deren Fürsprache angerufen, deren Leben nachgeahmt und deren ehrend in der Liturgie gedacht wurde (vgl. Zweites Vatikanisches Konzil, »Lumen gentium« 50).
Der erste in einem förmlichen Kanonisationsverfahren heiliggesprochene Christ war der heilige Ulrich (890-973), seit 923 Bischof von Augsburg, der im Jahre 993 kanonisiert wurde. Eine schier unzählbare Menge von Christen wurde seitdem von den Päpsten selig- oder heiliggesprochen. Eine Seligsprechung („Beatification) als erste Stufe erlaubt die regional begrenzte Verehrung. Die Heiligsprechung ist das feierliche und endgültige Urteil des Papstes als des unfehlbaren Lehrers der Kirche über die Heiligkeit eines Dieners Gottes oder dessen Märtyrertod sowie über seine Verklärung im Himmel. Dies findet seinen Ausdruck in der Einreihung in das Verzeichnis (Kanon, daher „Kanonisation“) der Heiligen.
Der im Jahre 1968 (AAS 60, S. 602) eingeführte, nun erstmals in das Ablassverzeichnis aufgenommene vollkommene Ablass dient der Bekanntmachung und Verehrung der neuen Heiligen und Seligen. Wie kein Papst vor ihm hat der hl. Johannes Paul II. eine ungewöhnlich große Anzahl von verstorbenen Christgläubigen zur Ehre der Altäre erhoben: während seines Pontifikates (1978-2005) waren es 482 Heilige und 1338 Selige. Unter Papst Franziskus (2013-2025) waren es ca. 900

Heilige (aufgrund von etwa 800 Märtyrern von Otranto (15. Jhdt.), die er gleichzeitig am 12. Mai 2013 bei der ersten Heiligsprechung seines Pontifikates heilig sprach.

Um einen vollkommenen Ablass zu gewinnen, ist es außer den üblichen Bedingungen (Beichte, Kommunion, Gebet nach Meinung des Papstes) erforderlich, an der Liturgie, die zu Ehren eines neuen Seligen oder Heiligen erstmals an seinem/ihrem Gedenktag gefeiert wird, andächtig teilzunehmen und das Vaterunser und das Glaubensbekenntnis zu beten.

Vater unser …

Ich glaube an Gott … *(S. 171)*

Das offizielle Heiligenverzeichnis ist:

Martyrologium Romanum ex decreto Sacrosancti Oecumenici Concilii Vaticani II instauratum auctoritate Ioannis Pauli pp. II promulgatum, Città del Vaticano ²2004.

Lebensbilder der neuen Heiligen findet man in:

Ferdinand Holböck, Neue Heilige der katholischen Kirche:

- *Bd. 1: Von Papst Johannes Paul II. in den Jahren 1979 bis 1984 kanonisierte Selige und Heilige, Stein am Rhein 1990.*
- *Bd. 2: 1984 bis 1987, Stein am Rhein 1991.*
- *Bd. 3: 1988 bis 1991, Stein am Rhein 1994.*
- *Bd. 4: 1992 bis 1995, Stein am Rhein 2000.*

Wirth, Stefan, Die neuen Heiligen der katholischen Kirche.

- *Bd. 5: 1996 bis 1999, Stein am Rhein 2006.*
- *Bd. 6: 2000 bis 2002, Stein am Rhein 2009.*
- *Bd. 7: 2003 bis 2006, Stein am Rhein 2011.*
- *Bd. 8: 2007 bis 2009, Stein am Rhein 2012.*

Weitere Literatur zum Thema:

Index ac status causarum / Sacra Congregatio pro Causis Sanctorum, Roma 1985.

Günter Beaugrand (Hrsg.), Die neuen Heiligen. Große Christen auf dem Weg zur Heilig- oder Seligsprechung, Augsburg 1991.

Gerardus <Augustanus>, Vita sancti Uodalrici. Die älteste Lebensbeschreibung des heiligen Ulrich. Lateinisch-deutsch. Mit der Kanonisationsurkunde von 993. Einl., kritische Ed. und Übers. besorgt von Walter Berschin (=Editiones Heidelbergenses 24), Heidelberg 1993, 440 S.

Christoph Goldt [Text und Red.], Selig- und Heiligsprechungs-Verfahren. Regens Johann Evangelist Wagner 1807-1886 (=Kirche kurz und bündig 1), Augsburg 2003.

Wilhelm Schamoni, Wunder sind Tatsachen. Eine Dokumentation aus Heiligsprechungsakten – Sonderaufl. d. Orig.-Ausg., Würzburg ^{4}1976. – XXIII, 373 S.; 1. Aufl. u.d.T.: Parallelen zum Neuen Testament, Abensberg 1971.

Winfried Schulz, Das neue Selig- und Heiligsprechungsverfahren, Paderborn 1988.

Marcus Sieger, Die Heiligsprechung. Geschichte und heutige Rechtslage (=Forschungen zur Kirchenrechtswissenschaft 23). Zugl.: Bonn, Univ., Diss., 1992, Würzburg 1995.

Allgemeine Tage zur Feier eines religiösen Anliegens

Ein vollkommener Ablass wird demjenigen Gläubigen gewährt, der an einem jeweils festgelegten Tag zur Erreichung eines bestimmten religiösen Zieles (z.B. Förderung von Priester- und Ordensberufen, Hingabe an die besondere Sorge um die Kranken und Schwachen, Stärkung der Heranwachsenden im Bekenntnis des Glaubens und Unterstützung eines heiligmäßigen Lebens) an liturgischen Feiern in frommer Gesinnung teilnimmt.

(HA 2008, Nr. 5, S. 52; EI 2004, Nr. 5, S. 53)

Dieser neu eingeführte vollkommene Ablass kann an verschiedenen Tagen während des Jahres gewonnen werden, beispielsweise an einem ***„Priesterdonnerstag"****, der vor dem „Herz-Jesu-Freitag" (erster Freitag im Monat) vielerorts begangen wird (vgl. Liturgisches Direktorium für das Bistum Augsburg 2025, S. 17f). Auch der „****Weltgebetstag für geistliche Berufe****" am 4. Sonntag der Osterzeit oder der* ***„Welttag der Kranken"*** *am Gedenktag Unserer Lieben Frau in Lourdes (11. Februar) sind solche Tage. Weitere vom Papst oder dem Bischof bestimmte Tage können hinzukommen.*
Um einen vollkommenen Ablass zu gewinnen, ist es außer den üblichen Bedingungen (Beichte, Kommunion, Gebet nach Meinung des Papstes) erforderlich, an der Liturgie (celebratio), die in diesem Anliegen gefeiert wird, andächtig teilzunehmen.

Weihnachtszeit

1. Januar
Neujahrstag
Bittgebet: Hymnus »Veni, Creator«

Ein vollkommener Ablass wird demjenigen Christgläubigen gewährt, der in einer Kirche oder einer Kapelle andächtig dem feierlichen Gesang des Hymnus „Komm, Schöpfer Geist" (Veni, Creator) beiwohnt, und zwar … an Neujahr, um den göttlichen Beistand für das ganze Jahr zu erflehen.

(HA 2008, Nr. 26, § 1, 1°, S. 70; vgl. EI 2004, Nr. 26, § 1, 1°, S. 70)

Acht Tage nach Weihnachten, am Oktavtag, feiert die Kirche das Hochfest der Gottesmutter Maria. Am gleichen Tag beginnt das neue Kalenderjahr. Im Namen Gottes, des Vaters, des Sohnes und des Heiligen Geistes, beginnen wir das Neue Jahr und bitten ihn um den Heiligen Geist, die „Kraft Gottes".
Um diesen vollkommenen Ablass zu gewinnen, beten wir in einer Kirche oder Kapelle gemeinsam einen der drei folgenden Texte:

①

Veni, Creátor Spíritus, mentes tuórum vísita:
imple supérna grátia, quæ tu creásti péctora.

Qui díceris Paráclitus, donum Dei altíssimi,
fons vivus, ignis, cáritas et spiritális únctio.

Tu septifórmis múnere, dextræ Dei tu dígitus,
tu rite promíssum Patris sermóne ditans gúttura.

Accénde lumen sénsibus, infúnde amórem córdibus,
infírma nostri córporis virtúte firmans pérpeti.

Hostem repéllas lóngius pacémque dones prótinus;
ductóre sic te prævio vitémus omne nóxium.

Per te sciámus da Patrem noscámus atque Fílium,
te utriúsque Spíritum credámus omni témpore.
Amen.

V: **Emítte Spíritum tuum, et creabúntur,**
A: **et renovábis fáciem terræ.**

Orémus.
Deus, qui corda fidélium Sancti Spíritus
illustratióne docuísti,
da nobis in eódem Spiritu recta sápere,
et de eius semper consolatióne gaudére.
Per Christum, Dóminum nostrum.
A: **Amen.**
(GL 341)

②
Komm, Heilger Geist, der Leben schafft,
erfülle uns mit deiner Kraft.
Dein Schöpferwort rief uns zum Sein:
nun hauch uns Gottes Odem ein.

Komm, Tröster, der die Herzen lenkt,
du Beistand, den der Vater schenkt;
aus dir strömt Leben, Licht und Glut,
du gibst uns Schwachen Kraft und Mut.

**Dich sendet Gottes Allmacht aus
im Feuer und in Sturmes Braus;
du öffnest uns den stummen Mund
und machst der Welt die Wahrheit kund.**

**Entflamme Sinne und Gemüt,
dass Liebe unser Herz durchglüht
und unser schwaches Fleisch und Blut
in deiner Kraft das Gute tut.**

**Die Macht des Bösen banne weit,
schenk deinen Frieden allezeit.
Erhalte uns auf rechter Bahn,
dass Unheil uns nicht schaden kann.**

**Lass gläubig uns den Vater sehn,
sein Ebenbild, den Sohn, verstehn
und dir vertraun, der uns durchdringt
und uns das Leben Gottes bringt.**

**Den Vater auf dem ewgen Thron
und seinen auferstandnen Sohn,
dich, Odem Gottes, Heilger Geist,
auf ewig Erd und Himmel preist. Amen.**

V: **Sendest du deinen Geist aus,
so werden sie alle erschaffen,**
A: **und du erneust das Gesicht der Erde.**

**Lasset uns beten. –
Gott, du hast die Herzen deiner Gläubigen
durch die Erleuchtung des Heiligen Geistes gelehrt.**

Gib, dass wir in diesem Geist erkennen, was recht ist,
und allezeit seinen Trost und seine Hilfe erfahren.
Darum bitten wir durch Christus, unsern Herrn.
A: **Amen.**
(GL 342, T: »Veni Creator Spiritus«, Übertragung Friedrich Dörr 1970, © Caritasverband für die Diözese Eichstätt e.V.)

③

Komm, Schöpfer Geist, kehr bei uns ein,
besuch das Herz der Kinder dein:
die deine Macht erschaffen hat,
erfülle nun mit deiner Gnad.

Der du der Tröster wirst genannt,
vom höchsten Gott ein Gnadenpfand,
du Lebensbrunn, Licht, Lieb und Glut,
der Seele Salbung, höchstes Gut.

O Schatz, der siebenfältig ziert,
O Finger Gottes, der uns führt,
Geschenk, vom Vater zugesagt,
du, der die Zungen reden macht.

Zünd an in uns des Lichtes Schein,
gieß Liebe in die Herzen ein,
stärk unsres Leibs Gebrechlichkeit
mit deiner Kraft zu jeder Zeit.

Treib weit von uns des Feinds Gewalt,
in deinem Frieden uns erhalt,
dass wir, geführt von deinem Licht,
in Sünd und Elend fallen nicht.

Den Vater auf dem ewgen Thron
lehr uns erkennen und den Sohn;
dich, beider Geist, sei'n wir bereit
zu preisen gläubig alle Zeit.
(GL 351)

Jahreskreis (1. Teil)

18.-25. Januar
Gebetswoche für die Einheit der Christen

Ein vollkommener Ablass wird demjenigen Christgläubigen gewährt, der an Veranstaltungen in der Gebetswoche für die Einheit der Christen teilnimmt und bei der Feier zum Abschluss der Gebetswoche anwesend ist.

(HA 2008, Nr. 11, § 1, S. 57; vgl. EI 2004, Nr. 11, § 1, S. 58)

»Der katholischen Kirche liegt die Bitte ihres Stifters am Tag vor seinem Leiden an den Vater, „dass alle eins seien", besonders am Herzen. Daher ermahnt sie die Christgläubigen eindringlich, unablässig für die Einheit der Christen zu beten.«

(HA 2008, Nr. 11, S. 57; vgl. EI 2004, Nr. 11, S. 58)

Vom 18. bis 25. Januar wird die Gebetswoche für die Einheit der Christen begangen. In den Gottesdiensten soll für die Einheit der Christen gebetet werden (Fürbitten). Die Messe um die Einheit der Christen (Messbuch II, S. 1040–1047 bzw. II^2, S. 1062–1069, Mess-

lektionar VIII, S. 110–130) kann an allen Tagen (auch am Sonntag) gefeiert werden.
Um einen vollkommenen Ablass zu gewinnen, ist es außer den üblichen Bedingungen (Beichte, Kommunion, Gebet nach Meinung des Papstes) erforderlich, an einigen Veranstaltungen der Woche für die Einheit der Christen und an der Schlussveranstaltung dieser Woche teilzunehmen.

22. Januar
Fest des hl. Vinzenz Pallotti
Besuch einer Pallottiner-Kirche

Ein vollkommener Ablass wird demjenigen Christgläubigen gewährt, der eine Kirche oder Hauskapelle der Pallottiner oder Pallottinerinnen am Festtag des hl. Vinzenz Pallotti, des heiligen Gründers dieser Gemeinschaft, besucht und dort das Vaterunser und das Glaubensbekenntnis andächtig betet.

(vgl. HA 2008, Nr. 33, § 1, 7°, S. 81; EI 2004, Nr. 33, § 1, 7°, S. 76f)

Der hl. Vinzenz Pallotti (1795-1850) war Priester und wirkte in Rom als Seelsorger der Jugend, der Kranken und Gefangenen sowie als Exerzitienmeister und Volksmissionar. Im Jahr 1835 gründete er die »Vereinigung des Katholischen Apostolates« (UAC), aus der die »Gesellschaft des Katholischen Apostolates zur Vertiefung, Verbreitung und Verteidigung der Frömmigkeit und des katholischen Glaubens« (SAC) hervorging, deren Mitte und Träger eine Priestergemeinschaft (Pallottiner) wurde. Er gilt als Bahnbrecher der Katholischen Aktion. 1950 wurde er selig-, 1963 heiliggesprochen.

Die Pallottiner wurden 1835 vom Papst belobigt, 1904 endgültig approbiert. Aus ihrem Geist entstand in Schönstatt die apostolische Bewegung von Schönstatt (Schönstattwerk).
Die Pallottiner arbeiten besonders in der außerordentlichen Seelsorge (Schulungskurse, Exerzitien, Volksmission, Priesterbildung, Jugenderziehung). Sitz der deutsch-österreichischen Herz-Jesu-Provinz ist Friedberg bei Augsburg mit den Niederlassungen Alzenau/Unterfranken, Bad Zwischenahn, Berlin, Bruchsal, Dortmund, Frankfurt/Main, Freising, Friedberg, Hamburg, Hofstetten, Immenstaad am Bodensee, Kälberau, Koblenz, Konstanz, Limburg/Lahn, Martinshöhe, Mülheim/Ruhr, München, Neunkirchen, Schönstatt, Salzburg, Taben-Rodt, Vallendar, Völklingen-Wehrden, Wien, Wiesbaden.
http://www.pallottiner.org/
In Limburg haben die Pallottinerinnen ihr Provinzialat; eine weitere Niederlassung ist in Refrath.
http://www.pallottinerinnen.de
Um einen vollkommenen Ablass zu gewinnen, ist es außer den üblichen Bedingungen (Beichte, Kommunion, Gebet nach Meinung des Papstes) erforderlich, eine Kirche oder Kapelle der Pallottiner oder Pallottinerinnen zu besuchen und dort das Vaterunser und das Glaubensbekenntnis zu sprechen.
Vater unser …
Ich glaube an Gott … *(S. 171)*

24. Januar
Fest des hl. Franz von Sales
Besuch einer Salesianerinnen-Kirche

Ein vollkommener Ablass wird demjenigen Christgläubigen gewährt, der eine Kirche oder Hauskapelle der Salesianerinnen am Festtag des hl. Franz von Sales, des heiligen Gründers dieser Gemeinschaft, besucht und dort das Vaterunser und das Glaubensbekenntnis andächtig betet.

(vgl. HA 2008, Nr. 33, § 1, 7°, S. 81; EI 2004, Nr. 33, § 1, 7°, S. 76f)

Der hl. Franz von Sales (1567-1622) studierte in Paris Recht und Theologie. Er sah sich, durch die Prädestinationslehre Calvins veranlasst, zur ewigen Verdammnis vorherbestimmt, blieb aber katholisch und rang sich zur Haltung durch: „Wenn ich Gott schon nicht in der Ewigkeit lieben darf, will ich ihn wenigstens auf Erden nach Kräften lieben." Plötzliches Heilsvertrauen fand er beim Beten des Gebetes „Memorare" (Gedenke, o gütigste Jungfrau Maria) vor einer Muttergottesstatue. 1594 wurde er Priester und erreichte gegen den erbitterten Widerstand der Calvinisten die Rekatholisierung der Gegend um Chablais. 1602 wurde er Bischof von Genf und führte die Beschlüsse des Konzils von Trient durch. Mit Johanna-Franziska von Chantal verband ihn eine tiefe geistliche Freundschaft. 1604 gründeten sie gemeinsam den Orden von der Heimsuchung Mariens (BMV, OVM, Salesianerinnen) in Annecy, zu dem bis zu Johannas Tod weitere 81 Klöster hinzukamen. 1661 wurde er selig-, 1665 heiliggesprochen und 1877 zum Kirchenlehrer erklärt. Sein Leib ruht in Annecy.

Der Orden der Salesianerinnen gehörte zu den blühendsten Orden Frankreichs. Von Franz von Sales zunächst mit milder Klausur und Lebensweise gedacht, verfügte Paul V. die Anerkennung der Augustinusregel und feierliche Gelübde im Orden mit päpstlicher Klausur. Durch die zahlreichen Pensionate gewann der Orden Einfluss auf die adeligen und höheren bürgerlichen Kreise. Im Konvent von Paray-le-Monial entstand die Andacht zum Heiligsten Herzen Jesu in der von der hl. Margaretha-Maria Alacoque verbreiteten Form.
In Deutschland gibt es Salesianerinnen (Schwestern von der Heimsuchung Mariä) in Dietramszell, Untermarchtal und Zangberg.
http://www.orden.de/
Um einen vollkommenen Ablass zu gewinnen, ist es außer den üblichen Bedingungen (Beichte, Kommunion, Gebet nach Meinung des Papstes) erforderlich, eine Kirche oder Kapelle der Salesianerinnen zu besuchen und dort das Vaterunser und das Glaubensbekenntnis zu sprechen.
Vater unser …
Ich glaube an Gott … *(S. 171)*

27. Januar
Fest der hl. Angela Meríci
Besuch einer Ursulinen-Kirche

Ein vollkommener Ablass wird demjenigen Christgläubigen gewährt, der eine Kirche oder Hauskapelle der Ursulinen am Festtag der hl. Angela Meríci, der heiligen Gründerin dieser Gemeinschaft, besucht und dort das Vaterunser und das Glaubensbekenntnis andächtig betet.

(vgl. HA 2008, Nr. 33, § 1, 7°, S. 81; EI 2004, Nr. 33, § 1, 7°, S. 76f)

Die hl. Angela Meríci (1474-1540) erkannte als Heranwachsende die zeitgenössische Gefahr für Frauen und Mädchen und unterrichtete mit Gleichgesinnten Kinder in der christlichen Lehre. Die weibliche Gesellschaft der hl. Ursula (OSU, Ursulinen) konstituierte sich im Jahre 1535. Der Leichnam der hl. Angela ist in der St.-Afra-Kirche zu Brescia beigesetzt. 1768 wurde ihr Kult bestätigt; die Heiligsprechung erfolgte 1807.
Das Anliegen der hl. Angela bestand darin, zur Jungfräulichkeit bereite junge Mädchen zu sammeln und sie in einer Zeit sittlichen Verfalls in ihrer Haltung zu bestärken. Ursprünglich sollten die Mitglieder dieses Ordens in ihrer Familie und ohne Ordenstracht leben (»erstes Säkularinstitut«). Spätere Gründungen machten sich durch Internate und Schulen für Kinder aller Stände um das Mädchenbildungswesen verdient. Die Gesellschaften der hl. Ursula bilden keine kirchenrechtliche Einheit, sondern umfassen in Vielfalt der Formen geistliche Jungfrauen im Dienst der weiblichen Jugend unter der Schutzherrschaft der hl. Ursula. Zu den charakteristischen Aufgabenfeldern von Schule und Internat kamen in jüngerer Zeit Tätigkeiten in der Erwachsenenbildung,

Altenbetreuung, Behindertenarbeit und Krankenhausseelsorge hinzu. Weltweit gibt es etwa 10.000 Ursulinen.
Klöster der Ursulinen gibt es in Deutschland in Attendorn, Bielefeld, Bornheim-Hersel, Ahrweiler, Dorsten, Duderstadt, Düren, Düsseldorf-Kaarst, Erfurt, Freiburg, Haselünne, Hofheim, Köln, Königstein im Taunus, Landshut, Mainz, Mannheim, München, Offenbach, Osnabrück, Osterhofen-Niederalteich, Straubing, Trier, Werl, Wipperfürth und Würzburg. Neben der Föderation deutschsprachiger Ursulinen mit rund 450 Schwestern bestehen die Kongregationen von Calvarienberg/Ahrweiler und die Föderation der Schwestern der heiligen Ursula von Dolê.
http://www.orden.de/
http://www.ursulinen.de
Um einen vollkommenen Ablass zu gewinnen, ist es außer den üblichen Bedingungen (Beichte, Kommunion, Gebet nach Meinung des Papstes) erforderlich, eine Kirche oder Kapelle der Ursulinen zu besuchen und dort das Vaterunser und das Glaubensbekenntnis zu sprechen.
Vater unser …
Ich glaube an Gott … *(S. 171)*

31. Januar
Fest des hl. Don Bosco
Besuch einer Salesianer-Kirche

Ein vollkommener Ablass wird demjenigen Christgläubigen gewährt, der eine Kirche oder Hauskapelle der Salesianer am Festtag des hl. Don Bosco, des heiligen Gründers dieser Gemeinschaft, besucht und dort das Vaterunser und das Glaubensbekenntnis andächtig betet.

(vgl. HA 2008, Nr. 33, § 1, 7°, S. 81; EI 2004, Nr. 33, § 1, 7°, S. 76f)

Der hl. Don Giovanni Bosco (1815-1888) ist Gründer eines weltumspannenden sozialen Jugendwerkes und Stifter der Salesianer Don Boscos (SDB). Er war erfolgreicher Schriftsteller und Verleger. Seine priesterliche Tätigkeit begann er als Seelsorger für die Arbeiterjugend von Turin. In seinem Leben gab es auffallende Einflüsse des Übernatürlichen (Wunder, Visionen, Prophezeiungen, Herzenskenntnis). Durch Gründung von Tagesheimen und verschiedensten Schulen wurde er ein Pionier des Bildungs- und Erziehungswesens. Der Leichnam Don Boscos ruht in der Maria-Hilf-Basilika in Turin-Valdocco. Im Jahre 1934 wurde er heiliggesprochen und 1950 zum Patron der katholischen Verleger-Verbände ernannt.

Der Orden mit heute etwa 14.200 Salesianern, 1841 begonnen, wurde 1874 approbiert und dient dem Ziel, das von Don Bosco begonnene soziale Jugendwerk zu sichern und fortzuführen, nämlich die Jugend in Unterricht und Freizeit zu erziehen und sie zu verantwortungsvollen Staatsbürgern und guten Christen heranzubilden unter Entfaltung ihrer charakterlichen, beruflichen und intellektuellen Fähigkeiten. Salesianer arbei-

ten in heil- und sonderpädagogischen Maßnahmen, in der Heimerziehung, in der Jugendarbeit und –pastoral, in der Lehre, in der Pfarrpastoral, in Verlagen, in der Mission und in sozialen Berufen.
Seit 1916 gibt es Einrichtungen der Salesianer in Deutschland. Zur Zeit sind es 34 Niederlassungen, in denen über 320 Salesianer leben und arbeiten sowie über 1.600 Angestellte und ungezählte Ehrenamtliche tätig sind. Mit einem weiten Spektrum an Tätigkeitsbereichen wollen die Salesianer als Träger von Jugendhilfe und Jugendpastoral den vielfältigen Nöten der heutigen Jugend in Deutschland begegnen. In eigenen, spezialisierten Ausbildungsstätten – dem Noviziat in Pinerolo/Piemont und im Studium – erwerben sie die dazu nötigen Qualifikationen.
Die deutsche Provinz ist in München beheimatet. Hierzu gehören Niederlassungen in Aschau-Waldwinkel, Bamberg, Benediktbeuern, Berlin, Beromünster (Schweiz), Bonn, Burgstädt, Chemnitz, Ensdorf, Essen, Forchheim, Heiligenstadt, Helenenberg, Istanbul (Türkei), Jünkerath, Köln, Mainz, Mettenheim, München, Nürnberg, Penzberg, Pfaffendorf, Regensburg, Rimsting, Sannerz, Trier, Vilsbiburg und Würzburg.
http://www.donbosco.de/
Das Provinzialat der Don-Bosco-Schwestern (Salesianerinnen, FMA) ist in München. Derzeit leben Schwestern in fünf Niederlassungen in Deutschland: München, Benediktbeuern, Essen-Borbeck, Magdeburg und Rottenbuch. Mit 11.501 Mitgliedern (Stand: 2020) in 1.330 Häusern und 96 Ländern auf allen fünf Kontinenten gehören die Don-Bosco-Schwestern zu den größten Ordensgemeinschaften der katholischen Kirche.

Um einen vollkommenen Ablass zu gewinnen, ist es außer den üblichen Bedingungen (Beichte, Kommunion, Gebet nach Meinung des Papstes) erforderlich, eine Kirche oder Kapelle der Salesianer oder Salesianerinnen zu besuchen und dort das Vaterunser und das Glaubensbekenntnis zu sprechen.

Vater unser …

Ich glaube an Gott … *(S. 171)*

22. Februar
Kathedra Petri
Besuch einer Kathedrale (Bischofskirche)

Ein vollkommener Ablass wird demjenigen Christgläubigen gewährt, der bei der Feier der Liturgie von „Kathedra Petri" eine Kathedralkirche besucht und dort das Vaterunser und das Glaubensbekenntnis andächtig betet.

(HA 2008, Nr. 33, § 1,3°c, S. 80; vgl. EI 2004, Nr. 33, § 1,3°c, S. 76f)

In der Apsis des Petersdomes in Rom befindet sich die Kathedra, die noch Reste des alten Bischofsstuhls aus Eichenholz enthält, den nach uralter römischer Überlieferung der Senator Pudens dem hl. Petrus geschenkt haben soll. Die Weltkirche feiert heute das Fest »Kathedra Petri«, das an die Berufung des hl. Apostels Petrus zum obersten Lehramt in der Kirche erinnert.

Um einen vollkommenen Ablass zu gewinnen, ist es außer den üblichen Bedingungen (Beichte, Kommunion, Gebet nach Meinung des Papstes) erforderlich, eine Kathedrale zu besuchen und dort andächtig das Vaterunser und das Glaubensbekenntnis zu sprechen.

Vater unser …

Ich glaube an Gott … *(S. 171)*

Fasten- und Osterzeit

Freitage der Fastenzeit
Gebet nach dem Kommunionempfang

Eucharistische und geistliche Kommunion: Ein vollkommener Ablass wird demjenigen Christgläubigen gewährt, … der nach dem Kommunionempfang das Gebet „Siehe, o guter und lieber Jesus“ (En ego, o bone et dulcissime Iesu) vor dem Bild des Gekreuzigten andächtig betet; dies gilt für jeden Freitag der österlichen Bußzeit.

(HA 2008, Nr. 8, § 1, 2°, S. 55; vgl. EI 2004, Nr. 8, § 1, 2°, S. 55f)

An den Freitagen der österlichen Bußzeit denken wir in besonderer Weise an das Kreuzesopfer, das Jesus Christus am Karfreitag seinem himmlischen Vater als Sühnopfer für die Sünden der Menschen dargebracht hat. Durch das nachfolgende Gebet, das nach dem Kommunionempfang gesprochen wird, bitten wir um Vergebung für unsere Sünden und vereinigen uns mit den fünf Wunden Jesu. In anbetendem Knien bitten wir den Herrn, mit den drei göttlichen Tugenden – Glaube, Hoffnung und Liebe – beschenkt zu werden und die Gnade einer wirklichen Reue und Lebensbesserung zu erlangen.

„Alle Gläubigen sind, jeder auf seine Weise, aufgrund göttlichen Gesetzes gehalten, Buße zu tun“ (c. 1249 CIC). An den Bußtagen, zu denen alle Freitage des Jahres und die österliche Bußzeit gehören, sollen die Gläubigen „sich in besonderer Weise dem Gebet widmen, Werke der Frömmigkeit und der Caritas verrichten, sich

selbst verleugnen, indem sie die ihnen eigenen Pflichten getreuer erfüllen und nach Maßgabe [des kirchlichen Gesetzes] ... besonders Fasten und Abstinenz halten" (ebd.).

„Abstinenz von Fleischspeisen oder von einer anderen Speise entsprechend den Vorschriften der Bischofskonferenz ist zu halten an allen Freitagen des Jahres, wenn nicht auf einen Freitag ein Hochfest fällt; Abstinenz aber und Fasten ist zu halten an Aschermittwoch und Karfreitag. Das Abstinenzgebot verpflichtet alle, die das vierzehnte Lebensjahr vollendet haben; das Fastengebot verpflichtet alle Volljährigen bis zum Beginn des sechszigsten Lebensjahres, d.h. bis zum 59. Geburtstag. Die Seelsorger und die Eltern sollen aber dafür sorgen, dass auch diejenigen, die wegen ihres jugendlichen Alters zu Fasten und Abstinenz nicht verpflichtet sind, zu einem echten Verständnis der Buße geführt werden" (c. 1251f CIC).

Um den vollkommenen Ablass zu gewinnen, ist es erforderlich, das folgende Gebet nach dem Kommunionempfang vor dem Bildnis des Gekreuzigten zu sprechen.

Im Kreuz ist Heil, im Kreuz ist Leben, im Kreuz ist Hoffnung.

E*n ego, o bone et dulcissime Iesu,* ante conspectum tuum genibus me provolvo, ac maximo animi ardore te oro atque obtestor, ut meum in cor vividos fidei, spei et caritatis sensus, atque veram peccatorum meorum paenitentiam, eaque emendandi firmissimam voluntatem velis imprimere; dum magno animi affectu et dolore tua quinque vulnera mecum ipse considero, ac mente contemplor, illud prae oculis habens, quod iam in ore ponebat tuo David Propheta de te, o bone Iesu: «Foderunt manus meas et pedes meos; dinumeraverunt omnia ossa mea».

(EI 2004, Nr. 8, S. 56f)

S*iehe, o guter und lieber Jesus,* vor deinem Angesicht werfe ich mich auf die Knie nieder und bitte dich, aus tiefer Seele flehend: Präge meinem Herzen ein den lebendigen Geist des Glaubens, der Hoffnung und der Liebe, eine wahre Reue über meine Sünden und den festen Willen, mich zu bessern. Mit innigem Mitleid und tiefem Schmerze schaue ich auf deine fünf Wunden und erwäge dabei, was der Prophet David von dir, o guter Jesus, geweissagt hat: „Sie haben meine Hände und meine Füße durchbohrt; sie haben alle meine Gebeine gezählt."

(HA 2008, Nr. 8, S. 56)

8. März
Fest des hl. Johannes von Gott
Besuch einer Kirche der Barmherzigen Brüder

Ein vollkommener Ablass wird demjenigen Christgläubigen gewährt, der eine Kirche oder Hauskapelle der Barmherzigen Brüder am Festtag des hl. Johannes von Gott, des heiligen Gründers dieser Gemeinschaft, besucht und dort das Vaterunser und das Glaubensbekenntnis andächtig betet.

(vgl. HA 2008, Nr. 33, § 1, 7°, S. 81; EI 2004, Nr. 33, § 1, 7°, S. 76f)

Der hl. Johannes von Gott (1495-1550) wurde im Alter von acht Jahren entführt, mit 27 Jahren Soldat, Handlanger in Afrika, fliegender Buchhändler. 1539 bekehrt, widmete er sich fortan der Krankenpflege und gründete im Jahr darauf ein Krankenhaus in Granada. In der Krankenpflege war er seiner Zeit weit voraus (psychoanalytische Behandlung, gütige Aussprache, ganzheitliche Pflege). Sein Leichnam ruht in der Ordensbasilika in Granada; 1630 wurde er selig-, 1690 heiliggesprochen.

Der Orden der Barmherzigen Brüder (OHosp, Hospitalorden des hl. Johannes von Gott), 1572 von der Kirche anerkannt mit heute rund 965 Mitgliedern, ist der bedeutendste Männerorden für Krankenpflege. Die Barmherzigen Brüder wirken vorwiegend in Krankenhäusern sowie in Behinderten- und Altenheimen, insgesamt in 54 Staaten und rund 410 Einrichtungen und Diensten des Gesundheits- und Sozialwesens. Aktuell tragen die Barmherzigen Brüder in Bayern Verantwortung für Krankenhäuser in Regensburg, München, Straubing, Schwandorf und Passau. Einrichtungen des

Ordens für Menschen mit Behinderung finden sich in der Oberpfalz, in Oberbayern, Mittelfranken und Niederbayern, Alten- und Pflegeheime in Neuburg an der Donau und in Königstein (Taunus).
http://www.barmherzige.de/
Um einen vollkommenen Ablass zu gewinnen, ist es außer den üblichen Bedingungen (Beichte, Kommunion, Gebet nach Meinung des Papstes) erforderlich, eine Kirche oder Kapelle der Barmherzigen Brüder zu besuchen und dort das Vaterunser und das Glaubensbekenntnis zu sprechen.
Vater unser …
Ich glaube an Gott … *(S. 171)*

7. April
Fest des hl. Johannes Baptist de La Salle
Besuch einer Kirche der Christl. Schulbrüder

Ein vollkommener Ablass wird demjenigen Christgläubigen gewährt, der eine Kirche oder Hauskapelle der Christlichen Schulbrüder am Festtag des hl. Johannes Baptist de La Salle, des heiligen Gründers dieser Gemeinschaft, besucht und dort das Vaterunser und das Glaubensbekenntnis andächtig betet.

(vgl. HA 2008, Nr. 33, § 1, 7°, S. 81; EI 2004, Nr. 33, § 1, 7°, S. 76f)

Als ältestes von zehn Kindern einer angesehenen Familie wird Johannes Baptist de La Salle (1651-1719) in Reims geboren. Vor allem unter dem Einfluss seiner Mutter erwacht in ihm die Neigung zum religiösen Leben. Neunjährig beginnt er mit dem Besuch des Gymnasiums, und mit 16 fasst er den Entschluss, Priester zu werden. Er wird aber zunächst (1667) Domherr an der

Kathedrale zu Reims, womit die Pflicht zum täglichen Chorgebet verbunden ist.
In seiner Vaterstadt studiert er nun Theologie, ab 1670 setzt er seine Studien in Paris fort. Im Seminar von Saint Sulpice wird er ins geistliche Leben eingeführt. An dieser hervorragenden Bildungsstätte schöpft er die erste Begeisterung für den Schulunterricht armer Kinder.
Kurz nacheinander sterben Vater und Mutter; Johannes muß nach Reims zurückkehren, um die Erziehung seiner unmündigen Geschwister und die Verwaltung des elterlichen Erbes zu übernehmen (1672). Trotz aller Verpflichtungen harrt er in seiner Berufung aus und empfängt 1678 in Reims die Priesterweihe. Vor ihm liegt ein Leben in Ansehen und Wohlstand.
Im folgenden Jahr trifft de La Salle mit einem Schullehrer aus Rouen zusammen. Bald darauf werden zwei Armenschulen gegründet. Die fehlenden Geldmittel ersetzt er aus der eigenen Tasche, die Lehrer (aus niederem Stande) lädt er zu sich zum Essen ein. Da die adeligen Geschwister dagegen protestieren, zieht er am 24. Juni 1680 aus dem Elternhaus aus. Hier liegen die Anfänge der Ordensgemeinschaft.
Sie geben sich eine gemeinsame Lebensordnung und nennen sich „Brüder der christlichen Schulen“. 1683 entsagt de La Salle der Domherrenwürde. Im Winter 1684/85 verteilt er sein Erbteil während einer Hungersnot an die Armen.
Nun lebt er mit seinen Brüdern, führt neue Schultypen und einen zukunftsweisenden Unterrichtsstil ein, bildet immer mehr Brüder aus und erlebt trotz vieler Anfeindungen das Aufblühen seines Werkes. De La Salle gründet Volksschulen, Sonntagsschulen für berufstätige Ju-

gendliche und Lehrerseminare. Am Karfreitag 1719 stirbt er. Bei seinem Tod gab es 22 Niederlassungen mit 200 Brüdern. Im Jahre 1888 wurde er selig- und 1900 heiliggesprochen. Papst Pius XII. erhob den Heiligen am 15. Mai 1950 zum Patron der christlichen Lehrer und Erzieher.
Das Institutum Fratrum Scholarum Christianarum (FSC, Brüder von den christlichen Schulen, Christliche Schulbrüder) ist die größte Laienkongregation für Erziehung und Unterricht. In Deutschland gab es eine Niederlassung in Illertissen, die das Kolleg der Schulbrüder Illertissen führte; seit 2005 liegt die Schulleitung in weltlicher Hand, Träger ist aber das Schulwerk der Diözese Augsburg. In Österreich gibt es mehrere ordensgeführte Schulen in Wien. Das Provinzialat (die Ordensleitung) der Kongregation der Brüder der Christlichen Schulen, Provinz Zentraleuropa, befindet sich in Rumänien.
http://www.kolleg-illertissen.de/
www.lasalle-ce.org, http://www.lasalle.org/
Um einen vollkommenen Ablass zu gewinnen, ist es außer den üblichen Bedingungen (Beichte, Kommunion, Gebet nach Meinung des Papstes) erforderlich, eine Kirche oder Kapelle der Christlichen Schulbrüder zu besuchen und dort das Vaterunser und das Glaubensbekenntnis zu sprechen.
Vater unser …
Ich glaube an Gott … *(S. 171)*

Gründonnerstagsmesse
Eucharistische Prozession
Hymnusstrophe »Tantum ergo«

Ein vollkommener Ablass wird demjenigen Christgläubigen gewährt, ... der am Ende der Abendmahlsmesse am Gründonnerstag, wenn das Allerheiligste feierlich übertragen wird, in frommer Gesinnung das „Tantum ergo" betet.

(HA 2008, Nr. 7, § 1, 2°, S. 53; vgl. EI 2004, Nr. 7, § 1, 2°, S. 54)

Mit der Messe vom Letzten Abendmahl am Gründonnerstag beginnen wir die heiligste Zeit des Kirchenjahres: die Drei Österlichen Tage vom Leiden und Sterben, von der Grabesruhe und von der Auferstehung des Herrn (Triduum paschale). An allen diesen Tagen (Gründonnerstag, Karfreitag, Osternacht und Ostersonntag) können besondere vollkommene Ablässe gewonnen werden.

„Unser Erlöser hat beim Letzten Abendmahl in der Nacht, da er überliefert wurde, das eucharistische Opfer seines Leibes und Blutes eingesetzt, um dadurch das Opfer des Kreuzes durch die Zeiten hindurch bis zu seiner Wiederkunft fortdauern zu lassen" (Zweites Vatikanisches Konzil, »Sacrosanctum Concilium« 47).
Seit dem 15. Jahrhundert werden die beiden letzten Strophen des Liedes »Pange lingua« bei der feierlichen Aussetzung des Allerheiligsten gesungen. Der dem hl. Thomas von Aquin zugeschriebene Hymnus ist Ausdruck tiefster Ehrfurcht vor dem heiligsten Sakrament.

①
Lateinisch:

**Tantum ergo sacraméntum
venerémur cérnui,
et antíquum documéntum
novo cedat rítui;
præstet fides suppleméntum
sénsuum deféctui.**

**Genitóri Genitóque
laus et jubilátio,
salus honor, virtus quoque
sit et benedíctio.
Procedénti ab utróque
compar sit laudátio. Amen.**

V: **Panem de cælo præstitísti eis.**
A: **Omne delectaméntum in se habéntem.**

V: **Oremus. Deus, qui nobis sub sacraménto mirábili passiónis tuæ memóriam reliquísti: tríbue, quáesumus, ita nos Córporis et Sánguinis tui sacra mystéria venerári, ut redemptiónis tuæ fructum in nobis iúgiter sentiámus. Qui vivis et regnas in sáecula sæculórum.**
A: **Amen.**
(GL 494,5-6, 496 u. 592,4)

②
oder deutsch:

**Gott ist nah in diesem Zeichen:
knieet hin und betet an.
Das Gesetz der Furcht muss weichen,
da der neue Bund begann;**

**Mahl der Liebe ohnegleichen:
nehmt im Glauben teil daran.**

**Gott dem Vater und dem Sohne
singe Lob, du Christenheit;
auch dem Geist auf gleichem Throne
sei der Lobgesang geweiht.
Bringet Gott im Jubeltone
Ehre, Ruhm und Herrlichkeit. Amen.**

V: **Brot vom Himmel hast du ihnen gegeben.**
A: **Das alle Erquickung in sich birgt.**

V: **Lasset uns beten. Herr Jesus Christus, im wunderbaren Sakrament des Altares hast du uns das Gedächtnis deines Leidens hinterlassen. Gib uns die Gnade, die heiligen Geheimnisse deines Leibes und Blutes so zu verehren, dass uns die Frucht der Erlösung zuteil wird. Der du lebst und herrschest in alle Ewigkeit.** *A:* **Amen.**

(GL alt, Nr. 544: T: Thomas von Aquino 1263/64, Übertragung Maria Luise Thurmair 1969, © Christophorus Verlag, Freiburg/Br.)

Karfreitag
Gedächtnis des Leidens und Sterbens des Herrn
Kreuzverehrung

Ein vollkommener Ablass wird demjenigen Christgläubigen gewährt, … der die Liturgie des Karfreitags andächtig mitfeiert und dabei an der Kreuzverehrung teilnimmt.

(HA 2008, Nr. 13, 1°, S. 59; vgl. EI 2004, Nr. 13, 1°, S. 59)

Nach dem Wortgottesdienst sowie den großen Fürbitten und vor der Kommunionfeier folgt in der Feier vom Leiden und Sterben Christi die Erhebung und Verehrung des heiligen Kreuzes. Der Priester ruft beim Zeigen des heiligen Kreuzes:

Seht das Kreuz, an dem der Herr gehangen, das Heil der Welt.

Und die Gläubigen antworten:

Kommt, lasset uns anbeten.

Daraufhin kommen die Gläubigen in Prozession nach vorne und verehren das Kreuz durch Verneigung oder Kuss. Dabei gewinnen sie unter den üblichen Bedingungen (Beichte, Kommunion, Gebet in der Meinung des Papstes) einen vollkommenen Ablass.

Osternacht
Erneuerung des Taufversprechens

Ein vollkommener Ablass wird demjenigen Christgläubigen gewährt, der während der Feier der Osternacht … sein Taufbekenntnis nach einer rechtmäßig approbierten Formel erneuert.

(HA 2008, Nr. 28, § 1, S. 76; vgl. EI 2004, Nr. 28, § 1, S. 74)

„Die Taufe ist die Eingangspforte zu den Sakramenten; ihr tatsächlicher Empfang oder wenigstens das Verlangen danach ist zum Heil notwendig; durch sie werden die Menschen von den Sünden befreit, zu Kindern Gottes neu geschaffen und, durch ein untilgbares Prägemal Christus gleichgestaltet, der Kirche eingegliedert; sie wird nur durch Waschung mit wirklichem Wasser in Verbindung mit der gebotenen Form der Taufworte gültig gespendet“ (c. 849 CIC).

Normalerweise wird die Taufe den Säuglingen gespendet, denn die Eltern sind verpflichtet, ihre Kinder innerhalb der ersten Lebenswochen taufen zu lassen (c. 867 CIC). Da Taufe und Glaube untrennbar zusammengehören (vgl. Mk 16,16; Eph 4,5), bekennen die Eltern und Paten und mit ihnen die gesamte Kirche stellvertretend für den Säugling den katholischen Glauben. Wenn die Kinder heranwachsen, müssen sie sich selbst zum Glauben bekennen.
Um einen vollkommenen Ablass zu gewinnen, muss man außer den üblichen Bedingungen (Beichte, Kommunion, Gebet in der Meinung des Papstes) das Taufversprechen in der Osternacht erneuern.

Priester:
Liebe Brüder und Schwestern!
Wir alle sind einst durch das österliche Geheimnis der Taufe mit Christus begraben worden, damit wir mit ihm auferstehen zu einem neuen Leben. Nach den vierzig Tagen der Fastenzeit, in denen wir uns auf Ostern vorbereitet haben, wollen wir darum das Taufversprechen erneuern, mit dem wir einst dem Satan abgeschworen und Gott versprochen haben, ihm, unserem Herrn, in der heiligen katholischen Kirche zu dienen.
Deshalb frage ich euch:
P: **Widersagt ihr dem Satan?**
A: **Ich widersage.**
P: **Und all seiner Bosheit?**
A: **Ich widersage.**
P: **Und all seinen Verlockungen?**
A: **Ich widersage.**

Oder:

P: **Widersagt ihr dem Bösen, um in der Freiheit der Kinder Gottes leben zu können?**

A: **Ich widersage.**

P: **Widersagt ihr den Verlockungen des Bösen, damit es nicht Macht über euch gewinnt?**

A: **Ich widersage.**

P: **Widersagt ihr dem Satan, dem Urheber des Bösen?**

A: **Ich widersage.**

Dann fragt der Priester:

P: **Glaubt ihr an Gott, den Vater, den Allmächtigen, den Schöpfer des Himmels und der Erde?**

A: **Ich glaube.**

P: **Glaubt ihr an Jesus Christus, seinen eingeborenen Sohn, unseren Herrn, der geboren ist von der Jungfrau Maria, der gelitten hat und begraben wurde, von den Toten auferstand und zur Rechten des Vaters sitzt?**

A: **Ich glaube.**

P: **Glaubt ihr an den Heiligen Geist, die heilige katholische Kirche, die Gemeinschaft der Heiligen, die Vergebung der Sünden, die Auferstehung der Toten und das ewige Leben?**

A: **Ich glaube.**

Der Priester schließt:

Der allmächtige Gott, der Vater unseres Herrn Jesus Christus, hat uns aus dem Wasser und dem Heiligen Geist neues Leben geschenkt und uns alle Sünden vergeben. Er bewahre uns durch seine Gnade in Christus Jesus, unserem Herrn, zum ewigen Leben.

A: **Amen.**

Der Priester besprengt die Gemeinde mit dem gesegneten Wasser, währenddessen singen alle die Antiphon:

Ich sah ein Wasser ausgehen vom Tempel,
von dessen rechter Seite. Halleluja.
Und alle, zu denen das Wasser kam, wurden gerettet, und sie werden rufen: „Halleluja, Halleluja."
oder lateinisch:
Vídi áquam egrediéntem de témplo,
a látere déxtro, Allelúia:
et ómnes ad quos pervénit áqua ísta, sálvi fácti sunt et dícent: Allelúja, Allelúja. *(GL 125,1)*

Papst Benedikt XVI. (pp. 2005-2013, † 2022)
erteilt vom Balkon des Petersdomes den Segen „Urbi et orbi" –
der Stadt Rom und dem Erdkreis (vgl. S. 208; 262):
„Die Heiligen Apostel Petrus und Paulus,
auf deren Machtfülle und Autorität wir vertrauen,
sie selbst mögen beim Herrn für uns Fürsprache halten."
Alle: „Amen."
„Aufgrund der Fürsprache und der Verdienste der seligen
immerwährenden Jungfrau Maria, des heiligen Erzengels
Michael, des heiligen Johannes des Täufers und der heiligen Apostel
Petrus und Paulus und aller Heiligen, erbarme Sich euer
der allmächtige Gott, und nachdem Er alle eure Sünden
vergeben hat, führe euch Jesus Christus zum ewigen Leben."
Alle: „Amen."
„Der allmächtige und barmherzige Herr gewähre euch Nachlass,
Vergebung und Verzeihung all eurer Sünden, einen Zeitraum echter
und fruchtbarer Reue, ein allzeit bußfertiges Herz und Besserung des
Lebens, die Gnade und die Tröstung des Heiligen Geistes
und die endgültige Ausdauer in den guten Werken."
Alle: „Amen."
„Und der Segen des allmächtigen Gottes, des Vaters + und
des Sohnes + und des Heiligen Geistes + komme auf euch herab
und bleibe bei euch allezeit." Alle: „Amen."

Ostern
Päpstlicher Segen »Urbi et orbi«

> Ein vollkommener Ablass wird demjenigen Christgläubigen gewährt, der den vom Papst gespendeten Segen „Urbi et orbi“ [der Stadt Rom und dem Erdkreis] … empfängt; dies gilt auch, wenn der Gläubige, der aus einem vernünftigen Grund während der Feier nicht persönlich anwesend sein kann, über Fernsehen oder Rundfunk in frommer Gesinnung an der Segensspendung teilnimmt.

(HA 2008, Nr. 4, S. 51f; vgl. EI 2004, Nr. 4, S. 53)

An Ostern und Weihnachten und bei anderen feierlichen Anlässen spendet der Papst vom Balkon der Peterskirche aus der Stadt (lateinisch: urbs) Rom und dem Erdkreis (lateinisch: orbis), d.h. der gesamten Kirche, den päpstlichen Segen, der mit einem vollkommenen Ablass verbunden ist. Eigens wird dabei darauf aufmerksam gemacht, dass der Ablass auch empfangen werden kann, wenn man via „Radio, Fernsehen oder neue Kommunikationsmedien“ (Internet) an der Segenshandlung teilnimmt.

Wie die Lateranbasilika „Omnium Urbis et Orbis Ecclesiarum Mater et Caput“ – „Mutter und Haupt aller Kirchen der Stadt Rom und des Erdkreises“ (s. S. 201) ist, so nennt man die Peterskirche „Urbis et Orbis Ecclesiarum Speculum et Decus“ – „Abbild und Zierde der Kirchen der Stadt Rom und des Erdkreises“.

Zweiter Sonntag der Osterzeit oder „Sonntag der Göttlichen Barmherzigkeit"

Der *vollkommene Ablass* wird unter den gewohnten Bedingungen (Empfang des Bußsakraments, der heiligen Eucharistie und Gebet nach Meinung des Heiligen Vaters) dem Gläubigen gewährt, der mit reinem, jeder, auch der läßlichen Sünde abgewandtem Herzen am zweiten Sonntag der Osterzeit, das heißt, dem »der Göttlichen Barmherzigkeit«, in einer Kirche oder einem Oratorium an den zu Ehren der Göttlichen Barmherzigkeit durchgeführten Andachtsübungen teilnimmt oder wenigstens vor dem Allerheiligsten Sakrament der Eucharistie – öffentlich ausgesetzt oder im Tabernakel aufbewahrt – das *»Vater unser«* und das *»Credo«* betet mit dem Zusatz einer kurzen Anrufung des Barmherzigen Herrn Jesus (z.B. »Barmherziger Jesus, ich vertraue auf dich!« [Misericors Iesu in Te confido]).

(HA 2008, S. 123f; vgl. EI 2004, S. 87)

Der „Sonntag der Göttlichen Barmherzigkeit" wurde vom hl. Papst Johannes Paul II. anlässlich der Heiligsprechung von Sr. Faustyna Kowalska (1905-1938) am 30. April 2000 eingeführt, auf deren Visionen dieser Titel und die besondere Verehrung des Barmherzigen Jesus zurückgeht. Zwei Jahre später wurde mit der Anrufung „Barmherziger Jesus, ich vertraue auf dich!" vor dem Allerheiligsten Altarssakrament sowie dem Vaterunser und Credo ein vollkommener Ablass verbunden.

„Unter dem Antrieb der Liebe des Barmherzigen Vaters und mit vorausschauender pastoraler Einfühlsamkeit wollte Papst Johannes Paul II. diese Gebote und Lehren

des christlichen Glaubens [über die Barmherzigkeit Gottes] tief in die Herzen der Gläubigen einsenken. Deshalb hat er den zweiten Sonntag der Osterzeit dazu bestimmt, dieser Gnadengaben mit besonderer Verehrung zu gedenken, und ihn mit der Bezeichnung »Sonntag der Göttlichen Barmherzigkeit« versehen (Kongregation für den Gottesdienst und die Sakramentenordnung, Dekret Misericors et miserator, 5. Mai 2000) ... Damit die Gläubigen diese Feier mit ganzem Herzen begehen, hat der Papst festgelegt, dass der vorgenannte Sonntag – wie in der Folge noch näher erklärt wird – mit dem vollkommenen Ablass ausgestattet wird. Das hat den Zweck, dass die Gläubigen das Geschenk des Trostes des Heiligen Geistes in höherem Maß empfangen und so eine wachsende Liebe zu Gott und zum Nächsten entfalten können und, nachdem sie selbst die Vergebung Gottes empfangen haben, ihrerseits angeregt werden, sogleich den Brüdern und Schwestern zu vergeben ... Mit dem brennenden Wunsch, im christlichen Volk diese Verehrung der Göttlichen Barmherzigkeit auf Grund der von ihr zu erhoffenden reichen geistlichen Früchte zu fördern, hat der Papst in der Audienz am 13. Juni 2002 sich gewürdigt, die Ablässe unter ... [den genannten] Bedingungen zu gewähren ...

Die Seefahrer, die ihre Pflicht im weiten Meer tun; die zahllosen Brüder und Schwestern, die durch das Unheil des Krieges, die politischen Wirrnisse, die Unbarmherzigkeit der Orte und aus anderen Gründen ihre Heimat verlassen haben; die Kranken und ihre Pfleger und alle, die aus berechtigten Gründen nicht außer Haus gehen können oder zugunsten der Gemeinschaft eine unaufschiebbare Tätigkeit ausüben, können den vollkommenen Ablass am Sonntag der Göttlichen Barmherzigkeit gewinnen, wenn sie unter vollständiger Abkehr von jeder Sünde, wie zuvor gesagt, und mit dem Vorsatz, baldmöglichst die drei gewohnten Bedingungen zu erfüllen, vor dem Bild Unseres Barmherzigen Herrn Jesus das »Vater unser« und das Glaubensbekenntnis beten und eine Anrufung an den Barmherzigen Herrn Jesus hinzufügen (z.B. »Barmherziger Jesus, ich vertraue auf dich«). Sollte den Gläubigen auch das nicht möglich sein, können an demselben Tag den vollkommenen Ablass erlangen, die sich in der Absicht und Gesinnung des Herzens geistig mit denen vereinen, die in ordentlicher Weise das für den Ablass vorgeschriebene Werk erfüllen und dem Barmherzigen Gott ein Gebet und die Leiden, die Krankheit und die Beschwerlichkeiten ihres Lebens aufopfern, wobei auch sie den Vorsatz haben, baldmöglichst die für die Gewinnung des vollkommenen Ablasses vorgeschriebenen drei Bedingungen zu erfüllen" (Apostolische Pönitentiarie, Dekret vom 29. Juni 2002. Andachtsübungen zu Ehren der Göttlichen Barmherzigkeit mit Ablässen verbunden, in: HA 2008, S. 122-125; vgl. EI 2004, S. 85-88).

Zweiter Sonntag der Osterzeit
Weißer Sonntag

Vollkommener Ablass zur Erstkommunionfeier
s. S. 252-254.

4. Sonntag der Osterzeit
Weltgebetstag für geistliche Berufe

Ein vollkommener Ablass wird demjenigen Gläubigen gewährt, der an einem jeweils festgelegten Tag zur Erreichung eines bestimmten religiösen Zieles (z.B. Förderung von Priester- und Ordensberufen, Hingabe an die besondere Sorge um die Kranken und Schwachen, Stärkung der Heranwachsenden im Bekenntnis des Glaubens und Unterstützung eines heiligmäßigen Lebens) an liturgischen Feiern in frommer Gesinnung teilnimmt.

(HA 2008, Nr. 5, S. 52; EI 2004, Nr. 5, S. 53)

Dieser neu eingeführte vollkommene Ablass kann an verschiedenen Tagen während des Jahres gewonnen werden, beispielsweise an einem ***„Priesterdonnerstag“****, der vor dem „Herz-Jesu-Freitag“ (erster Freitag im Monat) vielerorts begangen wird (vgl. Liturgisches Direktorium für das Bistum Augsburg 2025, S. 17f). Auch der „****Weltgebetstag für geistliche Berufe****“ am 4. Sonntag der Osterzeit ist ein solcher Tag. Am Priesterdonnerstag kann der Priester das Messformular „Von Jesus Christus, dem ewigen Hohenpriester“ (MB II 1095, ML VIII 422ff), „Für die Diener der Kirche“ MB 1034, ML VIII 54ff), „Um Priesterberufe“ oder „Um Ordensberufe“ (MB II 1035, 1037; ML VIII, S. 76ff) oder „Für die Ordensleute“ (MB II 1036, ML VIII 60ff) wählen.*

Um einen vollkommenen Ablass zu gewinnen, ist es außer den üblichen Bedingungen (Beichte, Kommunion, Gebet nach Meinung des Papstes) erforderlich, an der Liturgie (celebratio), die in diesem Anliegen gefeiert wird, andächtig teilzunehmen.

26. Mai
Fest des hl. Philipp Neri
Besuch einer Kirche der Oratorianer

Ein vollkommener Ablass wird demjenigen Christgläubigen gewährt, der eine Kirche oder Hauskapelle der Oratorianer am Festtag des hl. Philipp Neri, des heiligen Gründers dieser Gemeinschaft, besucht und dort das Vaterunser und das Glaubensbekenntnis andächtig betet.

(vgl. HA 2008, Nr. 33, § 1, 7°, S. 81; EI 2004, Nr. 33, § 1, 7°, S. 76f)

Der hl. Philipp Neri (1515-1595) kam mit 21 Jahren von Florenz nach Rom und lebte dort bis zu seinem Tod in äußerster Bedürfnislosigkeit. Sein Leben bestand aus Gebet, Nächstenliebe, Seelsorge und Buße. Er pflegte Kranke, führte mit ihnen religiöse Gespräche, gab auf öffentlichen Plätzen religiöse Unterweisungen und erlebte verschiedentlich mystische Begnadungen. Auf Drängen seines Beichtvaters ließ er sich 1551 zum Priester weihen und schloss sich einer Priestergemeinschaft an, aus der ein Jahr später das Oratorium erwuchs. Durch seine neuen Seelsorgsmethoden (Kinderpredigt, geistliche Lieder in der Volkssprache, Wallfahrten, geistliche Übungen) und seine humorvolle Lebenshaltung eroberte er die Herzen seiner Umgebung. Als »Apostel Roms« schon zu Lebzeiten als Heiliger verehrt, wurde Philipp Neri, dessen unverwester Leichnam in der Chiesa Nuova, Rom, ruht, 1615 selig- und 1622 heiliggesprochen.

Die Oratorianer sind Weltpriester, die, ohne Gelübde, Eid oder Versprechen, ein Gemeinschaftsleben (vita communis) pflegen und einzig durch das Band der Liebe miteinander verbunden sind. Im Todesjahr Philipp

Neris, 1595, existierten neben Rom bereits sechs weitere Oratorien. Rund hundert Jahre später, 1692, wurde das erste deutsche Oratorium in Aufhausen bei Regensburg gegründet, dessen letztes Mitglied 1886 starb.
Erst 1930 fand unter dem Einfluß der englischen Oratorien eine Neugründung in Leipzig statt, gefolgt von München (1954), Aachen und Frankfurt am Main (1956), Dresden (1961) sowie Celle (1991) und Hannover (1997). Im Jahre 2012 wurde das Oratorium Aufhausen wiederbelebt. 2015 kam noch das Vor-Oratorium Ingolstadt hinzu.
Ferner existieren im deutschsprachigen Raum Oratorien in Wien sowie in Glattbrugg bei Zürich. 1997 wurde im niederländischen Maastricht ein Oratorium gegründet, und in Belgien gibt es zwei Niederlassungen von Oratorianerinnen.
Weltweit leben derzeit ungefähr 500 Oratorianer in 72 Gemeinschaften, vornehmlich in Italien und Spanien sowie in Mexiko und in den Vereinigten Staaten.
http://www.oratoriosanfilippo.org/
http://www.oratorium.org/
Um einen vollkommenen Ablass zu gewinnen, ist es außer den üblichen Bedingungen (Beichte, Kommunion, Gebet nach Meinung des Papstes) erforderlich, eine Kirche oder Kapelle der Oratorianer oder Oratorianerinnen zu besuchen und dort das Vaterunser und das Glaubensbekenntnis zu sprechen.
Vater unser …
Ich glaube an Gott … *(S. 171)*

Pfingstfest
Bittgebet: Hymnus »Veni, Creator«

Ein vollkommener Ablass wird demjenigen Christgläubigen gewährt, der in einer Kirche oder einer Kapelle andächtig dem feierlichen Gesang des Hymnus „Komm, Schöpfer Geist“ (Veni, Creator) beiwohnt, und zwar … am Pfingstfest.

(HA 2008, Nr. 26, § 1, 1°; vgl. EI 2004, Nr. 26, § 1, 1°, S. 70)

Fünfzig Tage (griechisch: pentekoste) nach Ostern, so heißt es in der Apostelgeschichte, wurden alle „mit dem Heiligen Geist erfüllt“ (Apg 2,4). Pfingsten wird somit zum Fest der Ausgießung des Heiligen Geistes über die Kirche. Mit diesem Hochfest endet die Osterzeit.
Um den vollkommenen Ablass zu gewinnen, singen oder beten wir einen der drei folgenden Texte öffentlich in Gemeinschaft, z.B. in der Kirche (und erfüllen die üblichen Bedingungen):

①

Veni, creátor Spíritus, mentes tuórum vísita:
imple supérna grátia, quæ tu creásti péctora.

Qui díceris Paráclitus, donum Dei altíssimi,
fons vivus, ignis, cáritas et spiritális únctio.

Tu septifórmis múnere, dextræ Dei tu dígitus,
tu rite promíssum Patris sermóne ditans gúttura.

Accénde lumen sénsibus, infúnde amórem córdibus,
infírma nostri córporis virtúte firmans pérpeti.

Hostem repéllas lóngius pacémque dones prótinus;

ductóre sic te prævio vitémus omne nóxium.

Per te sciámus da Patrem noscámus atque Fílium,
te utriúsque Spíritum credámus omni témpore.
Amen.

V: **Emítte Spíritum tuum, et creabúntur,**
A: **et renovábis fáciem terræ.**

Orémus.
Deus, qui corda fidélium Sancti Spíritus
illustratióne docuísti,
da nobis in eódem Spíritu recta sápere,
et de eius semper consolatióne gaudére.
Per Christum, Dóminum nostrum.
A: **Amen.**

(GL 341)

②

Komm, Heilger Geist, der Leben schafft,
erfülle uns mit deiner Kraft.
Dein Schöpferwort rief uns zum Sein:
Nun hauch uns Gottes Odem ein.

Komm, Tröster, der die Herzen lenkt,
du Beistand, den der Vater schenkt;
aus dir strömt Leben, Licht und Glut,
du gibst uns Schwachen Kraft und Mut.

Dich sendet Gottes Allmacht aus
im Feuer und in Sturmes Braus;
du öffnest uns den stummen Mund
und machst der Welt die Wahrheit kund.

Entflamme Sinne und Gemüt,
dass Liebe unser Herz durchglüht
und unser schwaches Fleisch und Blut
in deiner Kraft das Gute tut.

Die Macht des Bösen banne weit,
schenk deinen Frieden allezeit.
Erhalte uns auf rechter Bahn,
dass Unheil uns nicht schaden kann.

Lass gläubig uns den Vater sehn,
sein Ebenbild, den Sohn, verstehn
und dir vertraun, der uns durchdringt
und uns das Leben Gottes bringt.

Den Vater auf dem ewgen Thron
und seinen auferstandnen Sohn,
dich, Odem Gottes, Heilger Geist,
auf ewig Erd und Himmel preist. Amen.

V: **Sendest du deinen Geist aus,**
so werden sie alle erschaffen,
A: **und du erneuerst das Antlitz der Erde.**

Lasset uns beten. –
Gott, du hast die Herzen deiner Gläubigen durch die Erleuchtung des Heiligen Geistes gelehrt. Gib, dass wir in diesem Geist erkennen, was recht ist, und allezeit seinen Trost und seine Hilfe erfahren. Darum bitten wir durch Christus, unsern Herrn.
A: **Amen.**

(GL 342 zus. mit GL alt 241,7; T: »Veni Creator Spiritus«, Übertr. Friedr. Dörr 1970, © Caritasverband f.d. Diöz. Eichstätt e.V.)

③

Komm, Schöpfer Geist, kehr bei uns ein,
besuch das Herz der Kinder dein:
erfülle uns all mit deiner Gnad,
die deine Macht erschaffen hat.

Der du der Tröster wirst genannt,
vom höchsten Gott ein Gnadenpfand,
du Lebensbrunn, Licht, Lieb und Glut,
der Seele Salbung, höchstes Gut.

O Schatz, der siebenfältig ziert,
O Finger Gottes, der uns führt,
Geschenk, vom Vater zugesagt,
du, der die Zungen reden macht.

Entzünd in uns des Lichtes Schein,
gieß Liebe in die Herzen ein,
stärk unsres Leibs Gebrechlichkeit
mit deiner Kraft zu jeder Zeit.

Treib weit von uns des Feinds Gewalt,
in deinem Frieden uns erhalt,
dass wir, geführt von deinem Licht,
in Sünd und Elend fallen nicht.

Den Vater auf dem ewgen Thron
lehr uns erkennen und den Sohn;
dich, beider Geist, sei'n wir bereit
zu preisen gläubig alle Zeit.

(GL 351)

Jahreskreis (2. Teil)

Fronleichnam
Eucharistische Prozession

Ein vollkommener Ablass wird demjenigen Gläubigen gewährt, … der an einer feierlichen eucharistischen Prozession, von denen jener am Hochfest des Leibes und Blutes Christi [Fronleichnam] die höchste Bedeutung zukommt, sei es innerhalb des Kirchengebäudes, sei es außerhalb, in frommer Gesinnung teilnimmt.

(HA 2008, Nr. 7, § 1, 3°, S. 53; vgl. EI 2004, Nr. 7, § 1, 3°, S. 54)

Die hl. Nonne Juliana von Lüttich hatte 1209 die Vision einer Scheibe des Vollmonds (=Kirche), an der eine dunkle Stelle das Fehlen eines eigenen Festes zu Ehren der hl. Eucharistie darstellte. Bischof Robert von Lüttich ordnete 1246 für sein Bistum die Einführung eines solchen Festes an. Papst Urban IV., der um 1242 Erzdiakon von Lüttich war, schrieb im Jahre 1264, zwei Monate vor seinem Tod, das Fronleichnamsfest für die ganze Kirche vor.
Fronleichnam, von „fron"=Herr und „lichnam"=Leib, ist das Hochfest des Leibes und Blutes Christi und wird am Donnerstag der 2. Woche nach Pfingsten gefeiert. Im Tagesgebet heißt es: „Herr Jesus Christus, im wunderbaren Sakrament des Altares hast du uns das Gedächtnis deines Leidens und deiner Auferstehung hinterlassen. Gib uns die Gnade, die heiligen Geheimnisse deines Leibes und Blutes so zu verehren, dass uns die Freude der Erlösung zuteil wird."
Um einen vollkommenen Ablass zu gewinnen, ist es außer den üblichen Bedingungen (Beichte, Kommunion,

Gebet nach Meinung des Papstes) erforderlich, an der Fronleichnamsprozession innerhalb oder außerhalb der Kirche andächtig teilzunehmen. Dabei wird zumeist auch das »Tantum ergo« gesungen.

①
Lateinisch:

Tantum ergo sacraméntum
venerémur cérnui,
et antíquum documéntum
novo cedat rítui;
præstet fides suppleméntum
sénsuum deféctui.

Genitóri Genitóque
laus et jubilátio,
salus honor, virtus quoque
sit et benedíctio.
Procedénti ab utróque
compar sit laudátio. Amen.

V: **Panem de cælo præstitísti eis.**
A: **Omne delectaméntum in se habéntem.**

V: **Oremus. Deus, qui nobis sub sacraménto mirábili passiónis tuæ memóriam reliquísti: tríbue, quáesumus, ita nos Córporis et Sánguinis tui sacra mystéria venerári, ut redemptiónis tuæ fructum in nobis iúgiter sentiámus. Qui vivis et regnas in sáecula sæculórum.**
A: **Amen.**

(GL 494,5-6, 496 u. 592,4)

②
oder deutsch:

Gott ist nah in diesem Zeichen:
knieet hin und betet an.
Das Gesetz der Furcht muss weichen,
da der neue Bund begann;
Mahl der Liebe ohnegleichen:
nehmt im Glauben teil daran.

Gott dem Vater und dem Sohne
singe Lob, du Christenheit;
auch dem Geist auf gleichem Throne
sei der Lobgesang geweiht.
Bringet Gott im Jubeltone
Ehre, Ruhm und Herrlichkeit. Amen.

V: **Brot vom Himmel hast du ihnen gegeben.**
A: **Das alle Erquickung in sich birgt.**

V: **Lasset uns beten. Herr Jesus Christus, im wunderbaren Sakrament des Altares hast du uns das Gedächtnis deines Leidens hinterlassen. Gib uns die Gnade, die heiligen Geheimnisse deines Leibes und Blutes so zu verehren, dass uns die Frucht der Erlösung zuteil wird. Der du lebst und herrschest in alle Ewigkeit.** *A:* **Amen.**

(GL alt, Nr. 544: T: Thomas von Aquino 1263/64, Übertragung Maria Luise Thurmair 1969, © Christophorus Verlag, Freiburg/Br.)

Herz-Jesu-Fest
Sühnegebet »Liebreicher Jesus«

Demjenigen Christgläubigen, der das Sühnegebet (»Liebreicher Jesus« [Iesu dulcissime] öffentlich (in Gemeinschaft) am Herz-Jesu-Fest betet, wird ein vollkommener Ablass gewährt.

(HA 2008, Nr. 3, S. 49f; vgl. EI 2004, Nr. 3, S. 51)

Am Freitag der dritten Woche nach Pfingsten feiert die Kirche das Hochfest des Heiligsten Herzens Jesu. Das Herz Jesu symbolisiert die überströmende Liebe des menschgewordenen Sohnes Gottes, der bereit war, sein irdisches Leben hinzugeben, um die Menschen von Sünde, Tod und Teufel zu erlösen.

Das Johannesevangelium berichtet, dass nach dem Tode Jesu einer der Soldaten mit der Lanze in seine Seite stieß, „und sogleich floss Blut und Wasser heraus" (Joh 19,34). Nach der Theologie der Kirchenväter entspringen daher die Sakramente dem geöffneten Herzen Jesu, das dadurch zum »fons vitae«, zur »Quelle des Lebens«, geworden ist. Während der Deutschen Mystik (1250-1350) war die Herz-Jesu-Frömmigkeit besonders ausgeprägt. Die heilige Mystikerin Marguerite-Marie Alacoque (1647-1690) erhielt in einer Erscheinung des Herrn den Auftrag, für die Einführung des Herz-Jesu-Festes zu wirken. 1765 wurden Messe und Offizium vom Herzen Jesu begrenzt gestattet, 1856 wurde das Fest von Papst Pius IX. weltweit vorgeschrieben. Aus Anlass des 100. Jahrestages widmete Papst Pius XII. 1956 der Verehrung des Heiligsten Herzens Jesu die Enzyklika »Haurietis aquas«: „Unmöglich können die Gnadengaben aufgezählt werden, welche die dem heiligsten Her-

zen Jesu erwiesene Verehrung in die Seelen der Gläubigen ergießt, sie reinigend, mit himmlischem Trost erquickend und zu allen Tugenden anregend".
Um einen vollkommenen Ablass zu gewinnen, ist es außer den üblichen Bedingungen (Beichte, Kommunion, Gebet nach Meinung des Papstes) erforderlich, das nachstehende Sühnegebet gemeinsam am Herz-Jesu-Fest zu beten.
(Siehe dazu auch das Herz-Jesu-Bild auf S. 243).

Liebreicher Jesus, dessen übergroße Liebe zu uns Menschen mit soviel Gleichgültigkeit, Nachlässigkeit, Verachtung und Undank vergolten wird, siehe, wir werfen uns hier vor deinem Altare nieder, um die frevelhafte Kälte der Menschen und das Unrecht, das sie deinem liebevollsten Herzen allenthalben zufügen, durch einen besonderen Ehrenerweis wieder gutzumachen.
(A) **Eingedenk jedoch, dass auch wir an diesem Unrecht nicht unbeteiligt waren, und durchdrungen von tiefem Reueschmerz, erflehen wir vor allem deine Barmherzigkeit für uns selber.**
(V) **Wir sind bereit, nicht nur unsere eigenen Sünden durch freiwillige Buße zu sühnen, sondern auch die Sünden jener, die weit vom Wege des Heiles abirrten, die, in Unglauben verstockt, dir als Hirt und Führer nicht folgen wollen, oder ihre Taufgelübde treulos missachten und das süße Joch deines Gesetzes zu tragen sich weigern.**
(A) **Wir nehmen uns fest vor, alle diese beklagenswerten Vergehen zu sühnen.**
(V) **Insbesondere aber wollen wir gutmachen: alle Unehrbarkeit und Unsittlichkeit im Leben und Treiben, wodurch so viele unschuldige Seelen ins Ver-**

derben gezogen werden, die Entheiligung der Sonn- und Feiertage, die schimpflichen Schmähungen gegen dich und deine Heiligen, die Beschimpfungen deines Stellvertreters und des Priesterstandes, ferner die Entweihung des Sakramentes deiner göttlichen Liebe durch Nachlässigkeit oder schändliche Sakrilegien, endlich die öffentlichen Vergehen der Völker, die sich den Rechten und Lehren der von dir gestifteten Kirche widersetzen. Könnten wir doch diese Sünden mit unserem Blute tilgen! Um indes für die Verletzung der Ehre Gottes einigermaßen Sühne zu leisten, bieten wir dir jene Genugtuung an, die du selber einst am Kreuze dem Vater dargebracht hast und noch täglich auf den Altären erneuerst, in Vereinigung mit der Genugtuung deiner jungfräulichen Mutter, aller lieben Heiligen und frommen Christgläubigen.

(A) **Ernstlich geloben wir, die Sünden, die wir und andere begangen haben, sowie die Vernachlässigung deiner großen Liebe wieder gutzumachen durch Festigkeit im Glauben, Reinheit im Lebenswandel und vollkommene Beobachtung des Gesetzes deines Evangeliums, besonders des Gebotes der Liebe, soviel wir mit dem Beistand deiner Gnade vermögen.**

(V) Auch wollen wir uns nach Kräften bemühen, in Zukunft alle Beleidigungen von dir fernzuhalten und möglichst viele Menschem zu deiner Nachfolge zu bewegen.

(A) **Wir bitten dich, o gütigster Jesus, du wollest durch die Fürsprache der allerseligsten Jungfrau Maria diese unsere freiwillige Huldigung und Sühne wohlgefällig aufnehmen. Bewahre uns durch die große Gnade der Beharrlichkeit in der treuen Hingabe an deinen Dienst, bis wir endlich alle zu jenem**

Vaterlande gelangen, wo du mit dem Vater und dem Heiligen Geiste lebst und herrschest, Gott, von Ewigkeit zu Ewigkeit. Amen.
(HA 2008, Nr. 3, S. 50f)

6. Juni
Fest des hl. Norbert von Xanten
Besuch einer Kirche der Prämonstratenser

Ein vollkommener Ablass wird demjenigen Christgläubigen gewährt, der eine Kirche oder Hauskapelle der Prämonstratenser am Festtag des hl. Norbert von Xanten, des heiligen Gründers dieser Gemeinschaft, besucht und dort das Vaterunser und das Glaubensbekenntnis andächtig betet.

(vgl. HA 2008, Nr. 33, § 1, 7°, S. 81; EI 2004, Nr. 33, § 1, 7°, S. 76f)

Der hl. Norbert von Xanten (1082-1134), Subdiakon und Kanoniker in Xanten, ergab sich zunächst dem Hofleben des Kölner Erzbischofs und des Kaisers. 1115 begann er jedoch, durch einen Blitzschlag dem Tode nahe, ein Leben der Buße, des Gebetes und der Arbeit im Geist der kirchlichen Reform. Im Tal von Prémontré begann er 1120 mit seinen Schülern ein gemeinsames Leben; aus dieser Gemeinschaft ging der Prämonstratenserorden hervor. Als Bischof von Magdeburg starb der hl. Norbert im Jahre 1134; 1582 wurde er heiliggesprochen.
Gemäß seiner Devise sind die Prämonstratenser „zu jedem guten Werk bereit" (ad omne opus bonum parati). Sie verbinden liturgisch betontes Klosterleben mit Apostolat jeder Art. Häufig widmen sie sich der Pfarrseelsorge und dem Religionsunterricht. Prämonstraten-

serabteien, -priorate oder -stifte in Deutschland (von urpünglich 139) befinden sich in Duisburg-Hamborn, Magdeburg, Roggenburg, Speinshart und Windberg; in Österreich in Geras, Schlägl und Wilten/Innsbruck.
http://www.praemonstratenser.de, www.opraem.de
Um einen vollkommenen Ablass zu gewinnen, ist es außer den üblichen Bedingungen (Beichte, Kommunion, Gebet nach Meinung des Papstes) erforderlich, eine Kirche oder Kapelle der Prämonstratenser zu besuchen und dort das Vaterunser und das Glaubensbekenntnis zu sprechen.
Vater unser …
Ich glaube an Gott … *(S. 171)*

29. Juni
Hochfest der heiligen Apostel Petrus und Paulus
Benutzung eines vom Papst oder Bischof geweihten Andachtsgegenstandes

Ein vollkommener Ablass wird demjenigen Christgläubigen gewährt, der am Hochfest der heiligen Apostel Petrus und Paulus entsprechend der Ablass-Norm 15 einen Andachtsgegenstand, der vom Papst oder einem Bischof gesegnet ist, in frommer Gesinnung benutzt und das Glaubensbekenntnisses nach einer rechtmäßigen Formel anfügt.

(HA 2008, Nr. 14, S. 61; vgl. EI 2004, Nr. 14, S. 61)

„Segnen", von lateinisch „signum" (Zeichen) bedeutet, etwas mit dem Kreuz zu bezeichnen und durch Worte und/oder Auflegung der Hände göttliche Gnadengaben zuzusprechen (lateinisch „benedicere" = gut sprechen). Die Gläubigen können sich selbst segnen, indem sie sich bekreuzigen; ebenso können auch Eltern ihre Kinder

segnen. Eine besondere Segensvollmacht besitzen die Priester. Die größte Segensgewalt besitzen der Papst und die Bischöfe aufgrund ihrer Bischofskonsekration und ihrer hierarchischen Stellung.
Segnet der Papst oder ein Bischof einen Andachtsgegenstand, kann durch dessen Benutzung am Hochfest St. Peter und Paul unter den üblichen Bedingungen (Beichte, Kommunion, Gebet nach Meinung des Papstes) ein vollkommener Ablass gewonnen werden, wenn man das Glaubensbekenntnis betet.

① *Apostolisches Glaubensbekenntnis*

Ich glaube an Gott, den Vater, den Allmächtigen, den Schöpfer des Himmels und der Erde, und an Jesus Christus, seinen eingeborenen Sohn, unsern Herrn, empfangen durch den Heiligen Geist, geboren von der Jungfrau Maria, gelitten unter Pontius Pilatus, gekreuzigt, gestorben und begraben, hinabgestiegen in das Reich des Todes, am dritten Tage auferstanden von den Toten, aufgefahren in den Himmel; er sitzt zur Rechten Gottes, des allmächtigen Vaters; von dort wird er kommen, zu richten die Lebenden und die Toten.
Ich glaube an den Heiligen Geist, die heilige katholische Kirche, Gemeinschaft der Heiligen, Vergebung der Sünden, Auferstehung der Toten und das ewige Leben. Amen.

② *Großes Glaubensbekenntnis*

Wir glauben an den einen Gott, den Vater, den Allmächtigen, der alles geschaffen hat, Himmel und Erde, die sichtbare und die unsichtbare Welt.

Und an den einen Herrn Jesus Christus, Gottes eingeborenen Sohn, aus dem Vater geboren vor aller Zeit: Gott von Gott, Licht vom Licht, wahrer Gott vom wahren Gott, gezeugt, nicht geschaffen, eines Wesens mit dem Vater; durch ihn ist alles geschaffen. Für uns Menschen und zu unserem Heil ist er vom Himmel gekommen, hat Fleisch angenommen durch den Heiligen Geist von der Jungfrau Maria und ist Mensch geworden. Er wurde für uns gekreuzigt unter Pontius Pilatus, hat gelitten und ist begraben worden, ist am dritten Tage auferstanden nach der Schrift und aufgefahren in den Himmel. Er sitzt zur Rechten des Vaters und wird wiederkommen in Herrlichkeit, zu richten die Lebenden und die Toten; seiner Herrschaft wird kein Ende sein.
Wir glauben an den Heiligen Geist, der Herr ist und lebendig macht, der aus dem Vater und dem Sohn hervorgeht, der mit dem Vater und dem Sohn angebetet und verherrlicht wird, der gesprochen hat durch die Propheten, und die eine, heilige, katholische und apostolische Kirche. Wir bekennen die eine Taufe zur Vergebung der Sünden. Wir erwarten die Auferstehung der Toten und das Leben der kommenden Welt. Amen.

③ *Symbolum Apostolicum*

Credo in Deum Patrem omnipotentem, Creatorem cæli et terræ,
et in Iesum Christum, Filium Eius unicum, Dominum nostrum, qui conceptus est de Spiritu Sancto, natus ex Maria Virgine, passus sub Pontio Pilato, crucifixus, mortuus, et sepultus, descendit ad inferos, tertia die resurrexit a mortuis,
ascendit ad cælos, sedet ad dexteram Dei Patris om-

nipotentis, inde venturus est iudicare vivos et mortuos.
Credo in Spiritum Sanctum, sanctam Ecclesiam catholicam, sanctorum communionem,
remissionem peccatorum, carnis resurrectionem,
vitam æternam. Amen.

④ *Symbolum Nicaeno-Constantinopolitanum*

Credo in unum Deum, Patrem omnipotentem, factorem cæli et terræ, visibilium omnium et invisibilium.
Et in unum Dominum Jesum Christum, Filium Dei unigenitum, et ex Patre natum ante omnia sæcula. Deum de Deo, lumen de lumine, Deum verum de Deo vero, genitum non factum, consubstantialem Patri: per quem omnia facta sunt. Qui propter nos homines et propter nostram salutem descendit de cælis. Et incarnatus est de Spiritu Sancto ex Maria Virgine, et homo factus est. Crucifixus etiam pro nobis sub Pontio Pilato; passus et sepultus est, et resurrexit tertia die secundum Scripturas, et ascendit in cælum, sedet ad dexteram Patris. Et iterum venturus est cum gloria, iudicare vivos et mortuos, cuius regni non erit finis.
Et in Spiritum Sanctum, Dominum et vivificantem: qui ex Patre Filioque procedit. Qui cum Patre et Filio simul adoratur et conglorificatur: qui locutus est per prophetas. Et unam, sanctam, catholicam et apostolicam Ecclesiam. Confiteor unam baptisma in remissionem peccatorum. Et exspecto resurrectionem mortuorum, et vitam venturi sæculi. Amen.

29. Juni
Besuch einer Kathedrale (Bischofskirche)

Ein vollkommener Ablass wird demjenigen Christgläubigen gewährt, der eine Kathedrale am Hochfest der heiligen Apostel Petrus und Paulus besucht und dort das Vaterunser und das Glaubensbekenntnis andächtig betet.

(vgl. HA 2008, Nr. 33, § 1, 3°a, S. 80; EI 2004, Nr. 33, § 1, 3°a, S. 76f)

Die Kathedrale ist die Kirche des (Erz-)Bischofs einer (Erz-)Diözese und damit Haupt und Mutter aller anderen Kirchen des (Erz-)Bistums. Sie wird in feierlichem Ritus geweiht (c. 1217, § 2 CIC). Hier ergreift der neuernannte Bischof mit einem liturgischen Ritus, bei dem Klerus und Volk anwesend sind, von seinem Bistum kanonisch Besitz (c. 382, § 4 CIC). Hier feiert der Bischof – vor allem an gebotenen Feiertagen und bei anderen feierlichen Anlässen – die Eucharistie (c. 389 CIC). Hier befindet sich auch der Lehrstuhl des Bischofs (die „Kathedra"), und es werden wichtige Pontifikalhandlungen wie z.B. Priesterweihen zelebriert. In der Kathedrale werden am Gründonnerstag die heiligen Öle (Chrisam, Katechumenenöl, Krankenöl) geweiht, die dann im gesamten Bistum gebraucht werden. Hier finden schließlich auch die Exequien für den verstorbenen Diözesanbischof und seine Beisetzung statt (cc. 1178, 1242 CIC).

Um einen vollkommenen Ablass zu gewinnen, ist es außer den üblichen Bedingungen (Beichte, Kommunion, Gebet nach Meinung des Papstes) erforderlich, an einem der genannten Tage eine Kathedrale zu besuchen und dort andächtig das Vaterunser und das Glaubensbekenntnis zu sprechen.

Vater unser …

Ich glaube an Gott … *(S. 171)*

11. Juli
Fest des hl. Benedikt von Nursia
Besuch einer Kirche der Benediktiner

Ein vollkommener Ablass wird demjenigen Christgläubigen gewährt, der eine Kirche oder Hauskapelle der Benediktiner am Festtag des hl. Benedikt von Nursia, des heiligen Gründers dieser Gemeinschaft, besucht und dort das Vaterunser und das Glaubensbekenntnis andächtig betet.

(vgl. HA 2008, Nr. 33, § 1, 7°, S. 81; EI 2004, Nr. 33, § 1, 7°, S. 76f)

Der hl. Benedikt von Nursia (480-547) kam zum Studium nach Rom, entfloh aber bald dem sittenlosen Treiben der Stadt und lebte drei Jahre als Einsiedler in einer Höhle bei Subiaco. In der Nähe gründete er zwölf kleinere Klöster. 529 siedelte er nach Monte Cassino über, wo er seine Ordensregel (Benediktregel) niederschrieb und das daraufhin zu einem Zentrum des Mönchtums und der religiösen Kultur wurde (»ora et labora« – »bete und arbeite«).

Der Benediktinerorden ist der älteste heute noch bestehende abendländische Mönchsorden. Die Benediktiner pflegen die Liturgie und das monastische Leben und übernehmen Aufgaben in den verschiedenen Bereichen der Pastoral und der Mission. Die benediktinische Konföderation ist der Zusammenschluss von 21 eigenständigen männlichen und 41 weiblichen Kongregationen

mit etwa 9.000 Mönchen, 7.500 klausurierten Nonnen und 10.500 Schwestern.
In Deutschland gibt es Benediktinerabteien bzw. –priorate der Bayerischen Benediktiner-Konföderation (Augsburg, Ettal, Metten, München mit Priorat Andechs, Niederaltaich, Ottobeuren, Plankstetten, Rohr, Schäftlarn, Scheyern und Weltenburg), der Beuroner Benediktiner-Konföderation (Beuron, Gerleve, Heidelberg-Neuburg, Maria Laach, Neresheim, Travenbrück-Nütschau und Tholey), der Kongregation von St. Ottilien (St. Ottilien, Hannover, Meschede, Münsterschwarzach, Ockenheim-Jakobsberg, Vilshofen-Schweikelberg), der Sublacenser Kongregation (Kornelimünster) und der Kongregation von der Verkündigung Mariens (Trier, Huysburg).
http://www.benediktiner.de/
Deutsche Benediktinerinnenabteien (bzw. Klöster) sind in Alexanderdorf, Bonn, Dießen, Dinklage, Eibingen, Eichstätt, Engelthal, Frauenwörth, Freiburg-Günterstal, Fulda, Grefrath, Hamicolt, Herstelle, Kellenried, Kirchschletten, Köln, Kreitz, Marienberg, Mariendonk, Marienrode, München, Ortenburg, Osnabrück, Tettenweis, Trier-Kürenz, Tutzing, Varensell und Wald.
http://www.benediktinerinnen.de/
Um einen vollkommenen Ablass zu gewinnen, ist es außer den üblichen Bedingungen (Beichte, Kommunion, Gebet nach Meinung des Papstes) erforderlich, eine Kirche oder Kapelle der Benediktinerinnen oder Benediktiner zu besuchen und dort das Vaterunser und das Glaubensbekenntnis zu sprechen.
Vater unser …
Ich glaube an Gott … *(S. 171)*

14. Juli
Fest des hl. Kamillus von Lellis
Besuch einer Kirche der Kamillianer

Ein vollkommener Ablass wird demjenigen Christgläubigen gewährt, der eine Kirche oder Hauskapelle der Kamillianer am Festtag des hl. Kamillus von Lellis, des heiligen Gründers dieser Gemeinschaft, besucht und dort das Vaterunser und das Glaubensbekenntnis andächtig betet.

(vgl. HA 2008, Nr. 33, § 1, 7°, S. 81; EI 2004, Nr. 33, § 1, 7°, S. 76f)

Der hl. Kamillus von Lellis (1550-1614), früh verwaist und ohne ausreichende Erziehung, war zunächst Soldat in den Türkenkriegen. Nachdem er Hab und Gut verspielt hatte, erlebte er 1575 als Handlanger beim Bau eines Kapuzinerklosters seine Bekehrung. Als Krankenwärter und Spitalmeister reifte er unter der Führung des hl. Philipp Neri und wurde 1584 zum Priester geweiht. Die von ihm 1582 gegründete Gemeinschaft der Krankenpfleger entwickelte sich zum Orden der Kamillianer. 1742 wurde er selig-, 1746 heiliggesprochen. Seine Devise lautete: „Ein gutes Bett ist das wichtigste in der Sorge für die Kranken. Denn das Bett ist der Altar, auf dem der Kranke Gott das Opfer des eigenen Leidens darbringt." 1886 wurde er zum Patron der Kranken und Spitäler und 1930 zum Patron der Krankenpflege ernannt.

Die etwa 1.147 Kamillianer, von denen 670 Priester sind (Stand 2020; abgekürzt: OSC oder OSCam = Ordo Sancti Camilli oder MI = Ministrantium Infirmis) widmen sich den geistlichen und leiblichen Werken der Barmherzigkeit, besonders an den Kranken und Ster-

benden. Zunächst für Seelsorge und Pflege der Kranken eingesetzt, erfolgte eine Beschränkung auf die Krankenseelsorge, vor allem in der Todesstunde (»Väter vom guten Tode«). Heute widmen sich die Kamillianer vor allem der Seelsorge, Pflege und Heilung in den Krankenhäusern und Altersheimen. Das deutsche Provinzialat ist in Essen-Heidhausen beheimatet; weitere Niederlassungen sind in Neuß und Mönchengladbach. Kamillianerinnen wirken in Asbach/Westerwald.
http://www.doncamillo.de/
http://www.camilliani.org/
http://www.kamillus.org/
Um einen vollkommenen Ablass zu gewinnen, ist es außer den üblichen Bedingungen (Beichte, Kommunion, Gebet nach Meinung des Papstes) erforderlich, eine Kirche oder Kapelle der Kamillianerinnen oder Kamillianer zu besuchen und dort das Vaterunser und das Glaubensbekenntnis zu sprechen.
Vater unser …
Ich glaube an Gott … *(S. 171)*

23. Juli
Fest der hl. Birgitta von Schweden
Besuch einer Kirche des Birgittenordens

Ein vollkommener Ablass wird demjenigen Christgläubigen gewährt, der eine Kirche oder Hauskapelle des Birgittenordens am Festtag der hl. Birgitta von Schweden, der heiligen Gründerin dieser Gemeinschaft, besucht und dort das Vaterunser und das Glaubensbekenntnis andächtig betet.

(vgl. HA 2008, Nr. 33, § 1, 7°, S. 81; EI 2004, Nr. 33, § 1, 7°, S. 76f)

Die hl. Birgitta von Schweden (1302/03-1373) wurde im Alter von 14 Jahren mit dem 18-jährigen Adelsmann Ulf Gudmarsson vermählt; der glücklichen Ehe entstammten acht Kinder, u.a. die hl. Katharina von Schweden. 1341-1343 unternahm das Ehepaar eine Pilgerreise nach Santiago di Compostela. Ulf zog sich danach in ein Zisterzienserkloster zurück und starb 1344. Birgitta nahm darauf in einer Vision den Ruf Gottes wahr, seine Braut und Mittlerin zu sein. Birgitta gründete den Birgittenorden und verbrachte die letzten 24 Jahre ihres Lebens in Rom, wo sie auch starb; zuvor unternahm sie eine Pilgerreise in das Heilige Land. 1391 wurde sie heiliggesprochen und 1999 vom hl. Papst Johannes Paul II. zur Mitpatronin Europas erklärt.

Die Ordensregel betont besonders die Verehrung der Gottesmutter. Das Kloster sollte aus einem Mönchs- und einem Nonnenkonvent bestehen. Die meisten Klöster gingen zur Zeit der Glaubensspaltung zugrunde. Im Jahr 2018 wurde das letzte in Deutschland noch existierende Kloster in Altomünster (gegr. 1496) aufgelöst.

Um einen vollkommenen Ablass zu gewinnen, ist es außer den üblichen Bedingungen (Beichte, Kommunion, Gebet nach Meinung des Papstes) erforderlich, eine Kirche oder Kapelle des Birgittenordens zu besuchen und dort das Vaterunser und das Glaubensbekenntnis zu sprechen.

Vater unser …

Ich glaube an Gott … *(S. 171)*

31. Juli
Fest des hl. Ignatius von Loyola
Besuch einer Kirche der Jesuiten

Ein vollkommener Ablass wird demjenigen Christgläubigen gewährt, der eine Kirche oder Hauskapelle der Jesuiten am Festtag des hl. Ignatius von Loyola, des heiligen Gründers dieser Gemeinschaft, besucht und dort das Vaterunser und das Glaubensbekenntnis andächtig betet.

(vgl. HA 2008, Nr. 33, § 1, 7°, S. 81; EI 2004, Nr. 33, § 1, 7°, S. 76f)

Der hl. Ignatius von Loyola (1491-1556) war Offizier und wurde 1521 verwundet. Durch geistliche Schriftlesung bewegt, wandte er sich dem frommen Leben zu. Nach Studium in Paris und Venedig wurde er 1537 Priester und ließ sich in Rom nieder. 1539 gründete er den Jesuitenorden. 1622 wurde er heiliggesprochen. Seine ignatianischen Exerzitien (Geistliche Übungen), die dazu führen sollen, endgültig über das Leben zu entscheiden und Gott in der sichtbaren Kirche dienen zu wollen, sind von bleibender Bedeutung (vgl. S. 254f).
Die Gesellschaft Jesu (Societas Iesu, SJ, Jesuiten), 1540 gegründet, 1773 aufgehoben und 1814 wiedererrichtet mit heute etwa 26.000 Jesuiten – auch Papst Franziskus (pp. 2013-2025) war Jesuit –, hat zusätzlich zu den drei Gelübden (Armut, Gehorsam, Keuschheit) das Gelübde, direkt dem Papst unterstellt zu sein. Ziel der Jesuiten ist die Ausbreitung des Glaubens durch Predigt, Exerzitien, schriftstellerische Tätigkeit, Mission, Seelsorge, karitative Werke, christliche Unterweisung der Jugend und Beichthören. Die Zentraleuropäische Provinz hat ihren Sitz in München. Weitere Niederlassungen sind in Ber-

lin, Bonn-Bad Godesberg, Bühl, Dresden, Frankfurt am Main, Göttingen, Gries (Wilhelmsthal), Hamburg, Hochelten (Emmerich), Köln, Ludwigshafen/Mannheim, Nürnberg und St. Blasien.
http://www.jesuiten.org/
Um einen vollkommenen Ablass zu gewinnen, ist es außer den üblichen Bedingungen (Beichte, Kommunion, Gebet nach Meinung des Papstes) erforderlich, eine Kirche oder Kapelle der Jesuiten zu besuchen und dort das Vaterunser und das Glaubensbekenntnis zu sprechen.
Vater unser …
Ich glaube an Gott … *(S. 171)*

1. August
Fest des hl. Alfons Maria von Liguori
Besuch einer Kirche der Redemptoristen

Ein vollkommener Ablass wird demjenigen Christgläubigen gewährt, der eine Kirche oder Hauskapelle der Redemptoristen am Festtag des hl. Alfons Maria von Liguori, des heiligen Gründers dieser Gemeinschaft, besucht und dort das Vaterunser und das Glaubensbekenntnis andächtig betet.

(vgl. HA 2008, Nr. 33, § 1, 7°, S. 81; EI 2004, Nr. 33, § 1, 7°, S. 76f)

Der hl. Alfons Maria von Liguori (1696-1787) war bereits 16-jährig Doktor beider Rechte. Mit 30 Jahren wurde er Priester und gründete bald die Kongregation des Allerheiligsten Erlösers (CSsR, Redemptoristen). Seine Moraltheologie wurde zum Standardwerk (70 Auflagen), der für Beichtväter verfasste »Homo Apostolicus« erreichte 118 Auflagen. Im Jahre 1762 wurde er

Bischof. Er starb 90-jährig und wurde in Pagani beigesetzt. 1839 wurde er heiliggesprochen, 1871 zum Kirchenlehrer erhoben und 1950 zum Patron der Beichtväter und Moraltheologen erklärt.
Die Redemptoristen widmeten sich den „am meisten verlassenen Seelen", vor allem der armen, damals seelsorglich verlassenen Landbevölkerung, getreu der Intention des Gründers, „den Armen die Frohe Botschaft zu verkünden". Heutige Aufgaben sind die Volksmission, Exerzitien, Beicht- und Gesprächsseelsorge, Predigt, Jugendarbeit und Fortbildung. Im deutschsprachigen Raum gibt es Ordenshäuser in Attnang-Puchheim, Baden/CH, Bochum, Bonn, Bottrop, Cham, Eggenburg, Gars am Inn, Heiligenstadt, Köln, Mautern, München, Odense/DK, Salzgitter, Schönenberg, Trier und Wien.
https://www.redemptoristen.com/
https://www.stclemens.org/
Um einen vollkommenen Ablass zu gewinnen, ist es außer den üblichen Bedingungen (Beichte, Kommunion, Gebet nach Meinung des Papstes) erforderlich, eine Kirche oder Kapelle der Redemptoristen zu besuchen und dort das Vaterunser und das Glaubensbekenntnis zu sprechen.
Vater unser …
Ich glaube an Gott … *(S. 171)*

2. August
(oder darauffolgender Sonntag)
Portiuncula-Ablass

Ein vollkommener Ablass wird demjenigen Christgläubigen gewährt, der am 2. August, an dem der Portiuncula-Ablass angeboten wird, oder am Sonntag darauf
(a) eine Kathedrale oder Konkathedrale
(b) eine päpstliche Basilika (Basilica minor) oder
(c) eine Pfarrkirche oder Quasi-Pfarrkirche
besucht und dort das Vaterunser und das Glaubensbekenntnis andächtig betet.

(vgl. HA 2008, Nr. 33, § 1,2°c,3°e,5°b, S. 79f; EI 2004, Nr. 33, § 1,2°c,3°e,5°b, S. 76f)

Unterhalb von Assisi befindet sich die päpstliche Basilika »Santa Maria degli Angeli«. Unter ihrer Kuppel steht die Portiunculakapelle, ein kleines Marienkirchlein. Der Überlieferung nach soll sie im 4. Jahrhundert von Pilgern, die vom Heiligen Land zurückkehrten, erbaut und der Gottesmutter geweiht worden sein. Weil man hier Engelsgesang zu hören glaubte, erhielt die Kapelle den Namen Santa Maria degli Angeli, heilige Maria von den Engeln.

Dort erkannte der heilige Franziskus von Assisi (1181/82-1226) seine Berufung, die „Kirche wieder aufzubauen“ (vgl. 4. Oktober, S. 191-193). Nachdem er dies zunächst wortwörtlich verstanden und das verfallene Kirchlein restauriert hatte, erbat er dieses »Teilchen, Erbteilchen« (=Portiuncula) von den Benediktinern auf dem Monte Subasio. Portiuncula wurde die Lieblingskirche des hl. Franz; das Haus nebenan wurde Stamm-

Portiuncula-Kapelle, Assisi

kloster des Franziskanerordens; hier gab er im Jahre 1212 Klara von Assisi (vgl. 11. August, S. 188f) das Ordenskleid, hier empfing er 1216 in einer Vision das große Gnadenprivileg des Portiuncula-Ablasses, hier starb er 1226.
Nach der Überlieferung soll der hl. Franz den jährlichen Portiuncula-Ablass von Papst Honorius III. erbeten haben. Seit Ende des 14. Jahrhunderts wurde das Ablassprivileg auch anderen Franziskanerkirchen gewährt, seit 1910 auch den Dom- und Pfarrkirchen zugestanden.
Um einen vollkommenen Ablass zu gewinnen, ist es außer den üblichen Bedingungen (Beichte, Kommunion, Gebet nach Meinung des Papstes) erforderlich, eine Kathedrale (Bischofskirche) oder eine päpstliche Basilika oder eine Pfarrkirche oder Filialkirche oder eine Ordenskirche der franziskanischen Ordensfamilien am 2. August oder am darauffolgenden Sonntag (oder am Samstag ab 12 Uhr) aufzusuchen und dort das Vaterunser und das Glaubensbekenntnis zu sprechen.
Vater unser …
Ich glaube an Gott … *(S. 171)*

2. August
Fest des hl. Peter Julian Eymard
Besuch einer Kirche der Eucharistiner

Ein vollkommener Ablass wird demjenigen Christgläubigen gewährt, der eine Kirche oder Hauskapelle der Eucharistiner am Festtag des hl. Peter Julian Eymard, des heiligen Gründers dieser Gemeinschaft, besucht und dort das Vaterunser und das Glaubensbekenntnis andächtig betet.

(vgl. HA 2008, Nr. 33, § 1, 7°, S. 81; EI 2004, Nr. 33, § 1, 7°, S. 76f)

Der hl. Pierre-Julien Eymard (1811-1868) gründete 1856 zu Paris die Kongregation der Eucharistiner und die Dienerinnen des Allerheiligsten Altarssakraments.
Die Eucharistiner sind eine Kongregation päpstlichen Rechtes zur Verherrlichung der heiligsten Eucharistie durch persönliche Anbetung und Chorgebet vor ausgesetztem Allerheiligsten sowie durch Messopfererziehung, Förderung der häufigen Kommunion und eucharistischen Anbetung. Niederlassungen im deutschsprachigen Raum sind in Bozen, Düren, Kerkrade, Meran und Wien.
https://www.ssscongregatio.org/
Um einen vollkommenen Ablass zu gewinnen, ist es außer den üblichen Bedingungen (Beichte, Kommunion, Gebet nach Meinung des Papstes) erforderlich, eine Kirche oder Kapelle der Eucharistiner zu besuchen und dort das Vaterunser und das Glaubensbekenntnis zu sprechen.
Vater unser …
Ich glaube an Gott … *(S. 171)*

8. August
Fest des hl. Dominikus
Besuch einer Kirche der Dominikaner

Ein vollkommener Ablass wird demjenigen Christgläubigen gewährt, der eine Kirche oder Hauskapelle der Dominikaner am Festtag des hl. Dominikus, des heiligen Gründers dieser Gemeinschaft, besucht und dort das Vaterunser und das Glaubensbekenntnis andächtig betet.

(vgl. HA 2008, Nr. 33, § 1, 7°, S. 81; EI 2004, Nr. 33, § 1, 7°, S. 76f)

Der hl. Dominikus (1175-1221) wurde in Kastilien geboren. Als Domkapitular von Osma lernte er auf Reisen die Gefahr der Irrlehrer (Waldenser, Albigenser) kennen, der er daraufhin als armer Wanderprediger wehren wollte. Er gründete eine Gemeinschaft von Predigern, um dem Heil der Seelen durch religiöse Unterweisung des Volkes und Bekehrung der Häretiker zu dienen. Als erster Ordensgründer schrieb er ein grundsätzliches, systematisches Studium vor. Dominikus wurde 1234 heiliggesprochen.

Der Dominikanerorden (OP, Ordo fratrum Praedicatorum, Orden der Predigerbrüder), 1215 gegründet, hat das Ziel, in evangeliumsgemäßer Armut und Einfachheit zu predigen und durch systematische Verkündigung und Verteidigung der katholischen Wahrheit dem Heil der Seelen zu dienen. Zu den Tätigkeiten der ca. 6.000 Dominikaner, 3.000 Nonnen und über 30.000 tätigen Schwestern des dritten Ordens gehören Glaubensverkündigung, Wissenschaft, Publizistik, Erwachsenenbildung, beratende Seelsorge, Jugendseelsorge, Unterricht, Behindertenseelsorge, Arbeiterseelsorge, Exerzitien und Mission. Zur Dominikanerprovinz des Hl. Al-

bert in Deutschland und Österreich gehören die Niederlassungen in Augsburg, Berlin, Braunschweig, Düsseldorf, Freiburg/Br., Hamburg, Klausen, Köln, Leipzig, Mainz, München, Regensburg, Vechta, Wien und Worms sowie die Häuser in Sopron/HU und Debrecen/HU.
https://dominikaner.eu, http://www.op.org
Klöster der Dominikanerinnen im deutschsprachigen Raum sind in Angermund, Arenberg, Augsburg, Bad Wörishofen, Bamberg, Bregenz, Cazis, Donauwörth, Feldkirch, Ilanz, Konstanz, Landsberg, Lienz, Neustadt a.M., Regensburg, Roding, Schlehdorf, Schwyz, Speyer, St. Niklausen, Waldniel, Weesen, Wettenhausen, Wien und Wihl. https://www.dominikanerinnen.net/
Um einen vollkommenen Ablass zu gewinnen, ist es außer den üblichen Bedingungen (Beichte, Kommunion, Gebet nach Meinung des Papstes) erforderlich, eine Kirche oder Kapelle der Dominikanerinnen oder Dominikaner zu besuchen und dort das Vaterunser und das Glaubensbekenntnis zu sprechen.
Vater unser …
Ich glaube an Gott … *(S. 171)*

11. August
Fest der hl. Klara
Besuch einer Kirche der Klarissen

Ein vollkommener Ablass wird demjenigen Christgläubigen gewährt, der eine Kirche oder Hauskapelle der Klarissen am Festtag der hl. Klara von Assisi, der heiligen Gründerin dieser Gemeinschaft, besucht und dort das Vaterunser und das Glaubensbekenntnis andächtig betet.

(vgl. HA 2008, Nr. 33, § 1, 7°, S. 81; EI 2004, Nr. 33, § 1, 7°, S. 76f)

Die hl. Klara von Assisi (1194-1253) floh, nachdem sie vom hl. Franz von Assisi für das Armutsideal gewonnen wurde, mit 18 Jahren aus dem Elternhaus. In der Portiunculakirche (vgl. 2. August, S. 183-185) wurde sie von ihm eingekleidet und fand in San Damiano mit ihrer Schwester Agnes und später auch mit ihrer Mutter Hortulana und ihrer Schwester Beatrix ihre Bleibe. Ihr Gebet zum Allerheiligsten Sakrament befreite Assisi von den Sarazenen. Schon zu Lebzeiten heilte sie viele Kranke. 1255 wurde sie heiliggesprochen.
Der Klarissenorden ist der zweite Orden des hl. Franz (vgl. 4. Oktober, S. 191-193); er gründete ihn gemeinsam mit der hl. Klara in Portiuncula. Es handelt sich um einen beschaulichen, strengen Orden.
Klarissen haben Niederlassungen in Bocholt, Dingolfing, Kevelaer, Maria Vesperbild (Ziemetshausen), Münster und Salzkotten.
Klarissen-Kapuzinerinnen gibt es in Gengenbach, Waldfeucht und Xanten; Klarissen-Kapuzinerinnen von der ewigen Anbetung sind in Koblenz-Pfaffendorf und Mainz.
https://www.orden.de/ordensgemeinschaften
Um einen vollkommenen Ablass zu gewinnen, ist es außer den üblichen Bedingungen (Beichte, Kommunion, Gebet nach Meinung des Papstes) erforderlich, eine Kirche oder Kapelle der Klarissen zu besuchen und dort das Vaterunser und das Glaubensbekenntnis zu sprechen.
Vater unser …
Ich glaube an Gott … *(S. 171)*

27. September
Fest des hl. Vinzenz von Paul
Besuch einer Kirche der Vinzentiner oder der Barmherzigen Schwestern

Ein vollkommener Ablass wird demjenigen Christgläubigen gewährt, der eine Kirche oder Hauskapelle der Vinzentiner oder der Barmherzigen Schwestern am Festtag des hl. Vinzenz von Paul, des heiligen Gründers dieser Gemeinschaften, besucht und dort das Vaterunser und das Glaubensbekenntnis andächtig betet.

(vgl. HA 2008, Nr. 33, § 1, 7°, S. 81; EI 2004, Nr. 33, § 1, 7°, S. 76f)

Der hl. Vinzenz von Paul (1581-1660) weihte sein Leben den Armen und gründete 1625 die Congregatio Missionis (CM, Lazaristen oder Vinzentiner). Maßgeblich war er an der Errichtung von Priesterseminaren beteiligt und organisierte Exerzitien für Priester und Laien. Seine größte Gründung waren 1633 die Filles de la Charité (Vinzentinerinnen), die er gemeinsam mit der hl. Louise von Marillac (1591-1660) ins Leben rief.
Das Provinzialat der Vinzentiner befindet sich in Köln mit Niederlassungen in Lippstadt, Niederprüm und Trier. Häuser der Vinzentinerinnen befinden sich in Aachen, Bonn, Köln, Mönchengladbach und Speyer. Die Barmherzigen Schwestern vom hl. Vinzenz von Paul mit ihrem Mutterhaus in München haben zahlreiche Niederlassungen. Die Genossenschaft der Töchter der christlichen Liebe vom heiligen Vinzenz von Paul hat im deutschen Sprachraum zwei Provinzen (Köln und Graz) mit vielen Häusern.
https://die-vinzentiner.de/, https://vinzentinerinnen.de/
https://www.barmherzige.net/

Um einen vollkommenen Ablass zu gewinnen, ist es außer den üblichen Bedingungen (Beichte, Kommunion, Gebet nach Meinung des Papstes) erforderlich, eine Kirche oder Kapelle der Vinzentinerinnen (Barmherzigen Schwestern) oder Vinzentiner zu besuchen und dort das Vaterunser und das Glaubensbekenntnis zu sprechen.

Vater unser …

Ich glaube an Gott … *(S. 171)*

4. Oktober
Fest des hl. Franziskus von Assisi
Besuch einer Kirche der Franziskaner, Klarissen oder Franziskanerinnen

Ein vollkommener Ablass wird demjenigen Christgläubigen gewährt, der eine Kirche oder Hauskapelle der Franziskaner, Klarissen oder Franziskanerinnen am Festtag des hl. Franz, des heiligen Gründers dieser Gemeinschaften, besucht und dort das Vaterunser und das Glaubensbekenntnis andächtig betet.

(vgl. HA 2008, Nr. 33, § 1, 7°, S. 81; EI 2004, Nr. 33, § 1, 7°, S. 76f)

Der hl. Franziskus von Assisi (1181/82-1226) verließ im Alter von 25 Jahren das reiche Elternhaus Bernardone, wurde enterbt und lebte in radikaler Weise die Armut und das Evangelium. Sein Beispiel entflammte andere, ihm zu folgen. Die ersten Brüder nannten sich Minderbrüder, durften predigen und wohnten in Portiuncula (vgl. 2. August, S. 183-185). Rasch wuchs die Gemeinschaft und leitete eine vom Evangelium geprägte Erneuerungsbewegung ein. Zwei Jahre vor seinem Tod empfing der Diakon Franziskus die Wundmale Christi (Stig-

matisation). Er starb, nachdem auf seinen Wunsch hin die Leidensgeschichte Christi (Passion) gelesen wurde, entkleidet wie bei der Enterbung auf nacktem Boden. 1228 wurde er heiliggesprochen.
Zu den ***Franziskanern*** *gehören im weiteren Sinne alle Orden und Genossenschaften, die sich an Franziskus oder seine Ordensregel anlehnen; im engeren Sinne zählen dazu die* ***Minderbrüder*** *(OFM), die* ***Konventualen*** *(OFMConv) und die* ***Kapuziner*** *(OFMCap). Die Ordensideale sind die Befolgung der Evangelischen (= dem Evangelium gemäßen) Räte (d.h. Ratschläge: Armut, Keuschheit, Gehorsam), besonders die Armut des Einzelnen und der Gemeinschaft sowie die Selbstheiligung, das Apostolat der Arbeit und die Predigt unter den Gläubigen und Ungläubigen. Viele bedeutende Wissenschaftler stammen aus dem Orden.*
Die ***Klarissen*** *(vom hl. Franz gemeinsam mit der hl. Klara gegründet; vgl. 11. August, S. 188f) sind ein strenger, beschaulicher Orden. Die* ***Franziskanerinnen*** *leben nach der Drittordensregel des hl. Franziskus.*
Niederlassungen der ***Franziskaner (OFM)*** *befinden sich in Berlin-Pankow, Bonn, Dietfurt, Dorsten, Dortmund, Düsseldorf, Essen, Fulda, Füssen, Garmisch-Partenkirchen, Großkrotzenburg, Halle, Hamburg, Hülfensberg, Kreuzberg in der Rhön, Mannheim, Marienthal im Rheingau, Mönchengladbach, Mühlen, München (Provinzialat), Ohrbeck/Georgsmarienhütte, Paderborn, Vierzehnheiligen, Vossenack und Wangen im Allgäu.*
https://franziskaner.net/
Die ***Konventualen (OFMConv) oder Franziskaner-Minoriten (OMinConv)*** *sind in Köln, Lage, Maria Eck, Schönau, Schwarzenberg und Würzburg (Provinzialat).*
https://www.kloster-mariaeck.de/provinz/

*Die **Kapuziner (OFMCap)** haben Niederlassungen in Altötting, Clemenswerth, Eberswalde, Frankfurt, München (Provinzialat), Münster, Werne und Zell am Harmersbach.*
http://www.kapuziner.de/
*Niederlassungen der **Klarissen** sind in Bocholt, Dingolfing, Kevelaer, Maria Vesperbild (Ziemetshausen), Münster und Salzkotten. **Klarissen-Kapuzinerinnen** gibt es in Gengenbach, Waldfeucht und Xanten; **Klarissen-Kapuzinerinnen** von der Ewigen Anbetung sind in Koblenz-Pfaffendorf und Mainz.*
https://www.orden.de/ordensgemeinschaften/
*Zu den **Franziskanerinnen** des Dritten Ordens, gehören in Deutschland ca. 70 franziskanische Frauengemeinschaften mit ihren Mutterhäusern und zahllosen Niederlassungen.*
https://de.wikipedia.org/wiki/Franziskanerinnen
Um einen vollkommenen Ablass zu gewinnen, ist es außer den üblichen Bedingungen (Beichte, Kommunion, Gebet nach Meinung des Papstes) erforderlich, eine Kirche oder Kapelle der Franziskaner, Konventualen, Kapuziner, Klarissen oder Franziskanerinnen zu besuchen und dort das Vaterunser und das Glaubensbekenntnis zu sprechen.
Vater unser …
Ich glaube an Gott … *(S. 171)*

6. Oktober
Fest des hl. Bruno
Besuch einer Kirche der Kartäuser

Ein vollkommener Ablass wird demjenigen Christgläubigen gewährt, der eine Kirche oder Hauskapelle der Kartäuser am Festtag des hl. Eremiten Bruno, des heiligen Gründers dieser Gemeinschaft, besucht und dort das Vaterunser und das Glaubensbekenntnis andächtig betet.

(vgl. HA 2008, Nr. 33, § 1, 7°, S. 81; EI 2004, Nr. 33, § 1, 7°, S. 76f)

Der hl. Bruno (1030/35-1101) stammte aus Köln, wo er Kanonikus an St. Kunibert war, bevor er Leiter der Domschule in Reims wurde. In der Einsamkeit von Cartusia (Chartreuse bei Grenoble) gründete er mit sechs gleichgesinnten Freunden eine Eremitensiedlung. Dies war die erste »Kartause« und der Anfang des Kartäuserordens, des einzigen Ordens der katholischen Kirche, der nie reformiert werden musste.

Das Leben der Kartäuser ist vorwiegend vom Eremitendasein (Einsamkeit und Schweigen) bestimmt. Eremiten üben keine Seelsorgstätigkeiten aus. Sie leben alleine in kleinen Häuschen, die jeweils einen kleinen Garten haben. Die Häuschen sind durch den Kreuzgang miteinander verbunden. Gemeinsam ist den Mönchen (bzw. den Nonnen) die Kirche als Hauptgebäude mit anliegendem Kapitelsaal, das Refektorium (Speisesaal) und die Bibliothek. Durch die gleiche Regel (strenges Fasten, Abstinenz), den gemeinsamen Chorgesang und den an Sonn- und Festtagen gemeinsamen Tisch pflegen sie die Gemeinschaft im Orden. Eine Kartause der Mönche befindet sich in Bad Wurzach.

https://chartreux.org/moines/de/kloster/

Heute zählt der Orden 450 Mönche und Nonnen, die im Herzen der Kirche eine Gemeinschaft von Einsiedlern bilden. Heute gibt es 16 Häuser (Kartausen) der Mönche und fünf Häuser der Schwestern auf drei Erdteilen, alle ausschließlich kontemplativ ausgerichtet.
Um einen vollkommenen Ablass zu gewinnen, ist es außer den üblichen Bedingungen (Beichte, Kommunion, Gebet nach Meinung des Papstes) erforderlich, eine Kirche oder Kapelle der Kartäuser zu besuchen und dort das Vaterunser und das Glaubensbekenntnis zu sprechen.
Vater unser …
Ich glaube an Gott … *(S. 171)*

15. Oktober
Fest der hl. Theresia von Ávila
Besuch einer Kirche der Unbeschuhten Karmelitinnen oder Karmeliter

Ein vollkommener Ablass wird demjenigen Christgläubigen gewährt, der eine Kirche oder Hauskapelle der Unbeschuhten Karmelitinnen oder Karmeliter am Festtag der hl. Kirchenlehrerin Theresia von Ávila, der heiligen Gründerin dieser Gemeinschaften, besucht und dort das Vaterunser und das Glaubensbekenntnis andächtig betet.

(vgl. HA 2008, Nr. 33, § 1, 7°, S. 81; EI 2004, Nr. 33, § 1, 7°, S. 76f)

Die hl. Theresia von Ávila (1515-1582) fühlte sich nach der Lektüre der Briefe des hl. Hieronymus zum Ordensleben berufen und trat in das Karmelkloster von Ávila ein. Nach schweren Krankheiten und einer schrecklichen Vision der Hölle 1560 legte sie das Gelübde ab, immer das Vollkommenere zu tun. 1562 gründete sie mit päpstlicher Erlaubnis für ihre Barfüßerinnen den Konvent des hl. Joseph und daraufhin weitere siebzehn Frauenklöster sowie gemeinsam mit dem hl. Johannes vom Kreuz zwei Männerklöster der Unbeschuhten Karmeliten. Sie war eine begnadete Mystikerin; 1556 feierte sie in einer Vision ihre »geistliche Verlobung«, 1572 wurde ihr beim Empfang der hl. Eucharistie die Gnade der »geistlichen Ehe« zuteil. 1614 wurde Theresia selig- und 1622 (gemeinsam mit Ignatius von Loyola, Franz Xaver, Isidor und Philipp Neri) heiliggesprochen. 1970 wurde die Heilige zur Kirchenlehrerin erhoben.

Die ***Unbeschuhten Karmeliten (OCD, Ordo Carmelitarum Discalceatorum)*** *trennten sich 1593 völlig vom Stammorden der Karmeliten ab. Es handelt sich um einen beschaulichen Orden, dessen Mitglieder nach dem Vorbild ihres Vaters Elias und der Mutter Gottes in der Vereinigung mit Gott wachsen wollen.*

Der männliche Zweig (vgl. 14. Dezember, S. 206f) ist nicht an die Klosterklausur gebunden und kann daher vielfältige Seelsorgsaufgaben wahrnehmen. In Deutschland gibt es Klöster der Unbeschuhten Karmeliter in Birkenwerder, Essen, Hagen, München, Regensburg, Schwandorf, Siegburg und Würzburg.

Die ***Unbeschuhten Karmelitinnen*** *sind mit mehr als 41.000 Nonnen der größte beschauliche Orden der Welt. Die Lebensordnung der Gemeinschaft ist auf eine Atmosphäre der Stille und des Schweigens hingeordnet: Eucharistiefeier, zwei Stunden Meditation, gemeinsames Stundengebet, Arbeit für den Lebensunterhalt in den Werkstätten, Haus und Garten und eine gemeinsame Erholungsstunde sind wesentliche Elemente des Tages. Deutsche Niederlassungen gibt es in Aachen, Auderath, Berg, Berlin, Dachau, Düren, Essen, Hannover, Hauen-*

stein, Kirchzarten, Köln, Rödelmaier, Speyer, Vilsbiburg, Welden, Wemding, Witten und Würzburg.
https://www.karmelocd.de/gemeinschaften.html
http://www.carmelitaniscalzi.com/
Um einen vollkommenen Ablass zu gewinnen, ist es außer den üblichen Bedingungen (Beichte, Kommunion, Gebet nach Meinung des Papstes) erforderlich, eine Kirche oder Kapelle der Unbeschuhten Karmeliten oder Unbeschuhten Karmelitinnen zu besuchen und dort das Vaterunser und das Glaubensbekenntnis zu sprechen.
Vater unser …
Ich glaube an Gott … *(S. 171)*

19. Oktober Fest des hl. Paul vom Kreuz Besuch einer Kirche der Passionisten oder Passionistinnen

Ein vollkommener Ablass wird demjenigen Christgläubigen gewährt, der eine Kirche oder Hauskapelle der Passionisten oder Passionistinnen am Festtag des hl. Paul vom Kreuz, des heiligen Gründers dieser Gemeinschaften, besucht und dort das Vaterunser und das Glaubensbekenntnis andächtig betet.

(vgl. HA 2008, Nr. 33, § 1, 7°, S. 81; EI 2004, Nr. 33, § 1, 7°, S. 76f)

Der hl. Paul vom Kreuz (1694-1775) erlebte im Alter von 19 Jahren seine Bekehrung. Zunächst wollte er als Soldat im Krieg gegen die Türken für den Glauben sein Leben hingeben; dann erkannte er aber seine Berufung, ein Leben der Vollkommenheit zu führen und Kranke zu pflegen. Zu diesem Zweck sammelte er Gefährten um sich. 1732 entstand die erste Niederlassung der Passio-

nisten (von lateinisch »passio«, »Leiden«). 1771 gründete er den weiblichen Zweig der Passionisten. Sein Lebensprogramm lautete: „Das Leiden Jesu ist das Wunder der Wunder der göttlichen Liebe". Gemeinsam mit seinem Bruder Johannes als »Apostolischer Missionar« mit dem päpstlichen Privileg ausgestattet, am Schluss der Predigten den Apostolischen Segen erteilen zu dürfen, gehörte der hl. Paul zu den erfolgreichsten Predigern seines Jahrhunderts. Als der hl. Paul starb, zählte die Kongregation bereits 200 Mitglieder in 12 Häusern. 1853 wurde er selig-, 1867 heiliggesprochen.

Die Passionisten (CP, Congregatio Passionis) legen als viertes Gelübde das Versprechen ab, die Andacht zum Leiden Christi zu fördern, besonders in Volksmissionen, Exerzitien und geistlichen Übungen. Das Leiden Jesu wird als „deutlichster Ausdruck der Liebe Gottes zu uns Menschen" betrachtet. Auf dem Ordensgewand, dem schwarzen Habit der Passionisten, ist das Passionistenabzeichen angebracht.

Literaturtipp: ***Passionsoffizium.*** *Zus.gest. von P. Alban Siegling CP. Hrsg. von der Süddeutsch-Österreichischen Ordensprovinz der Passionisten, Augsburg 2020.*

Deutsche und österreichische Niederlassungen der Passionisten sind in Eichstätt, München-Pasing, Schottwien und Schwarzenfeld.

https://passionisten.de/kloster/

Um einen vollkommenen Ablass zu gewinnen, ist es außer den üblichen Bedingungen (Beichte, Kommunion, Gebet nach Meinung des Papstes) erforderlich, eine Kirche oder Kapelle der Passionisten oder Passionistinnen zu besuchen und dort das Vaterunser und das Glaubensbekenntnis zu sprechen.

Vater unser …

Ich glaube an Gott … *(S. 171)*

1.-8. November
Ablass für die Armen Seelen
Andächtiger Besuch eines Friedhofes und Gebet für die verstorbenen Gläubigen

Ein vollkommener Ablass, der nur den läuterungsbedürftigen Seelen [im Fegfeuer] zugewendet werden kann, wird demjenigen Christgläubigen gewährt, der in der Zeit vom 1. bis 8. November einen Friedhof in frommer Gesinnung besucht und wenigstens im Geiste für die Verstorbenen betet.

(HA 2008, Nr. 29, § 1, 1°, S. 77; vgl. EI 2004, Nr. 29, § 1, 1°, S. 74)

Das Zweite Vatikanische Konzil lehrt: „Aus der tiefen Anerkennung dieser Gemeinschaft des ganzen mystischen Leibes Jesu Christi hat die pilgernde Kirche seit den Anfängen der christlichen Religion das Gedächtnis der Verstorbenen mit großer Ehrfurcht gepflegt und hat auch Fürbitten für sie dargebracht, ‚weil es ein heiliger und heilsamer Gedanke ist, für die Verstorbenen zu beten, damit sie von ihren Sünden erlöst werden‘ (2 Makk 12,46)“ (»Lumen gentium« 50).
Bereits im Frühmittelalter gab es Ansätze für einen Allerseelentag; das Gedächtnis der Verstorbenen am Termin 2. November wurde vom hl. Abt Odilo von Cluny (994-1048) eingeführt. Er bestimmte 1028/30 für alle seine Klöster, am Tag nach dem Allerheiligenfest das Gedächtnis aller verstorbenen Gläubigen durch Messen, Psalmen und Almosen zu begehen. Unter dem Einfluss des bedeutenden Benediktinerklosters Cluny verbreitete sich der Allerseelentag schnell in der gesamten Kirche.

Um den vollkommenen Ablass zu gewinnen, ist es außer den üblichen Bedingungen (Beichte, Kommunion, Gebet nach Meinung des Papstes) erforderlich, einen Friedhof andächtig zu besuchen und zumindest still für die Verstorbenen zu beten. Dieser vollkommene Ablass kann an jedem Tag vom 1. bis 8. November gewonnen werden.

2. November
Allerseelentag – für die verstorbenen Gläubigen
Besuch einer Kirche oder Kapelle

Ein vollkommener Ablass, der nur den läuterungsbedürftigen Seelen [im Fegfeuer] zugewendet werden kann, wird demjenigen Christgläubigen gewährt, der … am Allerseelentag (oder – nach Verfügung des Ordinarius – am Sonntag vor oder nach Allerseelen oder an Allerheiligen) eine Kirche oder eine Kapelle in frommer Gesinnung besucht und dort das Gebet des Herrn und das Glaubensbekenntnis (Pater noster und Credo) betet.

(HA 2008, Nr. 29, § 1, 2°, S. 77; vgl. EI 2004, Nr. 29, § 1, 2°, S. 74f)

Um diesen Ablass den Verstorbenen zukommen lassen zu können, ist es außer den üblichen Bedingungen (Beichte, Kommunion, Gebet nach Meinung des Papstes) erforderlich, am Allerseelentag (einschließlich 1. November ab 12 Uhr) eine Kirche oder öffentliche Kapelle aufzusuchen und dort das Vaterunser und das Glaubensbekenntnis zu beten.

Vater unser …

Ich glaube an Gott … *(S. 171)*

9. November
Weihe der Lateranbasilika
Besuch einer Kathedrale (Bischofskirche)

Ein vollkommener Ablass wird demjenigen Christgläubigen gewährt, der eine Kathedrale besucht und dort das Vaterunser und das Glaubensbekenntnis andächtig betet: … am Weihetag der Lateranbasilika.

(vgl. HA 2008, Nr. 33, § 1, 3°, S. 80; vgl. EI 2004, Nr. 33, § 1, 3°, S. 76f)

Die Weltkirche feiert am 9. November das Fest »Weihetag der Lateranbasilika«. Die um 324 erbaute, dem Allerheiligsten Erlöser und seit dem 12. Jahrhundert auch dem hl. Johannes dem Täufer geweihte Lateranbasilika ist die älteste Papstkirche. Am Hauptportal künden zwei große Medaillons den Ehrentitel dieser Basilika: „Omnium Urbis et Orbis Ecclesiarum Mater et Caput" – „Mutter und Haupt aller Kirchen der Stadt Rom und des Erdkreises". Im anliegenden Lateranpalast residierten die Päpste 1.000 Jahre lang – vom 4. bis zum 14. Jahrhundert. Der Überlieferung nach feierten der hl. Petrus und seine ersten Nachfolger an jenem altehrwürdigen Altar aus Holz, der heute mit Marmor verkleidet ist, die heiligen Geheimnisse.
Um einen vollkommenen Ablass zu gewinnen, ist es außer den üblichen Bedingungen (Beichte, Kommunion, Gebet nach Meinung des Papstes) erforderlich, eine Kathedrale zu besuchen und dort andächtig das Vaterunser und das Glaubensbekenntnis zu sprechen.

Christkönigsfest
(Letzter Sonntag im Kirchenjahr)
Weihegebet »O liebster Jesus, Erlöser«

Demjenigen Christgläubigen, der das Gebet zur Weihe der Menschheit an Jesus Christus, den König (»O liebster Jesus, Erlöser des Menschengeschlechtes« [Iesu dulcissime, Redemptor] öffentlich (in Gemeinschaft) am Christkönigsfest betet, wird ein vollkommener Ablass gewährt.

(HA 2008, Nr. 2, S. 48; vgl. EI 2004, Nr. 2, S. 50)

Papst Pius XI. führte im Jahre 1925, als weithin die Königreiche in der Welt untergingen, das Christkönigsfest in der Kirche ein. Den Anstoß dazu gab die 1870 in Paray-le-Monial gegründete Gesellschaft vom Königtum Jesu Christi. Ursprünglich war die Einführung des Festes eine Weiterführung und Ergänzung der Herz-Jesu-Frömmigkeit. Doch an diesem Sonntag, dem letzten im Kirchenjahr, soll auch bewusst werden, dass Jesus Christus, wie es im Tagesgebet heißt, „alle Gewalt gegeben [ist] im Himmel und auf Erden und [Gott] ihn zum Haupt der neuen Schöpfung gemacht" hat. Wir bitten ihn an diesem Tag: „Befreie alle Geschöpfe von der Macht des Bösen, damit sie allein dir dienen und dich in Ewigkeit rühmen".

Um den vollkommenen Ablass zu gewinnen, ist es außer den üblichen Bedingungen (Beichte, Kommunion, Gebet nach Meinung des Papstes) erforderlich, das folgende Weihegebet in Gemeinschaft zu beten (vgl. Herz-Jesu-Bild, S. 243).

O liebster Jesus, Erlöser des Menschengeschlechtes, blicke gnädig auf uns herab, die wir in Demut vor deinem Altare knien. Dein sind wir, dein wollen wir bleiben. Damit wir aber noch inniger mit dir verbunden werden, so weiht sich heute jeder von uns freudig deinem heiligsten Herzen. Viele haben dich leider niemals erkannt, viele haben deine Gebote verachtet und dich von sich gestoßen.

(A) **Erbarme dich ihrer, o gütiger Jesus, und ziehe alle an dein heiligstes Herz.**

(V) **Sei du, o Herr, König nicht nur der Gläubigen, die nie von dir gewichen sind, sondern auch der verlorenen Söhne, die dich verlassen haben.**

(A) **Gib, dass sie bald ins Vaterhaus zurückkehren, damit sie nicht vor Elend und Hunger zugrunde gehen.**

(V) **Sei du König auch über die, welche durch Irrtum getäuscht oder durch Spaltung von dir getrennt sind.**

(A) **Rufe sie zum sicheren Hort der Wahrheit und zur Einheit des Glaubens zurück, auf dass bald e i n e Herde und e i n Hirt werde.**

(V) **Verleihe, o Herr, deiner Kirche Wohlfahrt, Sicherheit und Freiheit. Schenke allen Völkern Ruhe und Ordnung. Gib, dass von einem Ende der Erde bis zum andern der gleiche Ruf erschalle:**

(A) **Lob sei dem göttlichen Herzen, durch das uns Heil gekommen ist. Ihm sei Ruhm und Ehre in Ewigkeit. Amen.**

(HA 2008, Nr. 2, S. 48f)

Advent und Weihnachtszeit

12. Dezember
Fest der hl. Johanna Franziska von Chantal
Besuch einer Salesianerinnen-Kirche

Ein vollkommener Ablass wird demjenigen Christgläubigen gewährt, der eine Kirche oder Hauskapelle der Salesianerinnen am Festtag der hl. Johanna Franziska von Chantal, der heiligen Gründerin dieser Gemeinschaft, besucht und dort das Vaterunser und das Glaubensbekenntnis andächtig betet.

(vgl. HA 2008, Nr. 33, § 1, 7°, S. 81; EI 2004, Nr. 33, § 1, 7°, S. 76f)

Die hl. Johanna Franziska von Chantal (1572-1641), geboren als Jeanne Françoise Frémyot, war Tochter des burgundischen Parlamentspräsidenten und heiratete den Baron Christoph de Chantal, mit dem sie vier Kinder hatte. Als ihr Mann bei einem Jagdunfall ums Leben kam, wollte die 29-Jährige fortan Gott ungeteilt angehören und sich dem Gebet, den Werken der Nächstenliebe und der Erziehung ihrer Kinder widmen. Sie erkannte aufgrund innerer Leiden und Versuchungen gegen den Glauben die Notwendigkeit, einen Seelenführer zu haben, den sie im hl. Franz von Sales fand. Mit ihm verband sie eine tiefe geistliche Freundschaft. 1604 gründete sie mit ihm den Orden von der Heimsuchung Mariens (BMV, OVM, Salesianerinnen) in Annecy, zu dem bis zu ihrem Tod weitere 81 Klöster hinzukamen. Sie wurde in der Kirche des Heimsuchungsklosters neben Franz von Sales beigesetzt. Ihr Leben war von rastloser Tätigkeit und großen mystischen Gnaden bestimmt; ihre inneren Leiden wuchsen in den letzten

Jahren ihres Lebens zu einem schweren Martyrium an. 1751 wurde sie selig-, 1767 heiliggesprochen.
Der Orden der Salesianerinnen gehörte zu den blühendsten Orden Frankreichs. Von Franz von Sales zunächst mit milder Klausur und Lebensweise gedacht, verfügte Paul V. die Anerkennung der Augustinusregel und feierliche Gelübde im Orden mit päpstlicher Klausur. Durch die zahlreichen Pensionate gewann der Orden Einfluss auf die adeligen und höheren bürgerlichen Kreise. Im Konvent von Paray-le-Monial entstand die Andacht zum Heiligsten Herzen Jesu in der von der hl. Margaretha-Maria Alacoque verbreiteten Form.
In Deutschland gibt es Salesianerinnen (Schwestern von der Heimsuchung Mariä) in Dietramszell, Uedem, Untermarchtal und Zangberg. In Österreich sind die Schwestern in Hall in Tirol und in Wien, in der Schweiz in Solothurn und Fribourg präsent.
https://kloster-zangberg.de/
Um einen vollkommenen Ablass zu gewinnen, ist es außer den üblichen Bedingungen (Beichte, Kommunion, Gebet nach Meinung des Papstes) erforderlich, eine Kirche oder Kapelle der Salesianerinnen zu besuchen und dort das Vaterunser und das Glaubensbekenntnis zu sprechen.
Vater unser …
Ich glaube an Gott … *(S. 171)*

14. Dezember
Fest des hl. Johannes vom Kreuz
Besuch e. Kirche d. Unbeschuhten Karmeliter

Ein vollkommener Ablass wird demjenigen Christgläubigen gewährt, der eine Kirche oder Hauskapelle der Unbeschuhten Karmeliter am Festtag des hl. Johannes vom Kreuz, des heiligen Gründers dieser Gemeinschaft, besucht und dort das Vaterunser und das Glaubensbekenntnis andächtig betet.

(vgl. HA 2008, Nr. 33, § 1, 7°, S. 81; EI 2004, Nr. 33, § 1, 7°, S. 76f)

Der hl. Johannes vom Kreuz (1542-1591) trat bei den Karmeliten ein. Nach seiner Priesterweihe wollte er zu den strengeren Kartäusern übertreten, wurde jedoch von der hl. Theresia von Ávila (vgl. 15. Oktober, S. 195-197) davon überzeugt, den Karmeliten-Orden zu reformieren. Gegen viele kirchliche Widerstände kämpfend und unter kirchlichen Sanktionen leidend, vollzog er die Trennung zwischen dem reformierten und dem nichtreformierten Karmelorden. Er verfasste den »Aufstieg zum Berge Karmel«, die »Dunkle Nacht der Seele«, den »Geistlichen Gesang«, die »Lebendige Liebesflamme« und viele kleinere Schriften. Der Gründer der Unbeschuhten Karmeliten starb unter unwürdiger Behandlung in heroischer Geduld. 1675 wurde er selig-, 1726 heiliggesprochen. 1926 wurde er zum Kirchenlehrer erhoben.

Die Unbeschuhten Karmeliten (OCD, Ordo Carmelitarum Discalceatorum) trennten sich 1593 völlig vom Stammorden der Karmeliten ab. Es handelt sich um einen beschaulichen Orden, dessen Mitglieder nach

dem Vorbild ihres Vaters Elias und der Mutter Gottes in der Vereinigung mit Gott wachsen wollen.
Der männliche Zweig ist nicht an die Klosterklausur gebunden und kann daher vielfältige Seelsorgsaufgaben wahrnehmen. In Deutschland gibt es Klöster der Unbeschuhten Karmeliter in Birkenwerder, Essen, Hagen, München, Regensburg, Schwandorf, Siegburg und Würzburg.
https://www.karmelocd.de/gemeinschaften.html
http://www.carmelitaniscalzi.com/
http://www.karmel-birkenwerder.de/
Um einen vollkommenen Ablass zu gewinnen, ist es außer den üblichen Bedingungen (Beichte, Kommunion, Gebet nach Meinung des Papstes) erforderlich, eine Kirche oder Kapelle der Unbeschuhten Karmeliten zu besuchen und dort das Vaterunser und das Glaubensbekenntnis zu sprechen.
Vater unser …
Ich glaube an Gott … *(S. 171)*

Weihnachten
Päpstlicher Segen »Urbi et orbi«

Ein vollkommener Ablass wird demjenigen Christgläubigen gewährt, der den vom Papst gespendeten Segen „Urbi et orbi“ [der Stadt Rom und dem Erdkreis] … empfängt; dies gilt auch, wenn der Gläubige, der aus einem vernünftigen Grund während der Feier nicht persönlich anwesend sein kann, über Fernsehen oder Rundfunk in frommer Gesinnung an der Segensspendung teilnimmt.

(HA 2008, Nr. 4, S. 51f; vgl. EI 2004, Nr. 4, S. 53)

An Ostern und Weihnachten und bei anderen feierlichen Anlässen spendet der Papst vom Balkon der Peterskirche aus der Stadt (lateinisch: urbs) Rom und dem Erdkreis (lateinisch: orbis), d.h. der gesamten Kirche, den päpstlichen Segen, der mit einem vollkommenen Ablass verbunden ist. Eigens wird dabei darauf aufmerksam gemacht, dass der Ablass auch empfangen werden kann, wenn man via „Radio, Fernsehen oder neue Kommunikationsmedien“ (Internet) an der Segenshandlung teilnimmt.

Wie die Lateranbasilika „Omnium Urbis et Orbis Ecclesiarum Mater et Caput“ – „Mutter und Haupt aller Kirchen der Stadt Rom und des Erdkreises“ (s. S. 201) ist, so nennt man die Peterskirche „Urbis et Orbis Ecclesiarum Speculum et Decus“ – „Abbild und Zierde der Kirchen der Stadt Rom und des Erdkreises“.

Papst Franziskus (pp. 2013-2025, † 2025)
spendet den Segen „Urbi et orbi“
(vgl. S. 151; 262)

31. Dezember
Letzter Tag des Jahres
Dankgebet: Hymnus »Te Deum«

Ein vollkommener Ablass wird demjenigen Christgläubigen gewährt, der in einer Kirche oder einer Kapelle andächtig … dem feierlichen Gesang des Hymnus „Dich, Gott, loben wir“ (Te Deum) am letzten Tag des (Kalender-)Jahres zur Danksagung für die während des ganzen Jahres empfangenen Wohltaten beiwohnt.

(HA 2008, Nr. 26, § 1, 2°, S. 70; vgl. EI 2004, Nr. 26, § 1, 2°, S. 70f)

Am letzten Tag des Jahres gedenken wir dankbar der Gnade Gottes, die er im vergangenen Jahr uns und der ganzen Kirche geschenkt hat. Um einen vollkommenen Ablass zu gewinnen, ist es außer den üblichen Bedingungen (Beichte, Kommunion, Gebet nach Meinung des Papstes) erforderlich, das »Te Deum« in deutscher oder lateinischer Fassung gemeinsam zu beten oder zu singen.

①

Dich, Gott, loben wir, dich, Herr, preisen wir. Dir, dem ewigen Vater, huldigt das Erdenrund. Dir rufen die Engel alle, dir Himmel und Mächte insgesamt, die Kerubim dir und die Serafim, mit niemals endender Stimme zu: Heilig, heilig, heilig der Herr, der Gott der Scharen! Voll sind Himmel und Erde von deiner hohen Herrlichkeit.

Dich preist der glorreiche Chor der Apostel; dich der Propheten lobwürdige Zahl; dich der Märtyrer leuchtendes Heer; dich preist über das Erdenrund die heilige Kirche; dich, den Vater unermessbarer

Majestät; deinen wahren und einzigen Sohn; und den Heiligen Fürsprecher Geist.
Du König der Herrlichkeit, Christus. Du bist des Vaters allewiger Sohn. Du hast der Jungfrau Schoß nicht verschmäht, bist Mensch geworden, den Menschen zu befreien. Du hast bezwungen des Todes Stachel und denen, die glauben, die Reiche der Himmel aufgetan.
Du sitzest zur Rechten Gottes in deines Vaters Herrlichkeit. Als Richter, so glauben wir, kehrst du einst wieder. Dich bitten wir denn, komm deinen Dienern zu Hilfe, die du erlöst mit kostbarem Blut. In der ewigen Herrlichkeit zähle uns deinen Heiligen zu.
(Rette dein Volk, o Herr, und segne dein Erbe; und führe sie und erhebe sie bis in Ewigkeit. An jedem Tag benedeien wir dich und loben in Ewigkeit deinen Namen, ja in der ewigen Ewigkeit. In Gnaden wollest du, Herr, an diesem Tag uns ohne Schuld bewahren. Erbarme dich unser, o Herr, erbarme dich unser. Lass über uns dein Erbarmen geschehn, wie wir gehofft auf dich. Auf dich, o Herr, habe ich meine Hoffnung gesetzt. In Ewigkeit werde ich nicht zuschanden.)

②

Te Deum laudamus:* te Dóminum confitémur.
Te ætérnum Patrem, * omnis terra venerátur.
Tibi omnes ángeli, * tibi cæli et univérsæ potestátes:
tibi cherubim et seraphim * incessábili voce proclámant:
Sanctus, * Sanctus, * Sanctus * Dóminus Deus Sábaoth.
Pleni sunt cæli et terra * maiestátis glóriæ tuæ.

**Te gloriósus * Apostolórum chorus,
te prophetárum * laudábilis númerus,
te mártyrum candidátus * laudat exércitus.
Te per orbem terrárum * sancta confitétur Ecclésia.
Patrem * imménsæ maiestátis;
venerándum tuum verum * et únicum Filium;
Sanctum quoque * Paráclitum Spiritum.
Tu rex glóriæ, * Christe.
Tu Patris * sempitérnus es Fílius.
Tu, ad liberándum susceptúrus hóminem, * non horruísti Vírginis úterum.
Tu, devícto mortis acúleo, * aperuisti credéntibus regna cælórum.
Tu ad déxteram Dei sedes, * in glória Patris.
Iudex créderis * esse ventúrus.
Te ergo quæsumus, tuis fámulis súbveni, quos pretióso sánguine redemísti.
Ætérna fac cum sanctis tuis * in gloria numerari.
(Salvum fac pópulum tuum, Dómine, * et benedic hereditáti tuæ.
Et rege eos, * et extólle illos usque in ætérnum.
Per síngulos dies * benedícimus te;
et laudámus nomen tuum in sæculum, * et in sæculum sæculi.
Dignáre, Dómine, die isto * sine peccáto nos custodíre.
Miserére nostri, Dómine, * miserére nostri.
Fiat misericórdia tua, Dómine, super nos, * quemádmodum sperávimus in te.
In te, Dómine, sperávi: * non confúndar in ætérnum.)**

Papst Benedikt XVI. (pp. 2005-2013) verwies auf die Ablassgewinnung in seinen Nachsynodalen Apostolischen Schreiben „Sacramentum Caritatis“ (2007) sowie „Verbum Domini“ (2010) und gewährte **vollkommene Ablässe zu zahlreichen Anlässen** *(s. S. 48).*

Auch Papst Franziskus (pp. 2013-2025) empfahl die Gewinnung von Ablässen:

„Der Ablass lässt uns nämlich entdecken, wie grenzenlos Gottes Barmherzigkeit ist.“

(Verkündigungsbulle zum Heiligen Jahr 2025 „Spes non confundit“, Nr. 23)

„Außer der höchsten Autorität der Kirche [dem Papst] können nur diejenigen Ablässe gewähren, denen diese Vollmacht durch die Rechtsordnung zuerkannt oder vom Papst verliehen wird.“ (Ablassnormen, N. 5 § 3, in: HA 2008, S. 17f)

3.
Vollkommene Ablässe zu besonderen Anlässen

Basilika St. Peter im Vatikan und Petersplatz, Rom

Weltkirche

Pilgerfahrt nach Rom
Besuch einer Patriarchalbasilika

Ein vollkommener Ablass wird demjenigen Christgläubigen gewährt, der folgende Stätten besucht und dort das Vaterunser und das Glaubensbekenntnis andächtig betet: eine der vier Patriarchalbasiliken Roms, entweder als Teilnehmer einer Pilgergruppe oder indem er wenigstens während des Besuchs ein Gefühl kindlicher Unterwerfung gegenüber dem Papst erweckt.

(HA 2008, Nr. 33, § 1, 1°, S. 79; vgl. EI 2004, Nr. 33, § 1, 1°, S. 76)

Gemäß dem Enchiridion indulgentiarum von 1986 (dt. 1989) konnte dieser vollkommene Ablass nur am Titularfest der jeweiligen Patriarchalbasilika, an einem kirchlichen Feiertag und einmal im Jahr an einem beliebigen Tag nach Wahl der Gläubigen gewonnen werden, wenn dabei das Vaterunser und das Glaubensbekenntnis gesprochen wurde. Seit der 4. Auflage des Enchiridion indulgentiarum (1999) kann der vollkommene Ablass an jedem Tag gewonnen werden, wenn man beim Besuch einer dieser Patriarchalbasiliken das Vaterunser und das Glaubensbekenntnis spricht und „einen Akt der kindlichen Unterwerfung unter den Papst erweckt". Besondere Kennzeichen dieser Patriarchalbasiliken sind der Papstaltar und der Papstthron sowie die »Heilige Pforte«, die alle 25 Jahre zum Heiligen Jahr geöffnet wird.

Folgende römische Basiliken führen den Titel einer »Patriarchalbasilika«:

- ***St. Johann im Lateran***

Die Weltkirche feiert am 9. November das Fest »Weihetag der Lateranbasilika« (s. S. 201). Die um 324 erbaute, dem Allerheiligsten Erlöser und seit dem 12. Jahrhundert auch dem hl. Johannes dem Täufer geweihte Lateranbasilika ist die älteste Papstkirche. Am Hauptportal künden zwei große Medaillons den Ehrentitel dieser Basilika: „Sacros. Lateran. Eccles. Omnium Urbis et Orbis Ecclesiarum Mater et Caput“ – „Die heilige Laterankirche: Mutter und Haupt aller Kirchen der Stadt Rom und des Erdkreises“. Im anliegenden Lateranpalast residierten die Päpste 1.000 Jahre lang – vom 4. bis zum 14. Jahrhundert. Der Überlieferung nach feierten der hl. Petrus und seine ersten Nachfolger an jenem altehrwürdigen Altar aus Holz, der heute mit Marmor verkleidet ist, die heiligen Geheimnisse.

- ***St. Peter im Vatikan***

Die alte Basilika von St. Peter wurde im Jahre 319 begonnen und im Jahre 326 geweiht. Im 16. Jahrhundert entstand die neue Basilika mit den immensen Ausmaßen (40.220 m², 136,57 m Höhe, 140,66 m Breite), die am 18. November 1626 geweiht wurde (vgl. Bild S. 214). Die Basilika ist ein überwältigendes Symbol der katholischen Kirche, die in der Kuppel, einer riesigen Tiara, geeint und gekrönt wird. In der Kuppel lesen wir die Stiftungsurkunde des Papsttums in Goldmosaik: „Tu es Petrus ... Du bist Petrus, und auf diesen Felsen will ich meine Kirche bauen“ (Mt 16,18). In der Krypta des Petersdomes befindet sich das Grab des hl. Apostelfürsten Petrus. Daher ist der Bischof von Rom immer auch

Oberhaupt und Bischof der Gesamtkirche. Über dem Grab des hl. Apostels Petrus steht der Papstaltar. In der Apsis befindet sich die Kathedra, die noch Reste des alten Bischofsstuhls aus Eichenholz enthält, den nach uralter römischer Überlieferung der Senator Pudens dem hl. Petrus geschenkt haben soll. Die Weltkirche feiert am 22. Februar das Fest »Kathedra Petri« (s. S. 135), das an die Berufung des hl. Apostels Petrus zum Obersten Lehramt in der Kirche erinnert.

♦ ***St. Paul vor den Mauern***

Die dritte Patriarchalbasilika ist dem Völkerapostel Paulus geweiht. Die aus dem 4. Jahrhundert stammende Kirche brannte 1823 völlig ab, wurde aber erneut aufgebaut und 1854 feierlich konsekriert. Unter dem gotischen Hochaltar aus dem 13. Jahrhundert ruhen die sterblichen Überreste des hl. Apostels Paulus, der wohl um 66/67 das Martyrium erlitt. Die Weltkirche begeht am 18. November den »Weihetag der Basiliken St. Peter und St. Paul zu Rom«.

♦ ***Santa Maria Maggiore***

Die Basilika Santa Maria Maggiore ist die bedeutendste und prachtvollste Muttergotteskirche in der Ewigen Stadt; sie wurde im Jahr 352 erbaut und vier Jahre nach dem Konzil von Ephesus (431), das die Gottesmutterschaft Mariens (theotókos – Gottesgebärerin) dogmatisierte, der Mutter Gottes geweiht. In der Cappella Borghese wird das berühmte Gnadenbild der »Madonna, Salus Populi Romani« – »Maria, Heil des römischen Volkes«, das einer frommen Überlieferung nach dem hl. Evangelisten Lukas zugeschrieben wird, aufbewahrt und verehrt. Unter dem Hochaltar befindet sich ein Schrein mit den Reliquien der Krippe von Bethle-

hem. Die Weltkirche feiert am 5. August den Gedenktag der »Weihe der Basilika Santa Maria Maggiore in Rom«.

Beim Besuch einer der Patriarchalbasiliken beten wir:

Als treuer Sohn/treue Tochter der Kirche unterwerfe ich mich in Demut dem Papst, Bischof von Rom, Nachfolger des heiligen Petrus, Haupt des Bischofskollegiums, Stellvertreter Christi und Hirte der Gesamtkirche hier auf Erden.
Vater unser …
Ich glaube an Gott … *(S. 171)*

Literaturtipp: Martin Ramm, ***Heiliges Rom.*** *Pilgern auf den Spuren der Apostel Petrus und Paulus, Opfenbach* ³*2024.*

Eucharistischer Kongress

Ein vollkommener Ablass wird demjenigen Gläubigen gewährt, … der mit Andacht an der Schlussmesse eines Eucharistischen Kongresses teilnimmt.

(HA 2008, Nr. 7, § 1, 4°, S. 53; vgl. EI 2004, Nr. 7, § 1, 4°, S. 54)

Eucharistische Kongresse haben das Ziel, die Gläubigen über diözesane und regionale Grenzen hinweg zur gemeinsamen Feier und Verehrung der Allerheiligsten Eucharistie zusammenzuführen. Bei den Vorträgen und Beratungen werden Fragen zum Verständnis der Eucharistie und ihrer Verehrung behandelt. Die Initiatorin Émilie Tamisier aus Tours (1834-1910) war inspiriert vom Gründer der Eucharistiner, dem hl. Peter Julian Eymard (vgl. 2. August, S. 186). Neben den internationalen Kongressen (seit 1881, Lille) gibt es auch nationale Eucharistische Kongresse, wie z.B. 2013 in Köln.

Im deutschen Sprachraum gab es Eucharistische Weltkongresse in Köln (1909), Wien (1912) und München (Pro mundi vita, 1960).
Unter dem Pontifikat von Papst Franziskus fanden Eucharistische Weltkongresse in Cebu City/Philippinen (2016, Motto: „Die Eucharistie: Christus in euch, unsere Hoffnung auf Herrlichkeit"), Budapest/Ungarn (2021, Motto: „Alle meine Quellen stammen von dir") und Quito/Ecuador (2024, Motto: „Geschwisterlichkeit zur Heilung der Welt") statt. Der 54. Eucharistische Kongress ist für 2028 in Sydney/Australien geplant.
http://www.congressieucaristici.va/
Um einen vollkommenen Ablass zu gewinnen, ist es außer den üblichen Bedingungen (Beichte, Kommunion, Gebet nach Meinung des Papstes) erforderlich, mit Andacht am feierlichen eucharistischen Ritus zum Abschluss des Eucharistischen Kongresses teilzunehmen.

Besuch eines (inter-)nationalen Wallfahrtsortes

Ein vollkommener Ablass wird demjenigen Christgläubigen gewährt, der … ein von der zuständigen Autorität bestimmtes Heiligtum, sei es ein internationales Heiligtum, [oder] ein Nationalheiligtum … besucht und dort das Vaterunser und das Glaubensbekenntnis andächtig betet:

(a) am Titularfest der Kirche [Patrozinium],
(b) einmal im Jahr an einem beliebigen Tag nach Wahl der Gläubigen,
(c) bei der Teilnahme an einer Gruppenwallfahrt, die dorthin unternommen wird.

(vgl. HA 2008, Nr. 33, § 1, 4°, S. 80; EI 2004, Nr. 33, § 1, 4°, S. 76f)

Unter einem Heiligtum (sanctuarium) „versteht man eine Kirche oder einen anderen heiligen Ort, zu dem aus besonderem Frömmigkeitsgrund zahlreiche Gläubige mit Gutheißung des Ortsordinarius [Diözesanbischofs] pilgern.
Damit ein Heiligtum ***Nationalheiligtum*** *genannt werden kann, muss die Anerkennung der Bischofskonferenz hinzukommen; damit es* ***internationales Heiligtum*** *genannt werden kann, ist die Anerkennung des Heiligen Stuhls erforderlich" (cc. 1230-1231 CIC).*
Als nationale Heiligtümer (Wallfahrtsorte) in Deutschland gelten beispielsweise Altötting oder Kevelaer.
Internationale Heiligtümer sind beispielsweise die Wallfahrtsorte Jerusalem, Nazaret, Betlehem, Rom, Lourdes, Fatima, Guadalupe, Tschenstochau, San Giovanni Rotondo und Santiago de Compostela.
Um einen vollkommenen Ablass zu gewinnen, ist es außer den üblichen Bedingungen (Beichte, Kommunion, Gebet nach Meinung des Papstes) erforderlich, an einem der genannten Tage ein Heiligtum zu besuchen und dort andächtig das Vaterunser und das Glaubensbekenntnis zu sprechen.
Vater unser …
Ich glaube an Gott … *(S. 171)*

Heiliges Jahr und ähnliche Anlässe

Zu besonderen Anlässen wie einem Heiligen Jahr, den Weltjugendtagen oder Weltfamilientreffen erfolgen zeitlich befristete Ablassgewährungen, die hier nicht eigens beschrieben werden. Dazu jeweils aktuelle Informationen: www.vatican.va oder www.dominus-verlag.de.

Bistum und Pfarrgemeinde

Besuch einer Kathedrale (Bischofskirche)

Ein vollkommener Ablass wird demjenigen Christgläubigen gewährt, der eine Kathedralkirche besucht und dort das Vaterunser und das Glaubensbekenntnis andächtig betet:

(a) am Hochfest der heiligen Apostel Petrus und Paulus [29. Juni],
(b) am Titularfest der Kirche [Patrozinium],
(c) am Fest Kathedra Petri [22. Februar],
(d) am Weihetag der Lateranbasilika [9. November],
(e) am 2. August, an dem der »Portiuncula-Ablass« gewonnen werden kann.

(vgl. HA 2008, Nr. 33, § 1, 3°, S. 80; EI 2004, Nr. 33, § 1, 3°, S. 76f)

Die Kathedrale ist die Kirche des (Erz-)Bischofs einer (Erz-)Diözese und damit Haupt und Mutter aller anderen Kirchen des (Erz-)Bistums. Sie wird in feierlichem Ritus geweiht (c. 1217, § 2 CIC). Hier ergreift der neuernannte Bischof mit einem liturgischen Ritus, bei dem Klerus und Volk anwesend sind, von seinem Bistum kanonisch Besitz (c. 382, § 4 CIC). Hier feiert der Bischof – vor allen an gebotenen Feiertagen und bei anderen feierlichen Anlässen – die Eucharistie (c. 389 CIC). Hier befindet sich auch der Lehrstuhl des Bischofs (die „Kathedra"), und es werden wichtige Pontifikalhandlungen wie z.B. Priesterweihen zelebriert. In der Kathedrale werden am Gründonnerstag die heiligen Öle (Chrisam, Katechumenenöl, Krankenöl) geweiht, die dann im gesamten Bistum gebraucht werden. Hier finden schließlich auch die Exequien für den verstorbe-

nen Diözesanbischof und seine Beisetzung statt (cc. 1178, 1242 CIC).
Um einen vollkommenen Ablass zu gewinnen, ist es außer den üblichen Bedingungen (Beichte, Kommunion, Gebet nach Meinung des Papstes) erforderlich, an einem der genannten Tage die Kathedrale zu besuchen und dort andächtig das Vaterunser und das Glaubensbekenntnis zu sprechen.
Vater unser …
Ich glaube an Gott … *(S. 171)*

Besuch einer päpstl. Basilika (Basilica minor)

Ein vollkommener Ablass wird demjenigen Christgläubigen gewährt, der eine Basilika niederen Grades (Basilica minor) besucht und dort das Vaterunser und das Glaubensbekenntnis andächtig betet:
(a) am Hochfest der heiligen Apostel Petrus und Paulus [29. Juni],
(b) am Titularfest der Kirche [Patrozinium],
(c) am 2. August, an dem der »Portiuncula-Ablass« gewonnen werden kann,
(d) einmal im Jahr an einem beliebigen Tag nach Wahl der Gläubigen.

(vgl. HA 2008, Nr. 33, § 1, 2°, S. 79; EI 2004, Nr. 33, § 1, 2°, S. 76)

Neben den vier Patriarchalbasiliken in Rom – St. Johann im Lateran (Lateranbasilika), St. Peter im Vatikan, St. Paul vor den Mauern und Santa Maria Maggiore – hinzu kommen San Francesco (seit 1754) und Santa Maria degli Angeli (seit 1909) in Assisi und bis 1889 St. Laurentius in Rom – gibt es weitere päpstliche Basiliken, sogenannte Basilicae minores (kleine Basiliken).

Die erste Kirche, die diesen Titel erhielt, war im Jahre 1783 das Heiligtum des hl. Nikolaus in Tolentino. Außer einer Reihe römischer Hauptkirchen und älterer Dome haben diese Auszeichnung in jüngerer Zeit hauptsächlich Wallfahrtskirchen erhalten; sie sind am päpstlichen Wappen mit den gekreuzten Schlüsseln (s. S. 16) zu erkennen, das über dem Hauptportal angebracht ist. Im Chorraum steht das Umbraculum, ein gelb-rot gestreifter kegelförmiger Seidenschirm. Auch das Tintinnabulum, eine liturgische Glocke, gehört zu den (nicht mehr obligatorischen) Insignien einer Basilica minor.
Weltweit gibt es 1.922 Kirchen mit dem Titel einer Basilica minor, 586 davon in Italien und 79 in Deutschland. Insgesamt gibt es in Europa 1.374, in Amerika 436, in Asien 80, in Afrika 24 und in Ozeanien acht Basilicae minores (Stand: 31.12.2023).
https://gcatholic.org/churches/bas.htm
Im Bistum Augsburg gibt es sechs päpstliche Basiliken:
Augsburg, Basilika St. Ulrich u. Afra
Altenstadt, Basilika St. Michael
Benediktbeuern, Basilika St. Benedikt
Dillingen, Basilika St. Peter
Kempten, Basilika St. Lorenz
Ottobeuren, Basilika St. Alexander und Theodor.
Um einen vollkommenen Ablass zu gewinnen, ist es außer den üblichen Bedingungen (Beichte, Kommunion, Gebet nach Meinung des Papstes) erforderlich, an einem der genannten Tage eine Basilika zu besuchen und dort andächtig das Vaterunser und das Glaubensbekenntnis zu sprechen.
Vater unser …
Ich glaube an Gott … *(S. 171)*

Besuch eines diözesanen Wallfahrtsortes

Ein vollkommener Ablass wird demjenigen Christgläubigen gewährt, der ein von der zuständigen Autorität [vom Bischof] errichtetes … diözesanes Heiligtum besucht und dort das Vaterunser und das Glaubensbekenntnis andächtig betet:
(a) am Titularfest der Kirche [Patrozinium],
(b) einmal im Jahr an einem beliebigen Tag nach Wahl der Gläubigen,
(c) bei der Teilnahme an einer Gruppenwallfahrt, die dorthin unternommen wird.

(vgl. HA 2008, Nr. 33, § 1, 4°, S. 80; EI 2004, Nr. 33, § 1, 4°, S. 76f)

Unter einem Heiligtum (sanctuarium) „versteht man eine Kirche oder einen anderen heiligen Ort, zu dem aus besonderem Frömmigkeitsgrund zahlreiche Gläubige mit Gutheißung des Ortsordinarius [Diözesanbischofs] pilgern“ (c. 1230 CIC).
Um einen vollkommenen Ablass zu gewinnen, ist es außer den üblichen Bedingungen (Beichte, Kommunion, Gebet nach Meinung des Papstes) erforderlich, an einem der genannten Tage ein diözesanes Heiligtum – also einen ***Wallfahrtsort im Bistum*** *– zu besuchen und dort andächtig das Vaterunser und das Glaubensbekenntnis zu sprechen.*
Vater unser …
Ich glaube an Gott … *(S. 171)*

Diözesansynode

Ein einmaliger vollkommener Ablass wird demjenigen Christgläubigen gewährt, der die Kirche, in welcher eine Diözesansynode tagt, besucht und dort andächtig das »Vaterunser« und das Glaubensbekenntnis (Pater noster und Credo) spricht.

(HA 2008, Nr. 31, S. 78f; vgl. EI 2004, Nr. 31, S. 76)

„Die Diözesansynode ist eine Versammlung von ausgewählten Priestern und anderen Gläubigen der Teilkirche, die zum Wohl der ganzen Diözesangemeinschaft dem Diözesanbischof ... hilfreiche Unterstützung gewähren“ (c. 460 CIC). Die Diözesansynode dient der geistlichen Erneuerung eines Bistums und der Festlegung eines Pastoralplanes für die nächsten Jahre.
Um einen vollkommenen Ablass zu gewinnen, ist es außer den üblichen Bedingungen (Beichte, Kommunion, Gebet nach Meinung des Papstes) erforderlich, die Kirche, in der die Synode tagt, zu besuchen und dort andächtig das Vaterunser und das Glaubensbekenntnis zu sprechen.
Vater unser ...
Ich glaube an Gott ... *(S. 171)*

Vom Bischof erteilter Päpstlicher Segen

Ein vollkommener Ablass wird demjenigen Christgläubigen gewährt, der … den vom Bischof den Gläubigen seines Bistums (gemäß Ablass-Norm 7, 2° dieses Handbuchs) erteilten Segen empfängt; dies gilt auch, wenn der Gläubige, der aus einem vernünftigen Grund während der Feier nicht persönlich anwesend sein kann, über Fernsehen oder Rundfunk in frommer Gesinnung an der Segensspendung teilnimmt.

(HA 2008, Nr. 4, S. 51f; vgl. EI 2004, Nr. 4, S. 53)

„Die Eparchen oder Diözesanbischöfe sowie andere ihnen von Rechts wegen Gleichgestellte haben, auch wenn ihnen die Bischofswürde fehlt, von Beginn ihres Hirtenamtes an das Recht: ... in ihrer Eparchie oder Diözese den Päpstlichen Segen mit vollkommenem Ablass nach der vorgeschriebenen Formel zu erteilen, und zwar dreimal im Jahr an von ihnen bestimmten hohen Feiertagen, auch wenn sie bei der Messe nur assistieren. Dieser Segen wird am Ende der Messfeier anstelle des üblichen Segens gespendet, wie es im Zeremoniale für die Bischöfe vorgesehen ist.“

(HA 2008, Ablass-Normen, Nr. 7, 2°, S. 18f; vgl. EI 2004, Normae, N. 7, 2°, S. 22)

Zusätzlich können die Bischöfe den Päpstlichen Segen, verbunden mit dem vollkommenen Ablass, in den einzelnen Konkathedralen spenden, die früher Kathedralen von erloschenen Diözesen waren, d.h. ohne Verringerung des vom Recht für die ganze Teilkirche festgelegten dreimaligen Päpstlichen Segens:

Papst Johannes Paul II. hat festgelegt, „dass die Bischöfe in den Kirchen, die früher Kathedralen waren und jetzt innerhalb ihres Territoriums Konkathedralen sind, unter Beibehaltung des dreimaligen Päpstlichen Segens gemäß Norm 7,2 des *Enchiridion Indulgentiarum* die Vollmacht haben, einmal im Jahr an einem Hochfest, das von den Bischöfen bestimmt wird, den Päpstlichen Segen, verbunden mit dem vollkommenen Ablass, zu erteilen; dadurch können ihn die Gläubigen in den Konkathedralkirchen mit einem von jeder Sünde abgelösten Herzen und unter den gewohnten notwendigen Bedingungen für die Gewinnung eines vollkommenen Ablasses (sakramentale Beichte, eucharistische Kommunion und Gebet nach der Meinung des Papstes) erlangen.“

(Apostolische Pönitentiarie, Dekret vom 29. Juni 2002, in: HA 2008, S. 127f; vgl. EI 2004, S. 91f)

In den einführenden Worten zum Allgemeinen Schuldbekenntnis weist der Bischof die Gläubigen darauf hin, dass er am Ende der Messfeier den Segen mit vollkommenem Ablass spenden wird, und lädt sie ein, ihre Sünden zu bereuen und sich vorzubereiten, um an diesem Ablass Anteil zu erhalten. Anstelle des Textes, mit dem das Allgemeine Schuldbekenntnis üblicherweise schließt, wird der folgende verwendet:

Bischof:

Auf die Fürbitte der seligen Jungfrau Maria, der heiligen Apostel Petrus und Paulus und aller Heiligen und um ihrer Verdienste willen gewähre euch der allmächtige und barmherzige Gott wahre und fruchtbare Umkehr, ein allzeit bußfertiges Herz, Besserung des Lebens und Ausdauer in

guten Werken. Er lasse euch die Sünden nach und führe euch zum ewigen Leben.
A: **Amen.**

Bei den Fürbitten soll das Gebetsanliegen für die Kirche nicht übergangen und eine eigene Fürbitte für den Papst eingefügt werden.
Nach dem Schlussgebet erhält der Bischof die Mitra. Der Diakon kündigt den Segen mit folgenden oder ähnlichen Worten an:

Diakon:
Unser (Erz-)Bischof N., durch Gottes Gnade und nach dem Willen des Apostolischen Stuhles (Erz-) Bischof der Kirche von N., erteilt jetzt im Namen des Papstes allen Anwesenden, die zur Umkehr bereit sind und das Bußsakrament und die heilige Kommunion empfangen haben, den Segen mit vollkommenem Ablass.
Bittet Gott für unseren Papst N., für unseren (Erz-) Bischof N. und die ganze Kirche, und trachtet danach, in voller Einheit mit ihr ein heiliges Leben zu führen.

Dann breitet der Bischof stehend, mit Mitra, die Hände aus und grüßt die Gläubigen mit den Worten: „Der Herr sei mit euch." Alle antworten: „Und mit deinem Geiste." Der Diakon aber kann mit folgenden oder ähnlichen Worten die Einladung aussprechen: „Wir knien nieder zum Segen." Der Bischof breitet die Hände über die Gläubigen aus und singt oder spricht den feierlichen Segen aus dem Messbuch. Dann nimmt er den Stab und beschließt den Segen mit den Worten:

Bischof:

Auf die Fürbitte der heiligen Apostel Petrus und Paulus segne euch der allmächtige Gott, der Vater + und der Sohn + und der Heilige + Geist.

A: **Amen.**

Während er die letzten Worte spricht, macht er dreimal das Kreuzzeichen über die Gläubigen.

(Zeremoniale für die Bischöfe, Freiburg 1998, Nr. 1137-1141)

Bischofs- oder Priesterjubiläum

Ein vollkommener Ablass wird gewährt
1. den Priestern, die anlässlich des 25., 50., 60. und 70. Jahrestages ihrer Priesterweihe vor Gott den Vorsatz erneuern, ihren priesterlichen Pflichten getreu nachzukommen;
2. den Bischöfen, die anlässlich des 25., 40. oder 50. Jahrestages ihrer Bischofsweihe vor Gott den Vorsatz erneuern, die Pflichten ihres Amtes getreu zu erfüllen;
3. den Gläubigen, die an einer anlässlich eines Weihejubiläums stattfindenden Messfeier andächtig teilnehmen.

(HA 2008, Nr. 27, § 2, S. 76; vgl. EI 2004, Nr. 27, § 2, S. 73)

Beim festlich begangenen »silbernen«, »goldenen«, »diamantenen« oder »gnadenhaften« Jahrestag der Priesterweihe bzw. beim »silbernen«, »rubinernen« oder »goldenen« Jahrestag der Bischofsweihe gedenken der Jubilar und die Gläubigen dankbar der großen Gnadengabe des Sakramentes der Weihe, die der Jubilar treu bewahrt hat. Bei der Weihe hatte der Wei-

hespender nach dem Versprechen des Weihekandidaten, die priesterlichen bzw. bischöflichen Pflichten treu zu erfüllen, gesagt: „Gott selbst vollende das gute Werk, das er in dir begonnen hat".

Um anlässlich eines Priester- oder Bischofsjubiläums einen vollkommenen Ablass zu gewinnen, ist es für die ***Gläubigen*** *lediglich erforderlich, an der Festmesse andächtig teilzunehmen.*

Der ***„Jubelpriester"*** *gewinnt den vollkommenen Ablass, wenn er vor Gott den Vorsatz erneuert, seinen priesterlichen Pflichten getreu nachzukommen. Dies kann in der folgenden Form geschehen, die dem Versprechen bei der Priesterweihe nachgebildet ist:*

Ich bin bereit,
den priesterlichen Dienst, den ich vor 25/50/60/70 Jahren bei der Priesterweihe auf mich genommen habe, mein ganzes weiteres Leben lang zu erfüllen.
Ich bin bereit,
das Priesteramt als zuverlässiger Mitarbeiter des Bischofs auszuüben und so unter der Führung des Heiligen Geistes die Gemeinde des Herrn umsichtig zu leiten.
Ich bin bereit,
in der Verkündigung des Evangeliums und in der Darlegung des katholischen Glaubens den Dienst am Wort Gottes treu und gewissenhaft zu erfüllen.
Ich bin bereit,
die Mysterien Christi, besonders die Sakramente der Eucharistie und der Versöhnung, gemäß der kirchli-

chen Überlieferung zum Lobe Gottes und zum Heil seines Volkes in gläubiger Ehrfurcht zu feiern.
Ich bin bereit,
zusammen mit dem Bischof im Gebet, das uns aufgetragen ist, Gottes Erbarmen für die mir anvertraute Gemeinde zu erflehen.
Ich bin bereit,
den Armen und Kranken beizustehen und den Heimatlosen und Notleidenden zu helfen.
Ich bin bereit,
mich mit Christus, dem Hohenpriester, der sich um unseretwillen dem Vater dargebracht hat, von Tag zu Tag enger zu verbinden und so zum Heil der Menschen für Gott zu leben.

Der ***„Jubelbischof"*** *gewinnt den vollkommenen Ablass, wenn er vor Gott den Vorsatz erneuert, seinen bischöflichen Pflichten getreu nachzukommen. Dies kann in der folgenden Form geschehen, die dem Versprechen bei der Bischofsweihe nachgebildet ist:*

Ich bin bereit,
in dem Amt, das von den Aposteln auf uns gekommen ist, und das ich vor 25/40/50 Jahren durch Handauflegung übertragen bekam, mit der Gnade des Heiligen Geistes bis zum Tod zu dienen.
Ich bin bereit,
das Evangelium Christi treu und unermüdlich zu verkünden.
Ich bin bereit,
das von den Aposteln überlieferte Glaubensgut, das immer und überall in der Kirche bewahrt wurde, rein und unverkürzt weiterzugeben.

Ich bin bereit,
am Aufbau der Kirche, des Leibes Christi, mitzuwirken und zusammen mit dem Bischofskollegium unter dem Nachfolger des heiligen Petrus stets ihre Einheit zu wahren.
Ich bin bereit,
dem Nachfolger des Apostels Petrus treuen Gehorsam zu erweisen.
Ich bin bereit,
zusammen mit meinen Mitarbeitern, den Presbytern und Diakonen, für das Volk Gottes wie ein guter Vater zu sorgen und es auf dem Weg des Heiles zu führen.
Ich bin bereit,
um des Herrn willen den Armen und den Heimatlosen und allen Notleidenden gütig zu begegnen und zu ihnen barmherzig zu sein.
Ich bin bereit,
den Verirrten als guter Hirte nachzugehen und sie zur Herde Christi zurückzuführen.
Ich bin bereit,
für das Heil des Volkes unablässig zum allmächtigen Gott zu beten und das hohepriesterliche Amt untadelig auszuüben.

Erste Messe der Priester (Primiz)

Ein vollkommener Ablass wird gewährt
1. dem Priester bei der feierlichen Primizmesse,
2. den Gläubigen, die daran teilnehmen.

(HA 2008, Nr. 27, § 1, S. 75; vgl. EI 2004, Nr. 27, § 1, S. 73)

Die Primiz ist die erste Messe, die ein Priester nach seiner Weihe mit der (Heimat-)Gemeinde feiert. Der heutige Ritus der Primiz ist regional verschieden, doch gehört allgemein die feierliche Abholung des Primizianten vom Elternhaus sowie der festliche Einzug in die Kirche dazu. Das Gemeinsame der Primizbräuche ist die Idee einer Art geistlichen Hochzeit: der Neupriester als Bräutigam, die Kirche als Braut, dargestellt durch das Primizbräutchen, das den Primizianten beim Festzug zur Kirche begleitet und auf weißem Kissen die Primizkrone trägt; ebenso wird das Primizmahl als Hochzeitsmahl gestaltet. Das mancherorts übliche Myrtenkränzchen oder -sträußchen erinnert ebenfalls an eine Hochzeit (oder Erstkommunion). Der Primizsegen wird nach der Priesterweihe und bei der Primiz (und bisweilen im gesamten ersten Jahr des Neupriesters) erteilt; meist wird jeder einzeln sowie unter Handauflegung und Anrufung seiner Namenspatrone gesegnet.
Den vollkommenen Ablass erlangen der zelebrierende Primiziant und die mitfeiernden Gläubigen unter den üblichen Bedingungen (Beichte, Kommunion, Gebet nach Meinung des Papstes).

Pastoralvisitation
(Besuch des Bischofs)

Ein einmaliger vollkommener Ablass wird demjenigen Christgläubigen gewährt, der an dem Tag, an dem dort eine Pastoralvisitation stattfindet, am Gottesdienst teilnimmt, dem der Visitator vorsteht.

(HA 2008, Nr. 32, S. 79; vgl. EI 2004, Nr. 32, S. 76)

Die kanonische Visitation ist der Besuch des aufsichtsberechtigten kirchlichen Oberen zur Feststellung und Abstellung von Mängeln. Das Konzil von Trient legte fest, dass die Bischöfe innerhalb von einem oder zwei Jahren die gesamte Diözese visitieren sollten. Nach geltender kirchlicher Ordnung müssen die Diözesanbischöfe persönlich (oder im Falle rechtmäßiger Verhinderung durch einen Weihbischof, den Generalvikar, einen Bischofsvikar oder einen anderen Priester) wenigstens alle fünf Jahre die gesamte Diözese visitieren. Der Pastoralvisitation, die mit gebotener Sorgfalt durchzuführen ist, unterliegen Personen, katholische Einrichtungen, heilige Sachen und Orte innerhalb der Diözese (vgl. cc. 396-398 CIC). Die Visitation der Pfarrgemeinden ist zumeist mit der Feier der Spendung des Firmsakramentes an die Erstkommunionkinder der vergangenen Jahre verbunden.
Um einen vollkommenen Ablass zu gewinnen, ist außer den üblichen Bedingungen (Beichte, Kommunion, Gebet nach Meinung des Papstes) erforderlich, am Gottesdienst teilzunehmen, dem der Visitator vorsteht.

Kirchweihtag / Altarweihtag

Ein vollkommener Ablass wird demjenigen Christgläubigen gewährt, der eine Kirche oder einen Altar am Weihetag besucht und dort das Vaterunser und das Glaubensbekenntnis andächtig betet.

(vgl. HA 2008, Nr. 33, § 1, 6°, S. 80; EI 2004, Nr. 33, § 1, 6°, S. 76f)

Bei einer Kirchweihe nimmt Gott von einem Gebäude Besitz und macht es zu einem heiligen Ort, der zum Gottesdienst bestimmt ist. An diesem heiligen Ort darf fortan nur das zugelassen werden, was der Ausübung oder Förderung von Gottesdienst, Frömmigkeit und Gottesverehrung dient; verboten ist, was mit der Heiligkeit des Ortes unvereinbar ist (vgl. cc. 1205-1222 CIC). Die Segnung (Benediktion) einer Kirche ist dem Diözesanbischof vorbehalten, der dazu jedoch einen anderen Priester delegieren kann; Kathedral- und Pfarrkirchen werden in feierlichem Ritus geweiht (Dedikation); in ihnen muss die heiligste Eucharistie aufbewahrt werden (vgl. c. 934 CIC).

Durch die Weihe und die Feier der heiligen Mysterien werden Kirchenraum und Altarstein dem profanen Gebrauch entzogen und erhalten eine Heiligkeit auf Dauer. Schon beim Betreten der noch ungeweihten Kirche zeichnet der Bischof mit seinem Stab ein Kreuz auf die Schwelle und zieht so eine Grenze zwischen dem Pro-Fanum (wörtlich: dem »vor« dem »Heiligtum« liegenden weltlichen Bereich) und dem Sacrum (dem heiligen Kultraum). Die Kirche wird mit hl. Chrisam gesalbt, das auch bei der Taufe, der Firmung sowie der Bischofs- und Priesterweihe als Besiegelung verwendet wird.

Der Altar (von lateinisch: adolere=verbrennen [Brandopfer] und altus=hoch) ist der Ort, auf dem das Kreuzesopfer Christi auf sakramentale Weise unblutig vergegenwärtigt wird (vgl. AEM 259/GRM 2, 72, 296). Seit dem 4. Jhdt. gilt der Altar als Symbol für Christus. Nach altem liturgischen Brauch werden im Altar Reliquien von Märtyrern oder anderen Heiligen beigesetzt. Der Altar wird bei seiner Weihe mit Weihwasser besprengt und mit heiligem Chrisam gesalbt; dann wird Weihrauch auf ihm verbrannt.

Zum Zeichen der Ehrfurcht vor dem heiligen Haus Gottes bezeichnen wir uns beim Betreten einer Kirche mit dem Kreuzzeichen und machen eine Kniebeuge vor dem Tabernakel, in dem Jesus Christus wahrhaft, wirklich und wesenhaft unter der Gestalt des Brotes gegenwärtig ist; vor dem Altar, der Christus symbolisiert, verbeugen wir uns ehrfürchtig beim Vorübergehen.

Um einen vollkommenen Ablass zu gewinnen, ist es außer den üblichen Bedingungen (Beichte, Kommunion, Gebet nach Meinung des Papstes) erforderlich, die Kirche oder den Altar am Jahrestag der Weihe zu besuchen und dort andächtig das Vaterunser und das Glaubensbekenntnis zu sprechen.

Vater unser …

Ich glaube an Gott … *(S. 171)*

Besuch einer Pfarrkirche

Ein vollkommener Ablass wird demjenigen Christgläubigen gewährt, der eine Pfarrkirche besucht und dort das Vaterunser und das Glaubensbekenntnis andächtig betet:
(a) am Titularfest der Kirche [Patrozinium],
(b) am 2. August, an dem der »Portiuncula-Ablass« gewonnen werden kann.

(vgl. HA 2008, Nr. 33, § 1, 5°, S. 80; EI 2004, Nr. 33, § 1, 5°, S. 76f)

Nach einem Wort des Zweiten Vatikanischen Konzils ist die Pfarrei eine „Zelle des Bistums" (vgl. »Apostolicam actuositatem« 10). „Da der Bischof nicht immer und überall in eigener Person den Vorsitz über das gesamte Volk seiner Kirche führen kann, so muss er diese notwendig in Einzelgemeinden aufgliedern. Unter ihnen ragen die Pfarreien hervor, die räumlich verfasst sind unter einem Seelsorger, der den Bischof vertritt; denn sie stellen auf eine gewisse Weise die über den ganzen Erdkreis hin verstreute sichtbare Kirche dar" (»Sacrosanctum Concilium« 42). Es ist Vorschrift, dass die Pfarrkirche, das Zentrum der Pfarrgemeinde, in einem feierlichen Ritus geweiht wird (c. 1217, § 2 CIC).
„Jede Kirche, die geweiht werden soll, muss einen Titel haben. Titel der Kirche können sein: die Heiligste Dreifaltigkeit; unser Herr Jesus Christus mit Nennung eines seiner liturgisch gefeierten Mysterien oder seines Namens; der Heilige Geist; die selige Jungfrau Maria mit einem ihrer liturgischen Titel; die heiligen Engel; schließlich jeder und jede in das Römische Martyrologium oder in dessen approbierten Anhang aufgenommene Heilige, Selige jedoch nur mit Genehmigung des

Apostolischen Stuhles" (Zeremoniale für die Bischöfe, Nr. 866).

Um einen vollkommenen Ablass zu gewinnen, ist außer den üblichen Bedingungen (Beichte, Kommunion, Gebet nach Meinung des Papstes) erforderlich, eine Pfarrkirche am Patrozinium oder am 2. August bzw. dem darauffolgenden Sonntag (s. S. 183-185) zu besuchen und dort das Vaterunser und das Glaubensbekenntnis zu sprechen.

Vater unser …

Ich glaube an Gott … *(S. 171)*

Volksmission – Teilnahme an Predigten und am Schlussgottesdienst

Ein vollkommener Ablass wird demjenigen Christgläubigen gewährt, der an Veranstaltungen im Rahmen einer allgemeinen Mission sowie an deren feierlichem Abschluss teilnimmt.

(HA 2008, Nr. 16, § 1, S. 61; vgl. EI 2004, Nr. 16, § 1, S. 61)

Bei einer »Volksmission« sind Priester, Laien und Missionare gemeinsam bemüht, innerhalb einer Pfarrgemeinde eine sittlich-religiöse Erneuerung zu bewirken. Dies geschieht mittels Gebet, Predigt, Liturgie, Bußsakrament, Hausbesuchen und Laienapostolat. Lautete früher die Parole von Volksmissionen »Rette deine Seele!«, so steht heute mehr die Gemeinschaft der Gläubigen im mystischen Leib Christi, der Kirche, im Vordergrund. Nach geltendem Recht müssen die Pfarrer zu bestimmten Zeiten solche Volksmissionen halten (vgl. c. 770 CIC). Bei der „praedicatio sacra" (heiligen Predigt) übt die Kirche ihr Lehramt aus. Eine besondere Form der Predigt ist die Homilie, „die Teil der Liturgie

selbst ist und dem Priester oder dem Diakon vorbehalten wird; in ihr sind das Kirchenjahr hindurch aus dem heiligen Text [der Bibel] die Glaubensgeheimnisse und die Normen für das christliche Leben darzulegen" (c. 767, § 1 CIC).
Um einen vollkommenen Ablass zu gewinnen, muss man außer den üblichen Bedingungen (Beichte, Kommunion, Gebet nach Meinung des Papstes) einigen anlässlich der Volksmission gehaltenen Predigten zuhören sowie deren feierlichen Schlussgottesdienst besuchen.

Das Leben des Christen

Weihe der Familie an das Heiligste Herz Jesu oder an die Heilige Familie

Ein vollkommener Ablass wird den Familienmitgliedern an dem Tag gewährt, an dem sie sich – wenn möglich unter Leitung eines Priesters oder Diakons – zum ersten Mal dem Heiligsten Herzen Jesu oder der Heiligen Familie weihen, indem sie ein rechtmäßig approbiertes Gebet vor dem Bild des Heiligsten Herzens Jesu oder der Heiligen Familie in frommer Gesinnung sprechen.

(HA 2008, Nr. 1, S. 48; vgl. EI 2004, Nr. 1, S. 50)

Das Zweite Vatikanische Konzil (1962-1965) und der hl. Papst Johannes Paul II. haben sich die Förderung der christlichen Ehe und Familie zu einem Herzensanliegen gemacht. Das Konzil behandelt die „Förderung der Würde der Ehe und der Familie" in einem eigenen Kapitel der Pastoralkonstitution »Gaudium et spes« (Nr. 47-52). Der hl. Papst Johannes Paul II. stellt am Ende seines Apostolischen Schreibens »Familiaris con-

sortio« über die Aufgaben in der Familie in der Welt von heute die christlichen Familien ausdrücklich unter den Schutz der Heiligen Familie von Nazaret: „Durch den geheimnisvollen Ratschluss Gottes hat in ihr für viele Jahre der Sohn Gottes verborgen gelebt. Sie ist deshalb Urbild und Beispiel für alle christlichen Familien. Diese Familie, einzig in der ganzen Welt, hat unerkannt und still in einer kleinen Ortschaft Palästinas gelebt; sie ist von Armut, Verfolgung und Verbannung heimgesucht worden, und sie hat auf unvergleichlich erhabene und lautere Weise Gott verherrlicht. Diese Familie wird den christlichen Familien ihre Hilfe nicht versagen, ja sie wird allen Familien in der Welt beistehen in der Treue zu ihren täglichen Pflichten, im Ertragen der Ängste und Bedrängnisse des Lebens, in der hochherzigen Zuwendung zu den Nöten der anderen, in der freudigen Erfüllung ihrer Berufung.
Möge der heilige Josef, der ‚Gerechte', der unermüdliche Arbeiter, der getreue Hüter des ihm anvertrauten doppelten Schatzes, sie stets behüten, schützen und erleuchten!
Möge die Jungfrau Maria, wie sie Mutter der Kirche ist, so auch die Mutter der ‚Hauskirche' sein! Möge dank ihrer mütterlichen Hilfe jede christliche Familie wahrhaft eine ‚Kirche im kleinen' werden, in der sich das Geheimnis der Kirche widerspiegelt und gelebt wird! Sie, die Magd des Herrn, sei das Beispiel für eine demütige und hochherzige Annahme von Gottes Willen; sie, die Schmerzhafte Mutter zu Füßen des Kreuzes, lindere die Schmerzen aller, die an den Schwierigkeiten ihrer Familien leiden, und trockne ihre Tränen. Und Christus, der Herr, der König des Alls, der König der Familien, sei wie in Kana in jedem christlichen Haus zugegen als Quelle von Licht, Freude, froher Zuversicht und Kraft.

Am Fest seines Königtums bitte ich ihn, dass jede Familie hochgemut das Ihre beitrage zur Ankunft seines Reiches in dieser Welt, ‚Reich der Wahrheit und des Lebens, der Heiligkeit und der Gnade, der Gerechtigkeit, der Liebe und des Friedens'. Dieses Reich ist das Ziel der Geschichte. Ihm, Maria und Josef überantworte ich jede Familie ...; mögen sie eure Herzen öffnen für das Licht, das vom Evangelium her in jede Familie leuchtet!" (Johannes Paul II., »Familiaris consortio« 86).

Um den vollkommenen Ablass zu gewinnen, weiht sich die Familie dem Heiligsten Herzen Jesu oder der Heiligen Familie und erfüllt die üblichen Bedingungen (Beichte, Kommunion, Gebet nach Meinung des Papstes). Dazu wird vor dem Bild des Heiligsten Herzens Jesu oder der Heiligen Familie eines der folgenden Gebete andächtig gesprochen. Wenn möglich, sollte diesen Ritus ein Priester oder Diakon vollziehen.

Am Jahrestag der Familienweihe erneuern die Familienmitglieder ihre Weihe mit dem entsprechenden Weihegebet und erlangen dabei einen Teilablass.

WEIHE DER FAMILIE AN DAS HEILIGSTE HERZ JESU

Heiligstes Herz Jesu, / Du hast der heiligen Margareta Maria [Alacoque] / Dein Verlangen kundgetan, / über die christlichen Familien zu herrschen. / Deinem Wunsche gemäß / sind wir heute hier, / um Deine volle Herrschaft / über unsere Familie anzuerkennen. / Wir wollen von jetzt an Dein Leben leben. / Im Schoße unsrer Familie / sollen die Tugenden erblühen, / denen Du auf Erden den Frieden verheißen hast. / Der Geist der Welt, den Du verwirfst, / soll fernbleiben von uns. / Du

sollst herrschen in unsrem Verstand / durch einen kindlichen Glauben, / in unsrem Herzen / durch eine ungeteilte Liebe zu Dir. / Sie soll glühen in uns; / wir wollen sie stets lebendig erhalten / durch häufigen Empfang der heiligen Eucharistie.

Leite uns, göttliches Herz, / wenn wir zusammenkommen; / segne, was wir unternehmen / in geistlichen und weltlichen Dingen; / halte alles Missgeschick von uns fern, / heilige unsere Freuden, / lindere unsere Leiden!

Und sollte einer von uns das Unglück haben / und Dich beleidigen, / dann erinnere ihn daran, / dass Du, Herz Jesu, / voll Güte und Erbarmen bist / gegen jeden Sünder, der Buße tut!

Und wenn die Stunde der Trennung schlägt / und der Tod Trauer in unsre Familie bringt, / dann wollen wir alle, / die hinübergehen und die zurückbleiben, / uns Deinem ewigen Ratschluss unterwerfen. / Trösten soll uns der Gedanke, / dass der Tag kommen wird, / da unsre Familie im Himmel vereinigt ist / und Deine Herrlichkeit und Deine Segnungen / preisen kann in Ewigkeit.

Das makellose Herz Mariä / und der ruhmreiche heilige Vater Josef / mögen Dir unsere Weihe überbringen / und die Erinnerung daran alle Tage unseres Lebens / in uns lebendig erhalten.

Gepriesen sei das Herz Jesu, / unseres Königs und Vaters!

Herz-Jesu-Altar, Pfaffenhofen an der Zusam

WEIHE DER FAMILIE AN DIE HL. FAMILIE

Jesus, unser liebenswürdigster Erlöser, / du bist vom Himmel gesandt, / um die Welt durch deine Lehre und dein Beispiel zu erleuchten. / Du hast den größten Teil deines irdischen Lebens / im ärmlichen Haus von Nazaret zubringen wollen / und warst Maria und Josef untertan. / So hast Du jene Familie geheiligt, / die allen christlichen Familien ein Vorbild werden sollte. / Nimm unsere Familie gnädig auf, / die sich dir jetzt mit Leib und Seele weiht. / Beschütze und bewahre uns, / festige uns in der heiligen Ehrfurcht vor dir. / Erhalte in unserer Familie Frieden und Eintracht / im Geiste der christlichen Liebe, / damit sie dem göttlichen Beispiel deiner Familie ähnlich werde, / und damit alle, die ihr angehören, / zur ewigen Seligkeit gelangen.

Heilige Maria, / liebreichste Mutter Jesu Christi / und auch unsere Mutter, / erwirke uns durch deine gütige und milde Fürbitte die Gnade, / dass Jesus unsere Weihe annehme / und uns seine Wohltaten und Segnungen verleihe.

Heiliger Josef, / treuester Beschützer Jesu und Mariens, / komm uns in allen Nöten der Seele und des Leibes / durch deine Fürbitte zu Hilfe, / damit wir mit dir und der seligen Jungfrau Maria / dem göttlichen Erlöser Jesus Christus / Lob und Dank darbringen können in alle Ewigkeit. / Amen.

Vater unser. Gegrüßet seist du, Maria. Ehre sei dem Vater.

Dann kann man passenderweise aus dem Gotteslob das Lied „Gelobt seist du“ (GL 375) singen oder „Herz Jesu“ (GL 371) oder „Wie schön leuchtet“ (GL 357) oder am Abend: „In dieser Nacht“ (GL 91).

Herr, unser Gott, in der Heiligen Familie
hast du uns ein leuchtendes Vorbild geschenkt.
Gib unseren Familien die Gnade,
dass auch sie in Frömmigkeit und Eintracht leben
und einander in Liebe verbunden bleiben.
Führe uns alle zur ewigen Gemeinschaft in deinem Vaterhaus.
(Tagesgebet vom Fest der Heiligen Familie)

Tauftag
Erneuerung des Taufversprechens

Ein vollkommener Ablass wird demjenigen Christgläubigen gewährt, der … am Jahrestag seiner Taufe sein Taufbekenntnis nach einer rechtmäßig approbierten Formel erneuert.

(HA 2008 Nr. 28, § 1, S. 76; vgl. EI 2004, Nr. 28, § 1, S. 74)

Die Verbindung mit Christus, die in der Taufe grundgelegt wurde, will sich in unserem Leben auswirken; wir sollen Christus immer ähnlicher werden. Der einzelne Christ wird sich dankbar immer wieder seiner Taufe erinnern. Besonders wird ihn der Jahrestag seiner Taufe zu einer bewussten Tauferneuerung führen. Man kann im Familienkreis dazu die Taufkerze anzünden. Ablassgewinnung unter den üblichen Bedingungen (Beichte, Kommunion, Gebet nach Meinung des Papstes).

1. Formel:

Der Vater oder die Mutter sprechen:

Alle Christen sind einst durch das österliche Geheimnis der Taufe mit Christus begraben worden, damit sie mit ihm auferstehen zu einem neuen Leben. Heute, am Tauftag von *N.N.* **(an meinem Tauftag), wollen wir darum das Taufversprechen erneuern, mit dem wir einst dem Satan abgeschworen und Gott versprochen haben, ihm, unserem Herrn, in der heiligen katholischen Kirche zu dienen.**

Deshalb frage ich euch:

V: **Widersagt ihr dem Satan?** *A:* **Ich widersage.**

V: **Und all seiner Bosheit?** *A:* **Ich widersage.**

V: **Und all seinen Verlockungen?** *A:* **Ich widersage.**

Oder:

V: **Widersagt ihr dem Bösen, um in der Freiheit der Kinder Gottes leben zu können?**

A: **Ich widersage.**

V: **Widersagt ihr den Verlockungen des Bösen, damit es nicht Macht über euch gewinnt?**

A: **Ich widersage.**

V: **Widersagt ihr dem Satan, dem Urheber des Bösen?**

A: **Ich widersage.**

Dann fragt der Vater/die Mutter:

V: **Glaubt ihr an Gott, den Vater, den Allmächtigen, den Schöpfer des Himmels und der Erde?**

A: **Ich glaube.**

V: **Glaubt ihr an Jesus Christus, seinen eingeborenen Sohn, unseren Herrn, der geboren ist von der Jungfrau Maria, der gelitten hat und begraben wurde, von den Toten auferstand und zur Rechten des Vaters sitzt?**

A: **Ich glaube.**

P: **Glaubt ihr an den Heiligen Geist, die heilige katholische Kirche, die Gemeinschaft der Heiligen, die Vergebung der Sünden, die Auferstehung der Toten und das ewige Leben?**

A: **Ich glaube.**

Vater oder Mutter schließen mit einem Gebet:

Der allmächtige Gott, der Vater unseres Herrn Jesus Christus, hat uns aus dem Wasser und dem Heiligen Geist neues Leben geschenkt und uns alle Sünden vergeben. Er bewahre uns durch seine Gnade in

Christus Jesus, unserem Herrn, zum ewigen Leben.
A: **Amen.**

Vater oder Mutter besprengen die Anwesenden mit dem gesegneten Wasser, oder alle bekeuzigen sich mit Weihwasser, währenddessen beten sie die Antiphon:

(in der Osterzeit:)
Ich sah ein Wasser ausgehen vom Tempel,
von dessen rechter Seite. Halleluja, Halleluja.
Und alle, zu denen das Wasser kam, wurden gerettet, und sie werden rufen: Halleluja, Halleluja.
oder lateinisch:
Vídi áquam egrediéntem de témplo,
a látere déxtro, allelúja:
et ómnes, ad quos pervénit áqua ísta, sálvi fácti sunt,
et dícent: allelúja, allelúja. *(GL 125)*

(in der übrigen Zeit:)
Besprenge mich, Herr, und ich werde rein.
Wasche mich, und ich werde weißer als Schnee.
oder lateinisch:
Aspérge me, Dómine, hyssóppo, et mundábor:
lavábis me, et súper nívem dealbábor. *(GL 124)*
Ps 51,9

Oder:
Ich gieße reines Wasser über euch,
damit ihr rein werdet.
Von all euren Unreinheiten reinige ich euch.
Ich schenke euch ein neues Herz – spricht der Herr.
Ez 36,25f

Oder:

Ihr seid ein auserwähltes Geschlecht,
eine königliche Priesterschaft, ein heiliges Volk.
Verkündet die großen Taten dessen,
der euch aus der Finsternis
in sein wunderbares Licht gerufen hat.
1 Petr 2,9

Oder:

Aus deiner Seite, Christus,
brach ein Wasserquell hervor.
Er wäscht die Menschheit rein
und schafft das Leben neu. Halleluja.
(MB 1175/1211)

2. Formel:

Erneuerung des Taufbundes

Heute am Tauftag von *N.N.* **erneuern wir feierlich unser Taufversprechen, das die Eltern und Paten bei der Taufe stellvertretend für den Täufling abgelegt haben. Wir bekennen unseren Glauben an den dreifaltigen Gott und seine Kirche und geloben feierlich, als treue katholische Christen leben zu wollen.**

1. Glaubt ihr an Gott, den allmächtigen Vater, den Schöpfer des Himmels und der Erde?
Antwort: ***Wir glauben.***
2. **Glaubt ihr an Jesus Christus, seinen eingeborenen Sohn, der um unsertwillen Mensch geworden ist und den Tod am Kreuze für uns gelitten hat?** ***Wir glauben.***

3. **Glaubt ihr, dass Jesus Christus am dritten Tage von den Toten auferstanden ist, dass er in den Himmel aufgefahren ist und wiederkommen wird, zu richten die Lebendigen und die Toten?** ***Wir glauben.***
4. **Glaubt ihr an den Heiligen Geist, der durch die Propheten, Apostel und Evangelisten geredet hat?** ***Wir glauben.***
5. Glaubt ihr an eine heilige, katholische, apostolische Kirche und an die Gemeinschaft der Heiligen? ***Wir glauben.***
6. Glaubt ihr an die Nachlassung der Sünden, die Auferstehung des Fleisches und das ewige Leben? ***Wir glauben.***
7. **Glaubt ihr, dass die Heilige Schrift und die Erblehre der Kirche als Offenbarungen Gottes zu achten und zu befolgen sind?** ***Wir glauben.***
8. Glaubt ihr, dass der Heilige Geist bei der Kirche bis an das Ende der Zeiten verbleiben und sie in aller Wahrheit erhalten wird? ***Wir glauben.***
9. Glaubt ihr, dass die Kirche allein die Heilige Schrift recht auslegen und jeden Glaubensstreit unfehlbar entscheiden kann? ***Wir glauben.***
10. Glaubt ihr, dass es sieben heilige Sakramente gibt, die Jesus Christus zum Heile der Gläubigen eingesetzt hat? ***Wir glauben.***
11. Glaubt ihr, dass Jesus Christus in seinem heiligsten Sakramente wahrhaft, wirklich und wesentlich gegenwärtig ist? ***Wir glauben.***
12. Glaubt ihr, dass Jesus das heilige Messopfer eingesetzt hat, um sein Opfer am Kreuze immerfort zu erneuern? ***Wir glauben.***
13. Glaubt ihr, dass ihr durch das heilige Sakrament der Firmung vom Heiligen Geiste in eurem Glauben gestärkt werdet? ***Wir glauben.***

14. Glaubt ihr, dass es zur Erlangung der ewigen Seligkeit auch notwendig ist, die Gebote Gottes zu halten? *Wir glauben.*
15. Gelobt ihr, diese Gebote stets treu zu erfüllen? *Wir geloben.*
16. Gelobt ihr, nach Christi Befehl und Beispiel Gott zu lieben über alles und euren Nächsten wie euch selbst? *Wir geloben.*
17. Gelobt ihr, die Sünde immer zu hassen und unbefleckte Tempel des Heiligen Geistes sein zu wollen? *Wir geloben.*
18. Gelobt ihr, als gute katholische Christen leben und sterben zu wollen? *Wir geloben.*

Du hast nun, dreieiniger Gott, das feierliche Treugelöbnis Deiner Kinder gehört. Nimm es gnädig an und hilf uns, dass wir unser Versprechen treu bis zum Ende unseres Lebens halten können! Deine Wahrheit erleuchte uns, Deine Gnade stärke uns, Deine Liebe führe uns! So werden wir Dein eigen sein im Leben und im Tode. –
Auch dich, o heilige Mutter Maria, bitten wir in dieser Stunde, du mögest uns bei dem dreieinigen Gott Beharrlichkeit im Guten erflehen! Und ihr, unsere heiligen Namenspatrone, unter deren besonderen Schutz wir bei der heiligen Taufe gestellt worden sind, bittet mit uns, dass Gottes Segen uns auf unserem Lebensweg begleiten möge! Dann werden wir am Ende dieses Lebens den Heiland, (der heute in uns Wohnung nahm,) in himmlischer Glorie wirklich schauen dürfen. Wir werden ihn und den Vater und den Heiligen Geist mit allen Auserwählten des himmlischen Hofes dankbar preisen durch alle Ewigkeit. Amen.

Erstkommunionfeier

Ein vollkommener Ablass wird demjenigen Christgläubigen gewährt, der zum ersten Mal zum Tisch des Herrn tritt, oder demjenigen, der an der Feier der Erstkommunion anderer andächtig teilnimmt.

(HA 2008, Nr. 8, § 1, 1°, S. 55; vgl. EI 2004, Nr. 8, § 1, 1°, S. 55)

Die Erstkommunion stellt im Leben eines jeden katholischen Kindes ein unvergessliches Ereignis dar. Das etwa 8-10 Jahre alte Kind darf nun, meist gemeinsam mit den übrigen Kindern der dritten Schulklasse, erstmals das Sakrament des Leibes Christi empfangen. Traditionsgemäß findet die feierliche Erstkommunion in der Pfarrgemeinde am »Weißen Sonntag«, dem Sonntag nach Ostern, statt. Seinen Namen verdankt dieser Tag den weißen Gewändern der neuen Christen, die in der Osternacht getauft wurden und ihr weißes Taufkleid zum Zeichen der Sündenfreiheit eine Woche lang trugen. Als man im 17. Jahrhundert gemeinsame Erstkommunionfeiern der Kinder einführte und dafür einen festen Tag im Kirchenjahr suchte, wurde an einzelnen Orten der Weiße Sonntag dafür gewählt. Der aus Aresing bei Schrobenhausen stammende spätere Bischof von Regensburg, Johann Michael Sailer (1751-1832), empfahl den Weißen Sonntag für die Erstkommunionfeier, da er darin in erster Linie die Erneuerung des Taufbundes und das bewusste Sicheingliedern in die christliche Gemeinde sah.

Als Zulassungsvoraussetzung für die Erstkommunion fordert die Kirche, dass die Kinder „eine hinreichende Kenntnis und eine sorgfältige Vorbereitung erhalten haben, so dass sie das Geheimnis Christi gemäß ihrer Fassungskraft begreifen und den Leib des Herrn gläu-

big und andächtig zu empfangen in der Lage sind" (c. 913 § 1 CIC). Man geht davon aus, dass die Schülerinnen und Schüler der dritten Klasse diese Voraussetzungen erfüllen.

Die Kirche hält es allerdings nicht für geboten, dass Kinder erst im dritten Schuljahr zum ersten Mal zur heiligen Kommunion gehen. Sie empfiehlt vielmehr die frühzeitige Kommunion der 4- oder 5-Jährigen, die freilich in diesem Fall nicht vom Pfarrer, sondern von den Eltern auf den ersten Empfang der hl. Kommunion vorbereitet werden. Als Voraussetzung für diese »Frühkommunion« gilt, dass die Kinder die wichtigsten Glaubensgeheimnisse entsprechend ihrem geistigen Fassungsvermögen kennen, dass sie das eucharistische Brot vom gewöhnlichen Brot unterscheiden und so mit Frömmigkeit das Sakrament der Eucharistie empfangen können. Gemäß den Verlautbarungen der Päpste und Bischöfe hat die Augsburger Diözesansynode im Jahre 1990 nochmals die rechtzeitige Erstkommunion (Frühkommunion) für Kinder in gläubigen christlichen Familien ausdrücklich begrüßt und empfohlen.

Die meisten Kinder werden jedoch nach wie vor am Weißen Sonntag zum ersten Mal zur hl. Kommunion geführt. Als zweiter Schritt auf dem Weg der vollen Eingliederung in die Kirche nach der Taufe und vor der Firmung dürfen die Kinder nun Jesus Christus mit Gottheit und Menschheit, mit Leib und Seele empfangen. Daher ist es notwendig, dass die Kinder in den Wochen der Vorbereitung auf dieses große Fest Jesus Christus als ihren Freund und Heiland immer mehr kennen und lieben lernen.

Der Weiße Sonntag soll auch in der Familie als Fest gefeiert werden. An diesem Tag steht das Kind, das zum ersten Mal den Herrn des Lebens empfangen darf, im

Mittelpunkt. Nicht nur an der festlichen Kleidung, vor allem am Umgang miteinander sollte man an diesem Tag erkennen, dass Jesus Christus die Mitte der christlichen Familie ist. Es ist daher sehr begrüßenswert, dass an diesem heiligen Tag alle Familienmitglieder nach einer würdigen Beichte gemeinsam mit ihrem Erstkommunionkind den Leib des Herrn empfangen. Der Empfang der hl. Kommunion muss der Mittel- und Höhepunkt des Tages sein. Zusätzlich gewährt die heilige Mutter Kirche den Erstkommunionkindern und „ebenso denjenigen, die an der Feier der Erstkommunion anderer andächtig teilnehmen", unter den üblichen Bedingungen (Beichte, Kommunion, Gebet nach Meinung des Papstes) einen vollkommenen Ablass.

Literaturtipp: ***Jesus, wir kommen. Bd. 1.*** *Vorbereitungskurs zur Erstkommunion, Augsburg [18]2024;* ***Bd. 2.*** *Leitfaden. Augsburg [8]2023.*

Geistliche Exerzitien

Ein vollkommener Ablass wird demjenigen Christgläubigen gewährt, der an geistlichen Übungen (Exerzitien) teilnimmt, die sich auf wenigstens drei Tage erstrecken.

(HA 2008, Nr. 10, § 1, S. 57; vgl. EI 2004, Nr. 10, § 1, S. 57)

Schon im Mittelalter verstand man unter »Exercitia spiritualia« Übungen des geistlichen Lebens, die durch Gebet und äußerste Einsamkeit in die geglaubten Mysterien einführen sollen. Die klassische Form der geistlichen Übungen sind die Exerzitien des hl. Ignatius von Loyola (vgl. 31. Juli, S. 180f), die sich in einsamer Abgeschlossenheit unter Anleitung eines geistlichen Meisters während eines Zeitraumes von etwa vier Wochen vollziehen. In der ersten Woche werden Ziel und Sinn des christlichen Menschendaseins, die Sündigkeit und die Gewissensformung erwogen; in der 2. bis 4. Woche geht es darum, das Leben Jesu zu meditieren und den Ruf der Gnade und der Nachfolge zu erkennen, um dann das Ja zum endgültigen Lebensstand (»Wahl«) zu sprechen bzw. zur Vervollkommnung des gewählten Lebensstandes (»Reformwahl«) zu finden. Die nur drei oder acht Tage dauernden Exerzitien sind spätere Nachbildungen der ignatianischen Exerzitien (seit 1548). Die Errichtung von Exerzitienhäusern, die vielfach von Jesuiten geleitet wurden, förderte die Exerzitienbewegung (seit Mitte des 17. Jhdt.s). Exerzitien waren in diesem Jahrhundert zunächst geprägt vom Vortragsstil vor einem möglichst homogenen Publikum zur Lebensordnung und Hinführung zur Beichte. Später wurde die geistlich-mystische Dimension der Exerzitien betont, dann fanden die begleiteten Einzelexerzitien größere Beachtung. Neuerdings entdeckt man die »Exerzitien im Alltag«.

Um einen vollkommenen Ablass zu erlangen, ist es erforderlich, an wenigstens dreitägigen Exerzitien teilzunehmen und die üblichen Bedingungen zu erfüllen (Beichte, Kommunion, Gebet nach Meinung des Papstes).

Das Sterben des Christen

§ 1. Spendet ein Priester einem in einer lebensbedrohlichen Situation befindlichen Gläubigen die Sakramente, so soll er ihm auch den Apostolischen Segen und den damit verbundenen vollkommenen Ablass erteilen.
§ 2. Ist aber kein Priester zugegen, so gewährt die Kirche den vollkommenen Ablass in der Todesstunde dem Gläubigen auch, wenn dieser in seinem Leben einige Gebetsübungen regelmäßig verrichtet hat. In diesem Fall ergänzt die Kirche die drei zur Erlangung eines vollkommenen Ablasses üblicherweise notwendigen Bedingungen.
§ 3. Zur Gewinnung dieses vollkommenen Ablasses möge man dem Gläubigen ein Kruzifix oder ein Kreuz reichen. *[s. S. 138]*
§ 4. Den vollkommenen Ablass in der Todesstunde kann der Gläubige auch gewinnen, wenn er am selben Tag bereits einen anderen vollkommenen Ablass gewonnen hat.
§ 5. Diese heilsame Verfügung der Kirche soll den Gläubigen durch die Katechese in geeigneter Weise häufig bewusst gemacht werden.

(HA 2008, Nr. 12, S. 58f; vgl. EI 2004, Nr. 12, S. 58f)

NACHLASS DER SÜNDEN

Die Erlangung des ewigen Heiles (die „salus animarum“) ist das oberste Gesetz (die „lex suprema“), das heißt, das Allerwichtigste in der Kirche (vgl. c. 1752 CIC). Daher ist es von allerhöchster Bedeutung, dass die Gläubigen im Stande der Gnade, also ohne eine unvergebene schwere Sünde, aus dem irdischen Leben scheiden. Denn im Augenblick des Todes bricht Gott das „irdische Zelt“ ab; die unsterbliche Seele des Verstorbenen gelangt, bevor sie in das „ewige Haus im Himmel“ (2 Kor 5,1) ziehen kann, vor das Antlitz des göttlichen Richters, der das endgültige Urteil spricht (vgl. Mt 25). Dabei müssen wir alle „vor dem Richterstuhl Christi offenbar werden, damit jeder seinen Lohn empfängt für das Gute oder Böse, das er im irdischen Leben getan hat“ (2 Kor 5,10). So, wie der Mensch bis zum Eintritt des Todes geworden ist, so bleibt er für die ganze Ewigkeit: Mit dem Tod tritt die „Nacht ein, in der niemand mehr etwas wirken kann“ (Joh 9,4).

In articulo mortis – angesichts des Todes – lässt die Kirche ihre Gläubigen nicht allein. Priester und andere Mitchristen sollen dem Sterbenden beistehen. Wenn der Sterbende nicht mehr die Möglichkeit hat, durch das Sakrament der Buße (Beichte) von seinen Sünden losgesprochen zu werden, erlangt er durch einen Akt der Liebesreue die „Vergebung der Todsünden, wenn sie mit dem festen Entschluss verbunden ist, sobald als möglich das sakramentale Bekenntnis nachzuholen“ (KKK 1452).

Erwecke einen Akt vollkommener Reue:

Barmherziger Gott, aus Liebe zu Dir bereue ich alle meine Sünden und bitte Dich um Vergebung all meiner Schuld!

NACHLASS DER SÜNDENSTRAFEN

Auch nach der Vergebung aller Sünden im Bußsakrament bzw. durch die „vollkommene“ oder „Liebesreue“ (contritio) bleiben dem Sterbenden noch zeitliche Sündenstrafen, die er nach dem Tod im Fegfeuer abbüßen müsste. Damit er aber auch davon befreit wird, gewährt die Kirche einen „vollkommenen Ablass in der Todes-

stunde". Dieser kann auf zweierlei Weise erlangt werden:

1. Ist ein Priester zugegen, *so soll er ihm (nach der Lossprechung von den Sünden) den Päpstlichen Segen erteilen, der mit einem vollkommenen Ablass verbunden ist. Jeder Priester ist dazu bevollmächtigt. Der Priester soll nach Möglichkeit den Sterbenden darauf hinweisen, welche Voraussetzungen für die Gewinnung des Ablasses notwendig sind: Reue über alle Sünden des Lebens, willige Annahme des Todes, Glauben an die Heilsgemeinschaft der Gläubigen in der Kirche und die apostolische Vollmacht der Vergebung; dies kann er wie folgt ausdrücken:*

Der Mensch kann sich nicht selbst aus seiner Schuld befreien. Wenn wir aber unsere Sünden bereuen, vergibt uns Gott. Der Päpstliche Segen, den ich Ihnen nun erteile, ist ein besonderer Dienst der Kirche an den Kranken. Die Kirche hilft Ihnen durch die ganze Kraft ihrer Fürbitte in der endgültigen Bewältigung der Schuld. Vertrauen Sie daher auf Gott; er vergibt Ihnen, und seine liebende Hand führt Sie durch den Tod zum Leben.

Der Päpstliche Segen mit dem vollkommenen Ablass wird in einer der beiden folgenden Formen erteilt:

①

P: **Auf Grund der mir vom Apostolischen Stuhl verliehenen Vollmacht gewähre ich dir vollkommenen Ablass und Vergebung aller Sünden im Namen des Vaters und des Sohnes + und des Heiligen Geistes.**

A: **Amen.**

②

P: **Durch die heiligen Geheimnisse unserer Erlösung erlasse dir der allmächtige Gott alle Strafen des gegenwärtigen und zukünftigen Lebens. Er öffne dir die Pforten des Paradieses und führe dich zu der immerwährenden Freude.**

A: **Amen.**

2. Ist kein Priester zugegen, *so gewährt die Kirche den vollkommenen Ablass in der Todesstunde dem Gläubigen auch, wenn dieser in seinem Leben nur einige Gebetsübungen verrichtet hat. Zur Gewinnung des Ablasses möge man dem Gläubigen ein Kruzifix oder ein Kreuz reichen [s. S. 138]. Die Bedingung, „wenn der Gläubige in seinem Leben nur einige Gebetsübungen verrichtet hat", ersetzt in diesem Falle die drei zur Gewinnung eines vollkommenen Ablasses üblicherweise notwendigen Bedingungen (Beichte, Kommunion, Gebet nach Meinung des Papstes). Den vollkommenen Ablass in der Todesstunde kann der Gläubige auch gewinnen, wenn er am gleichen Tag bereits einen anderen vollkommenen Ablass gewonnen hat.*

Die Tatsache, dass die Kirche einen solchen Ablass in der Todesstunde gewährt, zeigt zweierlei:

a) Es ist von großer Wichtigkeit, dass die Gläubigen während ihres Lebens die Gewohnheit haben, regelmäßig zu beten. Denn dann erlangen sie auch in dem Falle, dass bei ihrem Sterben kein Priester zugegen ist, der ihnen den Päpstlichen Segen erteilen könnte, den vollkommenen Ablass in der Todesstunde.

b) Wer aufgrund des regelmäßigen Gebetes während seines Lebens weiß, dass er den Ablass in der To-

desstunde erlangen wird, der kann während seines irdischen Lebens so oft er will, sogar täglich, einen vollkommenen Ablass gewinnen und diesen – statt ihn für sich zu gewinnen – den Verstorbenen zuwenden. Wie es in den „Anweisungen für die Erlangung des Jubiläumsablasses" zum Heiligen Jahr 2000 hieß, vollbringen die Christgläubigen damit „eine hervorragende Übung übernatürlicher Liebe ..., kraft des Bandes, durch das im mystischen Leib Christi die noch auf Erden pilgernden Gläubigen mit jenen vereint sind, die ihren irdischen Lebensweg schon abgeschlossen haben."

***Zur Sterbebegleitung** und zur Auseinandersetzung mit der christlichen Sicht von Sterben und Tod werden folgende Titel empfohlen:*

- *Peter Christoph Düren (Hrsg.),* **Die Begleitung Schwerstkranker und Sterbender.** *Eine Handreichung für Angehörige und gläubige Laien, Augsburg ^{8}2015.*
- *Gudrun Theurer,* **Gemeinsam unterwegs in schwerer Zeit.** *Begleitende Texte für Kranke, ihre Angehörigen und Hospizmitarbeitende, Augsburg ^{2}2024.*
- *Peter Christoph Düren,* **Schnelles, sanftes oder seliges Sterben?** *Sterben aus theologischer Sicht, in: Georg Kaster (Hrsg.), Sterben – an der oder durch die Hand des Menschen? 3. Internationale Gocher Gespräche, Münster 2009, S. 132-176 (Aussprache: S. 177-182).*
- *Peter Christoph Düren,* **Der Tod als Ende des irdischen Pilgerstandes.** *Reflexion über eine katholische Glaubenslehre, ^{6}2022.*

4.

Anhang

Die erste Amtshandlung eines jeden neuen Papstes:
Unmittelbar nach der Wahl zum Obersten Hirten der Kirche
auf Erden am 8. Mai 2025 spendet Papst Leo XIV.
den Segen „Urbi et orbi“,
der mit einem vollkommenen Ablass verbunden ist
(s. S. 151f; 207f).

Das Geschenk des Ablasses

Das Geschenk des Ablasses bekundet die Fülle der Barmherzigkeit Gottes, die vor allem im Sakrament der Buße und Versöhnung ihren Ausdruck findet.

Diese althergebrachte Praxis, hinsichtlich derer es zu nicht wenigen historischen Missverständnissen kam, muss recht verstanden und angenommen werden.

Die Versöhnung mit Gott beinhaltet, obgleich sie ein Geschenk der Barmherzigkeit Gottes ist, einen Prozess, in den der Mensch mit seinem persönlichen Einsatz und die Kirche mit ihrem sakramentalen Auftrag einbezogen sind. Der Weg der Wiederversöhnung findet seinen Mittelpunkt im Sakrament der Buße. Der Mensch bleibt jedoch auch nach der Vergebung der Sünden, die durch dieses Sakrament erlangt wird, durch jene »Überreste« gezeichnet, die ihn nicht gänzlich auf die Gnade hin öffnen, und er bedarf der Reinigung und jener totalen Erneuerung des Menschen durch die Gnade Gottes. Um diese zu erreichen, ist das Geschenk des Ablasses von großer Hilfe.

Unter Ablass versteht man den »Erlass einer zeitlichen Strafe vor Gott für Sünden, die hinsichtlich der Schuld schon getilgt sind. Ihn erlangt der Christgläubige, der recht bereitet ist, unter genau bestimmten Bedingungen durch die Hilfe der Kirche, die als Dienerin der Erlösung den Schatz der Genugtuungen Christi und der Heiligen autoritativ austeilt und zuwendet« *(Enchiridion indulgentiarum, Normae de indulgentiis,* Libreria Editrice Vaticana 1999, S. 21; vgl. *Katechismus der Katholischen Kirche,* 1471).

Die folgende Verlautbarung der Apostolischen Pönitentiarie ruft die Bedingungen in Erinnerung, die für die

fruchtbringende Erlangung des Jubiläumsablasses notwendig sind.
Die Feier des Jubiläumsjahres ist nicht nur eine einzigartige Gelegenheit, um das große Geschenk zu nutzen, das der Herr uns durch Vermittlung seiner Kirche im Ablass zukommen lässt, sondern es ist auch eine gute Gelegenheit, die Lehre über den Ablass in das Bewusstsein der Gläubigen zurückzurufen. Daher veröffentlicht die Apostolische Pönitentiarie zum Nutzen all jener, die die Stätten des Jubiläumsjahres [2000] besuchen, folgende Ankündigungen.

Anmerkungen allgemeiner Natur über die Ablässe

1. Der **Ablass** ist im *Codex des kanonischen Rechtes* (can. 992) und im *Katechismus der Katholischen Kirche* (Nr. 1471) **folgendermaßen definiert:** »Der Ablass ist Erlass einer zeitlichen Strafe vor Gott für Sünden, die hinsichtlich der Schuld schon getilgt sind. Ihn erlangt der Christgläubige, der recht bereitet ist, unter genau bestimmten Bedingungen durch die Hilfe der Kirche, die als Dienerin der Erlösung den Schatz der Genugtuungen Christi und der Heiligen autoritativ austeilt.«

2. Im allgemeinen erfordert die Gewinnung von Ablässen **bestimmte Bedingungen** (nachstehend unter den Punkten 3-4 angeführt) und die **Erfüllung bestimmter Werke** (unter den Punkten 8-9-10 werden die besonderen Werke des Heiligen Jahres angeführt).

3. Zur Gewinnung von Ablässen, sowohl von vollkommenen als auch von Teilablässen, ist es notwendig, dass sich der Gläubige zumindest kurz bevor er die Ablasswerke erfüllt, **im Stande der Gnade** befindet.

4. Der vollkommene Ablass kann **nur einmal am Tag** gewonnen werden. Um ihn zu erhalten, ist es jedoch – über den Gnadenstand hinaus – notwendig, dass der Gläubige:

- die innere Disposition des **Freiseins von jeglicher Anhänglichkeit an die Sünde, auch die lässliche,** hat;
- die **sakramentale Beichte** seiner Sünden vornimmt;
- die **Allerheiligste Eucharistie empfängt** (zweifelsohne ist es besser, die Eucharistie bei der Teilnahme an der Heiligen Messe zu empfangen; für den Ablass ist jedoch lediglich die Heilige Kommunion notwendig);
- **nach Meinung des Heiligen Vaters betet**.

5. Es ist vorteilhaft, jedoch nicht notwendig, dass die sakramentale **Beichte**, und insbesondere die Heilige **Kommunion** und das **Gebet nach Meinung des Heiligen Vaters** am selben Tag vorgenommen werden, an dem auch das Ablasswerk vollbracht wird; **es reicht aus, dass diese heiligen Riten und Gebete einige Tage (ungefähr 20) vor oder nach dem Ablasswerk** abgelegt werden. Das Gebet nach Meinung des Heiligen Vaters bleibt der Wahl des einzelnen Gläubigen überlassen, es empfiehlt sich jedoch das Beten eines »Vaterunsers« sowie eines »Gegrüßet seist du Maria«. Zum Erwerb mehrerer vollkommener Ablässe reicht eine sakramentale Beichte aus; es wird jedoch für jeden vollkommenen Ablass ein je eigener Empfang der Heiligen Kommunion und ein eigenes Gebet nach Meinung des Heiligen Vaters verlangt.

6. Die **Beichtväter** können für diejenigen, die rechtmäßig verhindert sind, sowohl das vorgeschriebene **Werk** als auch die hierfür verlangten **Bedingungen abändern** (abgesehen natürlich von der Abkehr von der Sünde, auch der lässlichen Sünde).

7. Die Ablässe können immer **für sich selbst gewonnen oder den Seelen der Verstorbenen zugewandt werden,** sie können jedoch nicht für noch lebende Personen erworben werden.

Besondere Aspekte des Heiligen Jahres [2000]

[…]

Gegeben zu Rom,
am Sitz der Apostolischen Pönitentiarie,
am 29. Januar 2000

William Wakefield Kardinal Baum
Großpönitentiar

Luigi De Magistris
Titularbischof von Nova
Regens

(Oss. Romano [dt.] v. 25.02.2000, S. 12; v. Orig. ital. v. 10.02.2000)

III.
Die Läuterung der Geretteten nach dem Tod (Die Armen Seelen im Fegfeuer)

Die Armen Seelen im Fegfeuer
brauchen die solidarische Gebetshilfe der Christgläubigen auf Erden

Vorbemerkung: Der folgende Beitrag erschien zuerst wie folgt: Peter Christoph Düren, Die Läuterung der Geretteten nach dem Tod, in: Gerhard Stumpf (Hrsg.), In der Erwartung des ewigen Lebens. 10. Theologische Sommerakademie in Dießen 2002, Landsberg 2002, S. 113-140.

Für *Martin Luther* war das Fegfeuer „ein Gespenst des Teufels". Und auch heute noch ist die Lehre vom Fegfeuer und dem damit zusammenhängenden Ablass ein „rotes Tuch" für unsere evangelischen Schwestern und Brüder. Der *Evangelische Erwachsenenkatechismus* aus dem Jahr 2000 bemerkt dazu: „Im Beichtstuhl lernte er [Luther] die verheerenden Auswirkungen des Ablasshandels kennen: Durch Ablassbriefe kaufte man sich und die »armen Seelen im Fegfeuer« von den zeitlichen Kirchenstrafen los." Solche Lehren verurteilt der evangelische Katechismus: „Diese angstbesetzte Perspektive von Strafe und Vergeltung ist noch in manchen mittelalterlichen Gesangbuchliedern zu spüren und zwingt die Gläubigen in ein Netz, das sie von allen Seiten umgibt: Ablass und Fegfeuer."

Doch auch katholischerseits ist die Fegfeuerlehre nicht unumstritten. Moderne Theologen wie Ladislaus Boros, Yves Congar, Gisbert Greshake, Karl Rahner und Herbert Vorgrimler stehen der Fegfeuerlehre distanziert bis ablehnend gegenüber. Ganz anders *Romano Guardini*: Die Sorgen um „ ‚die armen Seelen' – [der Begriff] drückt innige Nähe und liebende Sorge aus" – nimmt in der Frömmigkeit des gläubigen Volkes „einen breiten Raum ein, und es wäre nicht gut, wenn sie verschwände".

Die Frage nach dem Fegfeuer ergibt sich aus der Frage danach, was mit dem Menschen nach seinem Tod geschieht. Gelangen die Seelen aller Verstorbenen *sofort zur beseligenden Anschauung Gottes?* Das ist aufgrund der oft nur mittelmäßigen religiösen Einstellung und der wohl anzunehmenden Sündhaftigkeit der meisten Menschen schwer vorstellbar. Ihnen fehlt die von der Heiligen Schrift geforderte „Heiligung, ohne die niemand den Herrn schauen wird" (Hebr 12,14), wie es auch in der Bergpredigt heißt: „Selig, die reinen Herzens sind, denn sie werden Gott schauen" (Mt 5,8). Denn Gott ist heilig und er will die Kirche „herrlich vor sich erscheinen lassen, ohne Flecken, Falten oder andere Fehler; heilig soll sie sein und makellos" (Eph 5,27). Dementsprechend sagt der Seher der Offenbarung des Johannes in einer Vision über den Himmel, die neuen Stadt Jerusalem: „nichts Unreines wird [in sie] hineinkommen, keiner, der Greuel verübt und lügt. Nur die, die im Lebensbuch des Lammes eingetragen sind, werden eingelassen" (Offb 21,23.27). Bei Märtyrern wie Johannes dem Täufer, Thomas Morus und Edith Stein, bei heiligen Priestern wie Johannes Bosco, Johannes Maria Vianney oder Pater Pio, heiligen Frauen wie Katharina von Siena und Theresia von Ávila – da fällt es nicht schwer anzunehmen, diese Heiligen seien direkt nach dem Tod in die beseligende Anschauung Gottes gelangt. Wenn es dem Menschen im Augenblick des Todes aber an der vollständigen Reinheit und Heiligkeit mangelt und wir einerseits davon ausgehen müssen, dass er so, wie er ist, Gottes Angesicht (noch) nicht schauen kann, so können wir doch andererseits nicht annehmen, dass er aufgrund einer halbherzigen Liebe zu Gott und den Menschen *der Anschauung Gottes verlustig gehen und mit ewigen Strafen belegt werden* sollte. Ein solches Schicksal erwartet der katholischen Lehre zufolge nur denjenigen, der im Stande der schweren Sünde ohne Reue aus diesem Leben scheidet.

Doch was geschieht mit uns „gemeinen“ Sündern, wenn wir dem Herrn einst Rechenschaft ablegen müssen? Obwohl wir uns auf der einen Seite ganz und gar nicht mit den großen Heiligen vergleichen können, so wollen wir auf der anderen Seite doch auch nicht annehmen, dass wir im Augenblick des Todes solch verstockte Sünder sind, die auf ewig von Gott getrennt werden. *Zwischen diesen beiden Polen* – der auf den Tod unmittelbar folgenden beseligenden Gottesschau und der auf den Tod unmittelbar folgenden ewigen Verwerfung – *da liegt das Fegfeuer*. Mit dem Katechismus der Katholischen Kirche gesagt: „Wer in der Gnade und Freundschaft Gottes stirbt, aber noch nicht vollkommen geläutert ist, ist zwar seines ewigen Heiles sicher, macht aber nach dem Tod eine Läuterung durch, um die Heiligkeit zu erlangen, die notwendig ist, in die Freude des Himmels eingehen zu können” (KKK 1030) – so lehrt uns die Kirche. Sie „nennt diese abschließende Läuterung der Auserwählten, die von der Bestrafung der Verdammten völlig verschieden ist, Purgatorium [Fegfeuer]” (KKK 1031).

Dieses aus protestantischer Sicht angeblich ‚angsteinflößende Netz von Ablass und Fegfeuer’ erweist sich bei genauem Hinsehen als ein tröstliches Netz der Barmherzigkeit Gottes. Denn es ermöglicht vielen noch den Zutritt zum Himmelreich, die in Schuld und Sünde aus diesem Leben scheiden. In ***14 Punkten*** soll dies verdeutlicht werden.

1. Die Lehre von einer nach dem Tod erfolgenden Läuterung lässt sich biblisch am *Zweiten Makkabäerbuch (12,45)* festmachen, was nicht nur von den Kirchenvätern und Konzilien bis hin zum Zweiten Vaticanum gelehrt wurde, sondern auch nach heutiger Exegese so gesehen wird.

Die Praxis, für die Verstorbenen zu beten, reicht bis in das Judentum der Zeit vor Christus zurück. Im *Zweiten Buch der Makkabäer* (Exegeten zufolge nach 160 v. Chr. entstanden) lesen wir im Kapitel 12 über die Rache an den Judenverfolgern in Jafo und Jamnia. Bei vielen im Kampf gegen die ungerechten Verfolger getöteten Juden, die in der Schlacht für den Glauben gefallen waren, entdeckte man, dass sie „unter ihren Kleidern Amulette der Götter von Jamnia trugen, obwohl das den Juden vom Gesetz her verboten ist. Da wurde allen klar, dass die Männer deswegen gefallen waren, und sie priesen nun alle das Wirken des Herrn, des gerechten Richters, der das Verborgene ans Licht bringt" (2 Makk 12,40f). Es stellte sich nun die Frage: Was geschieht mit diesen gefallenen Juden, die zwar auf der richtigen Seite gekämpft, aber in ihrer abergläubigen Auffassung ihre Hoffnung auf falsche Götzen gesetzt hatten? Offensichtlich hielt man sie nicht für verloren, sondern war der Auffassung, dass man ihnen nach ihrem zweifelhaften Heldentod Hilfe zukommen lassen könnte. Die Juden hielten nämlich „einen Bittgottesdienst ab und beteten, dass die begangene Sünde wieder völlig ausgelöscht werde. Der edle Judas aber ermahnte die Leute, sich von Sünden rein zu halten; sie hätten ja mit eigenen Augen gesehen, welche Folgen das Vergehen der Gefallenen gehabt habe. Er veranstaltete eine Sammlung, an der sich alle beteiligten, und schickte etwa zweitausend

Silberdrachmen nach Jerusalem, damit man dort ein Sündopfer darbringe. Damit handelte er sehr schön und edel; denn er dachte an die Auferstehung. Hätte er nicht erwartet, dass die Gefallenen auferstehen werden, wäre es nämlich überflüssig und sinnlos gewesen, für die Toten zu beten. Auch hielt er sich den herrlichen Lohn vor Augen, der für die hinterlegt ist, die in Frömmigkeit sterben. Ein heiliger und frommer Gedanke! Darum ließ er die Toten entsühnen, damit sie von der Sünde befreit werden" (2 Makk 12,42-45).

Für das Heil der Verstorbenen zu beten, war also bereits ein im zweiten Jahrhundert vor Christus bei den Juden praktiziertes religiöses Tun: Sie waren der Auffassung, dass ihre Toten, die Schuld auf sich geladen hatten, nach dem Tod durch Bittgottesdienst, Gebet und finanzierte Sündopfer im Jerusalemer Tempel entsühnt werden konnten.

Heutige Schriftinterpreten (z.B. Werner Dommershausen, Stephanie von Dobbeler) geben zu, dass hier – einmalig im Alten Testament – von einem Zwischenzustand die Rede ist, aus dem es für die Toten eine Erlösung gibt.

2. Die Kirchenväter nennen in Bezug auf das Purgatorium auch einige *neutestamentliche Stellen (Mt 12,32, 1 Kor 3,10-15, Mt 5,26),* die jedoch im Literalsinn der modernen Exegese zufolge nichts über das Fegfeuer aussagen.

Im *Neuen Testament* heißt es, dass dem, der „etwas gegen den Heiligen Geist sagt, … nicht vergeben [wird], *weder in dieser noch in der zukünftigen Welt"* (*Mt 12,32*). Damit ist implizit gesagt, dass es eine Schuld geben könnte, die in der zukünftigen Welt vergeben

werden kann. In diesem Sinne deuten die beiden hervorragenden *Kirchenväter* Augustinus (354-430) und Papst Gregor der Große (um 540-604) diesen Vers auf ein nach dem Tode sich ereignendes Fegfeuer. Der *modernen Exegese* zufolge (z.B. Joachim Gnilka, Eduard Schweizer) spielt hier weder der Gedanke von Sünden, die in der zukünftigen Welt möglicherweise vergeben werden können, eine Rolle, noch findet die Interpretation dieser Stelle durch die Kirchenväter im Hinblick auf das Fegfeuer Erwähnung.
Eine weitere Stelle, die von den Kirchenvätern als biblisches Zeugnis für das Fegfeuer gewertet wird, ist *1 Kor 3,10-15:* „Der Gnade Gottes entsprechend, die mir geschenkt wurde, habe ich wie ein guter Baumeister den Grund gelegt; ein anderer baut darauf weiter. Aber jeder soll darauf achten, wie er weiterbaut. Denn einen anderen Grund kann niemand legen als den, der gelegt ist: Jesus Christus. Ob aber jemand auf dem Grund mit Gold, Silber, kostbaren Steinen, mit Holz, Heu oder Stroh weiterbaut: das Werk eines jeden wird offenbar werden; jener Tag wird es sichtbar machen, weil es im Feuer offenbart wird. Das Feuer wird prüfen, was das Werk eines jeden taugt. Hält das stand, was er aufgebaut hat, so empfängt er Lohn. Brennt es nieder, dann muss er den Verlust tragen. Er selbst aber wird gerettet werden, doch so wie durch Feuer hindurch." Manche *Kirchenväter* (z.B. Augustinus, Caesarius von Arles und Gregor der Große) fassen diese Verse als Beleg für ein physisches Feuer auf, wodurch die Seelen von ihren Sünden befreit werden. In Anlehnung an die unterschiedliche Wirkung des Feuers nach Daniel 3,22-50 – den drei Jünglingen geschieht im Feuerofen kein Schaden, die Chaldäer hingegen werden dadurch getötet – entwickelt sich bei verschiedenen Kirchenvätern die

Vorstellung eines „ignis sapiens", eines „klugen Feuers", durch das alle Menschen am Tag des Gerichtes gehen müssen. Aus *exegetischer Sicht* (z.B. Joachim Gnilka, Friedrich Lang, Jacob Kremer) wird eine Deutung dieser Stelle im Sinne eines Fegfeuers abgelehnt. Entgegen aller exegetischen Zurückhaltung in der Heranziehung von 1 Kor 3,15-17 für die Fegfeuerlehre ist jedoch bemerkenswert, in welcher Ungezwungenheit ökumenische Papiere mit dieser Schriftstelle umgehen. Die „Bilaterale Arbeitsgruppe der Deutschen Bischofskonferenz und der Kirchenleitung der Vereinigten Evangelisch-Lutherischen Kirche Deutschlands" hatte beispielsweise kein Problem, in ihrem Bericht *„Communio Sanctorum"* aus dem Jahre 2000 die katholische Lehre vom Fegfeuer mit ausschließlich diesem Bibelvers zu belegen: „Dadurch werden sie ‚wie durch Feuer' (1 Kor 3,15) gereinigt durch die sie umfangende und heilende unendliche Liebe Gottes."
Schließlich ist noch *Mt 5,26* zu nennen: „Amen, das sage ich dir: ‚Du kommst von dort nicht heraus, bis du den letzten Pfennig bezahlt hast.' " *Tertullian und Cyprian von Karthago* sehen diesen Vers als Beleg für das Fegfeuer, aus dem man nicht herauskommt, bis man den letzten Pfennig (heute müsste man wohl sagen: den letzten „Cent") seiner Schuld bezahlt hat. *Moderne Exegeten* kommen heute nicht auf die Idee, diese Stelle im Sinne eines Fegfeuerbeweises zu deuten.

3. Die Zeugen der *Überlieferung (Kirchenväter, Heilige, Kirchenlehrer)* halten durchweg am Purgatorium fest.

Bereits die *Grabinschriften* der urchristlichen Katakomben verweisen auf die Existenz einer nach dem Tod erfolgenden Reinigung; sie lauten beispielsweise: „Es erbitte dir Erquickung der heilige Hippolytus.” – „Der Lucifera! Wer immer von den Brüdern dies liest, bitte Gott, dass ihr heiliger und unschuldiger Geist zu Gott aufgenommen werden möge.” – „Herr, lass den Geist der Veneria nicht umfinstert sein.” – Solche Grabinschriften unterscheiden sich deutlich von denen der Märtyrer, die man bereits in der ewigen Seligkeit wusste und daher als Heilige verehrte sowie um Fürsprache anrief: „Heiliger Xystus, gedenk (meiner) in deinen Fürbitten.”

Bei den *Kirchenvätern und frühchristlichen Schriftstellern* ist der jenseitige Reinigungsort bereits eine Glaubensgewissheit. Ein Beispiel: Im Römischen Messkanon werden unter anderem zwei frühchristliche Märtyrinnen erwähnt: die *heilige Felizitas und die heilige Perpetua*. Letztere hatte im Kerker eine Vision, in der sie ihren verstorbenen Bruder Dinokrates „aus einem finsteren Orte“ kommen sieht, „wo viele ganz erhitzt und durstig waren, in schmutziger Kleidung und blasser Farbe … Für diesen also hatte ich gebetet, und es war zwischen mir und ihm ein großer Zwischenraum, so dass wir beide nicht zueinander kommen konnten. Es war ferner an dem Orte, an welchem Dinokrates sich befand, ein Bassin voll Wasser, dessen Rand aber höher war als die Größe des Knaben, und Dinokrates streckte sich aus, als ob er trinken wollte. Ich war traurig darüber, dass jenes Bassin voll Wasser war und er doch wegen der Höhe der Umfassung nicht trinken konnte. Da erwachte ich und wurde inne, dass mein Bruder leide; aber ich vertraute, dass ich seiner Not abhelfen werde … Und ich betete für ihn Tag und Nacht mit Seufzen und Tränen, damit er mir geschenkt werde.” Perpetua berichtet dann, dass sie einige Zeit später wieder eine Erscheinung

hatte: „Ich sehe jenen Ort, den ich früher gesehen hatte, und den Dinokrates mit gewaschenem Leib, gut gekleidet und sich erholend; wo die Wunde gewesen war, sehe ich eine Narbe, und die Umfassung jenes Teiches war tiefer geworden bis an den Nabel des Knaben; ohne Aufhören schöpfte er Wasser aus dem Bassin. Über der Umfassung war auch eine goldene Schale voll Wasser; Dinokrates trat hinzu und fing an, aus der Schale zu trinken, und diese wurde nicht leerer; nachdem er genug Wasser getrunken hatte, fing er froh nach Art der Kinder an zu spielen. Da erwachte ich und erkannte, dass er aus der Strafe entlassen war."
Hier haben wir also einen sehr frühen Beleg (um 200 n.Chr.) über den Glauben an eine nach dem Tode erfolgende Strafe oder Reinigung sowie an eine Möglichkeit der Gläubigen, mit ihrem Gebet diesen leidenden Verstorbenen helfen zu können.
Entsprechend lehren auch *Klemens von Alexandrien* († vor 215), *Tertullian* († nach 220), *Cyprian von Karthago* († 258), *Johannes Chrysostomus* († 407) und *Augustinus* († 430). Dessen sterbende Mutter Monika bat Augustinus und seinen Bruder: „Begrabt meinen Leib, wo es auch sei, und macht euch keine Gedanken darum. Nur um eins bitte ich euch, gedenkt meiner, wo immer ihr euch aufhalten möget, am Altar des Herrn". Monika wollte also, dass für ihr Seelenheil das Messopfer gefeiert werde.
In der *Vor- und Frühscholastik* werden die Gedanken Augustins und Gregors des Großen über das Fegfeuer wiederholt. Und auch in der *Hoch- und Spätscholastik* steht die Wirklichkeit des Fegfeuers für die Theologie fest. Hier sind zu nennen: Hugo von St.-Cher († 1263), Alexander von Hales († 1245), Albert der Große († 1280), Thomas von Aquin († 1274), Bonaventura (†

1274), Johannes Duns Skotus († 1308) und Petrus de Palude († 1342). Um diese Zeit nimmt sich auch die *Ikonographie* des Themas Fegfeuer an. Eine Sonderrolle nimmt Dante Alighieris († 1321) „Göttliche Komödie" (Erstdruck: La Comedia, Mantua 1472) ein. In der *nachtridentinischen Theologie* behandelt das Fegfeuer beispielsweise Domingo de Soto († 1560), in der *Barockscholastik* Robert Bellarmin (1542-1621), im *17. und 18. Jahrhundert* der Augustinerbarfüßer Abraham a Sancta Clara († 1709) sowie der religiöse Volksschriftsteller Martin von Cochem († 1712).

4. Die Kirche hat die Lehre über die nach dem Tod erfolgende Reinigung Verstorbener zur *Glaubenslehre (Dogma)* erhoben.

Beim *2. Konzil von Lyon* (1274) wurde die Bekenntnisformel des griechischen Kaisers Michael Palaiologos verlesen, die ihm schon 1267 von Clemens IV. vorgelegt worden war. Hier heißt es über die Getauften, die nach der Taufe gesündigt haben: „Wenn sie aber in wahrer Buße verschieden sind, ohne zuvor durch würdige Früchte der Buße für das Begangene und Unterlassene Genugtuung geleistet haben, so werden ihre Seelen … nach dem Tod durch Reinigungs- bzw. Läuterungsstrafen gereinigt: Und zur Milderung derartiger Strafen nützen ihnen die Fürbitten der lebenden Gläubigen, nämlich Meßopfer, Gebete, Almosen und andere Werke der Frömmigkeit, die von den Gläubigen entsprechend den Anordnungen der Kirche für andere Gläubige gewöhnlich verrichtet werden."
Papst *Benedikt XII.* lehrte im Jahre 1336, dass die verstorbenen Gläubigen, in denen es beim Eintritt ihres Todes „etwas zu reinigen gab oder geben wird, wenn sie

nach ihrem Tod gereinigt wurden … sogleich nach ihrem Tod und besagter Reinigung bei denen, die einer solchen Reinigung bedurften", unmittelbar zur beseligenden Gottesschau gelangen. Damit ist die Lehre einer postmortalen Läuterung durch päpstliche Definition („Durch diese auf immer geltende Konstitution definieren Wir kraft Apostolischer Autorität …") für unfehlbar erklärt.

Das *Konzil von Florenz* (1439) lehrt gleichermaßen: „Ebenso <bestimmen wir>, dass die Seelen derer, die in wahrer Buße in der Liebe Gottes verschieden sind, ohne zuvor durch würdige Früchte der Buße für das Begangene und Unterlassene Genugtuung geleistet zu haben, nach dem Tod durch Reinigungsstrafen gereinigt werden; und zur Milderung derartiger Strafen nützen ihnen die Fürbitten der lebenden Gläubigen, nämlich Meßopfer, Gebete, Almosen und andere Werke der Frömmigkeit, die von den Gläubigen entsprechend den Anordnungen der Kirche für andere Gläubige gewöhnlich verrichtet werden."

Papst *Sixtus IV.* verlieh im Jahre *1476 erstmals einen Ablass für Verstorbene,* wenn man einen bestimmten Geldbetrag für die Kirche des hl. Petrus zu Saintes spendete. Dieser Ablass komme „auf die Weise der Fürsprache" (per modum suffragii) den Seelen des Reinigungsortes zugute.

Das *Konzil von Trient* (1545-1563) dogmatisierte den Satz: „Wer sagt, jedem reuigen Sünder werde nach Empfang der Rechtfertigungsgnade so die Schuld vergeben und die Strafwürdigkeit für die ewige Sünde getilgt, dass keine Strafwürdigkeit für eine zeitliche Strafe übrig bleibt, bevor der Zutritt zum Himmelreich offenstehen kann: der sei mit dem Anathema belegt." Des weiteren lehrte das Konzil: „Da die katholische

Kirche, vom Heiligen Geist belehrt, aufgrund der heiligen Schriften und der alten Überlieferung der Väter auf den heiligen Konzilien und zuletzt auf diesem ökumenischen Konzil gelehrt hat, es gebe einen Reinigungsort, und den dort festgehaltenen Seelen werde durch die Fürbitte der Gläubigen, vor allem aber durch das wohlgefällige Opfer des Altares geholfen: so gebietet das heilige Konzil den Bischöfen, sorgsam darum bedacht zu sein, dass die von den heiligen Vätern und den heiligen Konzilien überlieferte gesunde Lehre vom Reinigungsort von den Christgläubigen geglaubt, festgehalten, gelehrt und überall verkündet werde."

Das *Zweite Vatikanische Konzil* (1962-1965) verwendet den Begriff „Purgatorium" (Reinigungsort, Fegfeuer) nicht eigens; es hält aber klar an der Existenz des damit Bezeichneten fest, ebenso an der Einheit von triumphierender Kirche im Himmel, leidender Kirche im Fegfeuer und streitender Kirche auf Erden wie auch an der Möglichkeit der Lebenden, für die Verstorbenen wirksame Fürbitte zu leisten: Bis zur Wiederkunft des Herrn, so das Konzil in der Dogmatischen Konstitution „Lumen gentium", „pilgern die einen von seinen Jüngern auf Erden, andere, die dieses Leben vollendet haben, werden gereinigt [purificantur], andere aber werden verherrlicht" und schauen den dreifaltigen Gott. „In ganz besonderer Anerkennung dieser Gemeinschaft des ganzen mystischen Leibes Jesu Christi hat die Kirche der <Erden>pilger von den anfänglichen Zeiten der christlichen Religion an das Gedächtnis der Verstorbenen mit großer Ehrfurcht gepflegt und hat, ‚weil es ein heiliger und frommer Gedanke ist, für die Verstorbenen zu beten, damit sie von ihren Sünden erlöst werden' [2 Makk 12,46], auch Fürbittgebete [suffragia] für sie dargebracht." Das Zweite Vatikanische Konzil hat also an der

Fegfeuerlehre keine Abstriche gemacht. Es erklärt vielmehr ausdrücklich: „Diesen ehrwürdigen Glauben unserer Vorfahren in bezug auf die lebendige Gütergemeinschaft mit den Brüdern, die in der himmlischen Herrlichkeit sind oder nach ihrem Tode noch gereinigt werden, übernimmt dieses Hochheilige Konzil mit großer Ehrfurcht und legt die Beschlüsse der Heiligen Konzilien des zweiten Nicaenums, von Florenz und Trient wiederum vor. Zugleich aber mahnt sie angesichts ihrer Hirtensorge alle, die es angeht, wenn sich irgendwelche Mißbräuche, Übertreibungen oder Mängel hier oder dort eingeschlichen haben sollten, sich eifrig zu bemühen, diese fernzuhalten oder zu beheben und alles zum volleren Leib Christi und Gottes zu erneuern."
Der hl. Papst *Paul VI.* brachte die Lehre über Fegfeuer und Ablass im Jahre 1968 wieder in Erinnerung. In seinem anläßlich des 1900. Jahrestages des Martyriums der beiden Apostelfürsten verkündeten *„Credo des Gottesvolkes"* erklärte er, dass es Verstorbene gibt, deren Seelen „noch durch das Feuer des Reinigungsortes entsündigt werden müssen".
Der hl. Papst *Johannes Paul II.* behandelte im Sommer 1999 im Rahmen der Generalaudienzen die eschatologischen Themen. Am 4. August thematisierte er die nach dem Tod erfolgende Läuterung. Der Papst erklärt: „Die Notwendigkeit der Unversehrtheit nach dem Tod zum Eintritt in die vollkommene und endgültige Gemeinschaft mit Gott ist offensichtlich vorausgesetzt. Wer diese Unversehrtheit nicht hat, muß die Läuterung durchmachen." Der Papst sagt, dass diese Meinung in 1 Kor 3,14-15 bestätigt werde. Diese Unversehrtheit könne auch erreicht werden durch einen Fürsprecher. „Jede Spur der Bindung an das Böse muß ausgelöscht, jede Unförmigkeit der Seele ausgeglichen werden. Die

Läuterung muß abgeschlossen sein, und dies ist es eben, was die Lehre der Kirche mit Fegfeuer bezeichnet." Schließlich erinnert der Papst daran, dass „die, die sich im Zustand der Läuterung befinden, sowohl an die Glücklichen gebunden [sind], die sich ganz des ewigen Lebens erfreuen, als auch an uns, die wir in dieser Welt zum Haus des Vaters gehen" und daher diejenigen, die „im Zustand der Läuterung leben, dieselbe Solidarität der Kirche [erfahren], die im Gebet, in den Fürbitten und in der Liebe der anderen Brüder im Glauben wirkt".

5. In den Reinigungsort gelangen diejenigen Seelen, die nach dem Tode aufgrund ihrer bereits vergebenen Sünden noch mit *zeitlicher Sündenstrafe* beladen sind.

Nach *Thomas von Aquin* kann es sein, dass jemand Sünden zwar bereut, aber die gebührende Buße noch nicht verrichtet hat: „Weil es nun ein Gesetz der göttlichen Gerechtigkeit ist, dass für die Schuld Strafe eintrete, so muss man behaupten, dass die Seelen nach diesem Leben jene Buße leisten, die sie in dieser Welt nicht geleistet haben ... Es muss also nach diesem Leben Reinigungsstrafen geben, durch welche die nicht geleistete Buße nachträglich noch geleistet wird." Thomas verweist auf 1 Kor 3,15: „»Wenn jemandes Werk verbrennen wird, so wird er bestraft werden; er selbst wird zwar gerettet werden, jedoch so wie durch Feuer hindurch«. Dies wird auch durch die allgemeine Praxis der Kirche bestätigt, für die Verstorbenen zu beten. Ein derartiges Gebet wäre unnütz, nähme man keinen Ort der Reinigung nach dem Tode an, denn die Kirche betet nicht für diejenigen, welche bereits am Endzustand eines guten oder bösen Lebens angelangt sind, sondern für jene, welche noch nicht zum Endzustand gelangt sind."

Die Annahme von zeitlichen Sündenstrafen ergibt sich auch aus der Ablassdisziplin der Kirche. Anlässlich der Verkündigung des *Heiligen Jahres 2000* verwies der hl. Papst Johannes Paul II. auf den „Ablass, der eines der wesentlichen Elemente des Jubiläumsereignisses ausmacht". Er erinnerte an die kirchliche Lehre, wonach „jede Sünde, selbst eine geringfügige, eine schädliche Bindung an die Geschöpfe nach sich [zieht], was der Läuterung bedarf, sei es hier auf Erden, sei es nach dem Tod im sogenannten Purgatorium [Läuterungszustand]. Diese Läuterung befreit von dem, was man ,zeitliche Sündenstrafe' nennt, eine Sühne, durch die getilgt wird, was der vollen Gemeinschaft mit Gott und mit den Brüdern und Schwestern im Wege steht."

Dasselbe verkündete Papst Franziskus zum *Heiligen Jahr 2025:* „Wie wir jedoch aus eigener Erfahrung wissen, ‚hinterlässt die Sünde Spuren', sie hat Folgen: nicht nur äußere, im Sinne von Folgen des begangenen Bösen, sondern auch innere, insofern als ‚jede Sünde, selbst eine geringfügige, eine schädliche Bindung an die Geschöpfe nach sich [zieht], was der Läuterung bedarf, sei es hier auf Erden, sei es nach dem Tod im sogenannten Purgatorium'. Daher bleiben in unserem schwachen, vom Bösen verführten Menschsein ‚Folgen der Sünde'. Diese werden durch den Ablass beseitigt, und zwar immer durch die Gnade Christi, der, wie der heilige Paul VI. schrieb, ‚unser ‚Ablass'' ist."

6. Die „Armen Seelen" können im Fegfeuer keine aktive Sühne (satisfactio) mehr leisten, sondern nur noch passiv gereinigt werden *(satispassio).*

Aus katholischer Sicht ist das Purgatorium kein Ort, an dem der Verstorbene aktiv Genugtuung für seine Sünden leisten könnte („sühnendes Werk") – satisfactio –, sondern nur passiv von seinen Sündenstrafen entsühnt werden kann („Läuterung") – satispassio.
Der hl. Papst Paul VI. ordnete nach dem Zweiten Vatikanischen Konzil die Ablassdisziplin in der Apostolischen Konstitution „Indulgentiarum doctrina“ vom 1. Januar 1967 neu und erklärte: „Nach der Lehre der göttlichen Offenbarung folgen aus den Sünden von Gottes Heiligkeit und Gerechtigkeit auferlegte Strafen. Sie müssen in dieser Welt durch Leiden, Not und Mühsal des Lebens und besonders durch den Tod [d.h. durch irdische Leiden] oder in der künftigen Welt durch Feuer und Qual oder Reinigungsstrafen [d.h. durch das Fegfeuer] abgebüßt werden … Diese Strafen werden nach Gottes gerechtem und barmherzigen Urteil auferlegt zur Reinigung der Seelen, zum Schutz der Heiligkeit der sittlichen Ordnung und zur Wiederherstellung der Ehre Gottes in ihrer ganzen Majestät". Ausdrücklich wird an die Lehre vom Reinigungsort erinnert: „Dass auch nach der Sündenvergebung noch Strafen abzubüßen und Überbleibsel der Sünden zu tilgen bleiben können und oft tatsächlich bleiben, zeigt ganz deutlich die Lehre vom Reinigungsort. Hier werden ja die Seelen der Verstorbenen, die ‚mit wahrer Buße in der Liebe Gottes gestorben sind, ohne zuvor durch würdige Früchte der Buße für ihre Vergehen und Unterlassungen Genugtuung geleistet zu haben', nach dem Tode durch Reinigungsstrafen geläutert."

7. Die traditionelle Lehre vom Fegfeuer umfasst die Überzeugung, dass die nach dem Tod erfolgende Reinigung an einem uns unbekannten *Ort* erfolgt und eine gewisse *zeitliche Dauer* hat.

Was den *Ort des Fegfeuers* anbetrifft, lässt sich nach Ansicht der Kirchenlehrer darüber nichts Sicheres behaupten. Zwar handelt es sich bei den Armen Seelen um ent-leiblichte Menschen, die nicht nur der Erlösung von der Läuterung, sondern auch der Auferstehung des Fleisches harren und als leiblose Geister insofern keinen materiellen Ort einnehmen. Trotzdem können wir annehmen, dass das Fegfeuer in analoger Weise „lokal" gedacht werden kann. Schließlich ist das Fegfeuer nicht „allgegenwärtig".

Außerdem ist, auch wenn die irdische Kategorie der Zeit für eine leibfreie Seele jenseits der Todesgrenze nicht voll greift, davon auszugehen, dass das Fegfeuer für die einzelne Seele von bestimmter, *analog-zeitlicher Dauer* ist. Schließlich sollen ja Totenmesse, Ablässe für Verstorbene und dergleichen eine „Verkürzung" der Läuterungsstrafen bewirken.

8. Ebenfalls gehört die Unterscheidung zweier Strafen zum Fegfeuer: die *Strafe des zeitweisen Ausschlusses* von der beseligenden Anschauung Gottes und die *Sinnenstrafe,* die sich die meisten Kirchenväter als eine Feuerstrafe vorstellten.

Thomas von Aquin vertritt wie die übrigen bedeutenden Theologen die Meinung, dass es im Fegfeuer einerseits eine „Strafe des Verlustes" gibt, die im „Mangel der unmittelbaren Gottesanschauung besteht" (poena damni) und andererseits eine „Strafe der Sinne durch das körperliche Feuer" (poena sensus). Im Gegensatz zur Hölle werden die Armen Seelen aber nicht von Dämonen gepeinigt, sondern „allein durch die göttliche Gerechtigkeit gereinigt".

Die doppelte Strafe im Fegfeuer – einerseits die Verzögerung der beseligenden Anschauung Gottes und andererseits eine Sinnenstrafe – entspricht im analogen Sinne jener Doppelung, die die Verdammten (allerdings als ewige Strafe) erwartet. Nebenbei bemerkt: Abzulehnen ist in diesem Zusammenhang die von François Reckinger (Alle, alle in den Himmel?) seinen Lesern schmackhaft gemachte Vorstellung einer Verdammnis in der Art einer „Hölle light", in der es nur eine bleibende „Trennung von Gott" gebe, die letztlich als nicht allzu schlimm erfahren werde, nicht jedoch eine sinnliche Höllenstrafe. Denn eine solche Vorstellung wird nicht den deutlichen Schrifthinweisen auf die Qual der Verdammten gerecht. So sagt Augustinus: „Übrigens steht nun einmal mit nackten Worten geschrieben: ‚Weichet von mir, ihr Verfluchten, in das ewige Feuer' (Mt 25,41) und: ‚So werden diese eingehen in die ewige Pein' (Mt 25,46) und: ‚Sie werden gepeinigt werden in alle Ewigkeit' (Offb 20,10) und: ‚Ihr Wurm stirbt nicht und das Feuer erlischt nicht' (Jes 66,24; vgl. Mk 9,48); und wer solche und ähnliche Aussprüche mehr als Drohungen auffasst denn als Ankündigung einer wirklichen Strafe, der wird nicht so fast durch mich als vielmehr durch die göttliche Schrift selbst aufs gründlichste abgeführt und widerlegt."

Im Gegensatz zu den Verdammten bleibt den Armen Seelen die „Freude der Hoffnung", einmal aus dem Fegfeuer befreit zu werden. Ja, man kann mit Bernhard Bartmann sogar von einer „Freude im Fegfeuer" sprechen: „Der erste und hauptsächliche, ja in gewissem

Sinne der einzige Quellgrund der Fegfeuerfreuden ist der Gottesgedanke." Das Dasein im Fegfeuer ist damit geprägt vom Bewußtsein der Gotteskindschaft, der Gottesliebe, der Geduld und des Wartens.

9. Nähere Angaben über die Art und Weise der Fegfeuerstrafe, beispielsweise durch *Privatoffenbarungen*, sind mit Vorsicht zu genießen. Die Kirche warnt seit dem Mittelalter diesbezüglich vor Neugier und Spekulationen.

Die Kirche erkennt die Möglichkeit von Privatoffenbarungen an; diese gehören jedoch „nicht zum Glaubensgut" und sind auch nicht dazu da, „die endgültige Offenbarung Christi zu ‚vervollkommnen' oder zu ‚vervollständigen' "; sie sollen vielmehr helfen, „in einem bestimmten Zeitalter tiefer aus ihr zu leben" (KKK 67). Auf diesem Hintergrund sind Fegfeuer-Visionen oder Erscheinungen Armer Seelen, die in der religiösen Erbauungsliteratur Eingang gefunden haben, aus katholischer Sicht prinzipiell möglich.
Aus der Verkündigung des Lehramtes ergibt sich jedoch, dass man gerade in der Darstellung des Fegfeuers (und der Hölle) mit Privatoffenbarungen vorsichtig umgehen muss, da die menschliche Phantasie dazu neigt, in der Schilderung jenseitiger Qualen vom Boden der gesicherten kirchlichen Lehre abzuheben und sich in Fabeleien zu verlieren. Der Dogmatiker Michael Schmaus warnt davor, über den Zustand der Abgeschiedenen Aufschluss in Privatoffenbarungen zu suchen: dabei handele es sich zumeist um „Sinnestäuschungen". In der kirchlichen Verkündigung haben nicht-anerkannte Privatoffenbarungen keinen Platz.

Allerdings ist bemerkenswert, dass eine Reihe heiliggesprochener Vorbilder im Glauben selbst Visionen von Armen Seelen hatten. Zu nennen ist insbesondere die heilige *Katharina von Genua* (um 1447-1510), die Visionen von den Armen Seelen hatte und mit strengem Fasten Sühne für deren Erlösung aus dem Fegfeuer leistete. Ihr zufolge stürzt sich die Seele, die nicht mehr im Unschuldsstande ist und der etwas anklebt, was der Vereinigung mit Gott im Wege steht und nur durch das Fegfeuer entfernt werden kann, sogleich nach dem Tode gern in dasselbe. Katharina beschreibt die entsetzlichen Qualen der Armen Seelen wie auch die ruhige Hoffnung, in der sie auf die Erlösung warten. Weitere Mystiker des Fegfeuers waren beispielsweise die Heiligen *Birgitta von Schweden* († 1373), *Theresia von Avila* († 1582), *Franz von Sales* († 1622), *Margaretha Maria Alacoque* († 1690), *Crescentia Höss von Kaufbeuren* († 1744) und *Sr. M. Faustyna Kowalska* († 1938).
Eine Sonderform solcher Privatoffenbarungen sind angebliche Zeichen, die Arme Seelen auf Gegenständen hinterlassen haben sollen, beispielsweise einen Abdruck von Fingern auf einem Andachtsbuch oder Verbrennungen auf Kleidungsstücken, durch die die Hinterbliebenen aufgefordert werden sollen, für ihre Angehörigen im Fegfeuer zu beten. Solche Zeugnisse sind im römischen *Fegfeuermuseum* (Piccolo Museo del Purgatorio) der „Parrocchia Sacro Cuore del Suffragio" (Lungotevere Prati 12) zu besichtigen.

10. Die Gläubigen können *für die Verstorbenen Fürbitte einlegen* und dadurch zu einer (rascheren) Erlösung aus dem Reinigungsort beitragen.

Das *Konzil von Trient* (1545-1563) erinnerte die Bischöfe daran, Sorge zu tragen, dass die Gläubigen „Fürbitten für die Verstorbenen leisten, sei es in der Mitfeier der Messe [oder im Stiften von Seelenmessen], im Gebet, Almosen oder anderen frommen Werken"; dies zeigt, wie positiv das Trienter Konzil zum Thema Fegfeuer und Ablass steht.

Gleicherweise hat das *Zweite Vatikanische Konzil* (1962-1965) daran erinnert, dass „die Kirche der <Erden>pilger von den anfänglichen Zeiten der christlichen Religion an das Gedächtnis der Verstorbenen mit großer Ehrfurcht gepflegt und …, ‚weil es ein heiliger und frommer Gedanke ist, für die Verstorbenen zu beten, damit sie von ihren Sünden erlöst werden' [2 Makk 12,46], auch Fürbittgebete [suffragia] für sie dargebracht" hat. Zudem hat die Kirchenversammlung die Beschlüsse der Konzilien zur Fegfeuerlehre ausdrücklich wiederum vorgelegt.

In den Anweisungen der *Apostolischen Pönitentiarie* für die Erlangung des Jubiläumsablasses 2000 wurde daran erinnert, „dass der Jubiläumsablass den Seelen der Verstorbenen durch Fürbittgebet zugewendet werden kann: mit diesem Angebot wird eine hervorragende Übung übernatürlicher Liebe vollbracht, kraft des Bandes, durch das im mystischen Leib Christi die noch auf Erden pilgernden Gläubigen mit jenen vereint sind, die ihren irdischen Lebensweg schon abgeschlossen haben."

Und die *Apostolische Pönitentiarie* hat in Bezug auf den Jubiläumsablass des Heiligen Jahres 2025 bekräftigt, dass dieser „den Seelen im Fegfeuer" fürbittweise zugewendet werden kann und im Heiligen Jahr „zugunsten der Seelen im Fegfeuer“ sogar ein zweites Mal pro Tag ein Ablass gewonnen werden kann.

11. Die Bedeutung der Glaubenslehre über die nach dem Tod erfolgende Reinigung der mit zeitlichen Sündenstrafen behafteten Verstorbenen und die Hilfsmöglichkeit der Gläubigen auf die Weise der Fürsprache erfordert aus pastoraler Sicht, dass die kirchlichen Amtsträger die *Lehre vom Purgatorium Jahr für Jahr verkünden,* zumindest an Allerseelen, aber auch bei Requien (Exequien) für Verstorbene und anderen geeigneten Anlässen, beispielsweise an den Tagen, an denen die genannten Perikopen der Heiligen Schrift in der Leseordnung enthalten sind oder besondere Ablässe gewonnen werden können (Portiuncula, Urbi et orbi, Kirchweih etc).

Der *Catechismus Romanus,* 1566 in Rom erschienen, betonte, dass es ein „Reinigungsfeuer [gibt], worin die Seelen der Frommen eine bestimmte Zeit lang gepeinigt und so geläutert werden, damit ihnen der Eintritt ins ewige Vaterland offen stehen könne, in welches nichts Beflecktes eingeht. Und zwar wird der Pfarrer von der Wahrheit dieser Lehre, welche, wie die heiligen Konzilien erklären, durch die Zeugnisse der Schrift und die apostolische Tradition bestätigt ist, um so sorgfältiger und häufiger sprechen müssen, weil wir in solche Zeiten geraten sind, in welchen die Menschen die gesunde Lehre nicht mehr vertragen“ – ein auch heute zu beherzigendes Wort!
Im *Trienter Glaubensbekenntnis*, das ab 1564 bis zum Jahre 1967 von jedem kirchlichen Amtsträger abzulegen war, musste dieser sich ausdrücklich zur Fegfeuerlehre

bekennen: „Gleichfalls bekenne ich, dass in der Messe Gott ein wahres, eigentliches und sühnendes Opfer für Lebende und Verstorbene dargebracht wird … Ich halte standhaft fest, dass es einen Reinigungsort gibt und dass den dort festgehaltenen Seelen durch die Fürbitten der Gläubigen geholfen wird … Ich versichere auch, dass die Vollmacht zu Ablässen von Christus in der Kirche hinterlassen wurde und ihr Gebrauch für das christliche Volk höchst heilsam ist.” Vielleicht erinnern Sie bei Gelegenheit einmal den einen oder anderen vor dem Jahre 1968 geweihten Priester an diese von ihm festgehaltenen Glaubenlehren und die sich daraus – auch heute noch – ergebende Verpflichtung, über Messopfer, Fegfeuer und Ablass zu predigen.
Auch die aktuell seit 1998 von den kirchlichen Amtsträgern abzulegende »Professio fidei« (Glaubensbekenntnis) enthält implizit die Verpflichtung zum Glauben an die Existenz des Fegfeuers, wenn es dort heißt: „Fest glaube ich auch alles, was im geschriebenen oder überlieferten Wort Gottes enthalten ist und von der Kirche als von Gott geoffenbart zu glauben vorgelegt wird, sei es durch feierliches Urteil, sei es durch das ordentliche und allgemeine Lehramt.“ Das kirchliche Lehramt hat die Existenz des Fegfeuers bekanntlich dogmatisiert (s. oben Nr. 4).
Während man zu früheren Zeiten regelmäßig über die Letzten Dinge und somit auch über das Fegfeuer predigte, fällt dieser Glaubensinhalt heute fast vollständig aus. Man sagt, früher hätte man den Leuten „die Hölle heiß gemacht”; dies darf jedoch nicht dazu führen, auf dem Hintergrund eines theologisch unbegründeten Heilsoptimismus’ den Gläubigen die Glaubenslehren über Tod, Gericht, Fegfeuer, Himmel und Hölle zu verschweigen oder zu beschönigen. Auch heute kann (und muss) zeit-

gemäß und zugleich lehramtstreu über die Letzten Dinge gepredigt werden.
Wichtig ist auch die Einbindung der Glaubenslehre über das Fegfeuer in das *kirchliche Liedgut.* Früher war dies keine Frage. So wurden die lateinischen und deutschen Texte der Missa „Requiem aeternam“ im Gesangbuch abgedruckt; sie enthält so bedeutende Texte wie den Introitus „Réquiem aetérnam – Die ewige Ruhe gib ihnen, o Herr …“, das Graduale „Absólve, Dómine – Befreie, o Herr, die Seelen aller abgestorbenen Gläubigen …“, die Sequenz „Dies irae – Tag des Zornes …“, das Offertorium „Dómine Jesu Christe – Herr Jesus Christus, König der Herrlichkeit, errette die Seelen aller abgestorbenen Gläubigen von den Peinen des Abgrundes und aus dem tiefen Kerker …“, die Communio „Lux aetérnae – Das ewige Licht leuchte ihnen, o Herr …“, das „Líbera me – Errette mich, o Herr“. Außerdem waren die „Sterbegebete der Kirche“ und eine „Andacht für Verstorbene“ abgedruckt mit einem deutlichen Hinweis auf das Fegfeuer: „Verleih ihnen Nachlassung aller Sünden und Strafen, damit sie rein vor Deinem Angesichte erscheinen und der Seligkeit der Verklärten im Himmel würdig und teilhaftig werden“. Und es wurde gesungen: „Erbarme Dich der Seelen aller gestorbenen Christgläubigen, die wegen ihrer Sünden im Reinigungsorte noch zurückgehalten werden! Lass ihre Seufzer und ihr Verlangen, von ihren Peinen erlöst und in Dein ewiges Reich aufgenommen zu werden, zum Thron Deiner Gnade dringen!“

12. *Das Requiem bzw. die Exequien sind ein Sühnopfer* zur Erlösung der eventuell im Fegfeuer sich befindlichen Seele des Verstorbenen, *nicht* aber in erster Linie ein *Trauer- oder Verabschiedungsritus*

für die Hinterbliebenen; dies muss der zelebrierende Priester beherzigen und den Gläubigen näherbringen.

Es gibt heute die Tendenz, die Messe anlässlich der Beerdigung eines Verstorbenen vor allem im Hinblick auf die Angehörigen zu gestalten. Daher werden „Trauer“ und „Abschied“ bei dieser Feier in den Vordergrund gedrängt. Was teilweise völlig vernachlässigt wird, ist, dass die Beerdigungsmesse vor allem als Sühnopfer für den Verstorbenen dargebracht wird.
Bereits das *Konzil von Trient* erklärte im Jahre 1562, dass die heilige Messe „wahrhaft ein Sühnopfer ist” und „nicht nur für die Sünden, Strafen, zur Genugtuung und für andere Nöte der lebenden Gläubigen, sondern auch für die in Christus Verstorbenen, die noch nicht vollständig gereinigt sind, nach der Überlieferung der Apostel rechtmäßig dargebracht” wird. Und so definiert das Konzil: „Wer sagt, das Meßopfer sei lediglich ein Lob- und Dankopfer oder ein bloßes Gedächtnis des am Kreuze vollzogenen Opfers, nicht aber ein Sühnopfer; oder es nütze allein dem, der es empfängt; und man dürfe es auch nicht für Lebende und Verstorbene, für Sünden, Strafen, zur Genugtuung und für andere Nöte darbringen, der sei mit dem Anathema belegt.” Dieses Dogma muss pastoral umgesetzt werden – auch und gerade heute.
Noch während des Zweiten Vatikanischen Konzils hat Papst *Paul VI.* in der Enzyklika „Mysterium fidei” (1965) die Lehre des Trienter Konzils wiederholt, dass das Messopfer, „vom Herrn und den Aposteln belehrt, immer dargebracht [wird], nicht nur für die Sünden der lebenden Gläubigen, für ihre Strafen, Genugtuungen

und andere Nöte, sondern auch für die in Christus Verstorbenen, die noch nicht vollkommen gereinigt sind'."

13. Die Gläubigen müssen häufig und regelmäßig angehalten werden, für die Verstorbenen Fürbitte einzulegen: durch die *Gewinnung von Ablässen, die Stiftung von Messen, Fasten und Verzicht, gute Werke und fürbittendes Gebet.*

In seiner Enzyklika „Mirae caritatis" (1902) über das Allerheiligste Altarssakrament erklärt Papst *Leo XIII.*, dass die Gnade durch das heilige Messopfer auf alle Seelen überströmt, die zur Gemeinschaft der Heiligen gehören. Diese Gemeinschaft der Heiligen sei „nichts anderes als eine Mitteilung der helfenden Gnaden, der Sühneleistungen, Gebete und guten Werke unter den Gläubigen, nämlich den Seligen im Himmel, den Armen Seelen im Fegfeuer und den noch auf Erden weilenden Pilgern". Das heilige Messopfer könne zwar nur „Gott allein dargebracht werden", aber auch „zur Ehre der Heiligen" und „ferner – gemäß der apostolischen Überlieferung – zur Tilgung der noch nicht abgebüßten Sündenstrafen unserer Brüder, die schon im Herrn entschlafen sind", gefeiert werden.
Papst *Paul VI.* ordnete nach dem Zweiten Vatikanischen Konzil die Ablassdisziplin neu. Eine mittlerweile erstellte vierte, wesentlich überarbeitete Fassung des lateinischen Ablassverzeichnisses erschien kurz vor dem Heiligen Jahr 2000. Erst 2008 kam eine authentische deutsche Fassung heraus, bis dahin gab es nur die hier vorliegende private Übersetzung und Kommentierung der täglich zu gewinnenden vollkommenen Ablässe, die allerdings von der Apostolischen Pönitentiarie eigens belobigt wurde und dem Heiligen Vater im Großen

Jubeljahr 2000 auf Einladung der Apostolischen Nuntiatur persönlich überreicht werden konnte (vgl. S. 10-15). So gilt weiterhin, dass wir etwas für die Armen Seelen im Fegfeuer tun können: Wir können durch Gebete und gute Werke, durch Ablässe und die Stiftung und Darbringung des heiligen Messopfers ihre Leiden mildern und ihre Leidenszeit abkürzen. Dies ergibt sich auch aus dem vom *Zweiten Vatikanischen Konzil* gelehrten gemeinsamen Priestertum aller Getauften. Die Gläubigen „wirken kraft ihres königlichen Priestertums an der eucharistischen Darbringung mit und üben ihr Priestertum aus im Empfang der Sakramente, im Gebet, in der Danksagung, im Zeugnis eines heiligen Lebens, durch Selbstverleugnung und tätige Liebe“. Eine Verwirklichungsform des „Priestertums der Laien“ ist das Gebet und Opfer für die Verstorbenen. Denn es bieten sich mannigfache Möglichkeiten für die Laien, priesterlich für die Armen Seelen zu wirken: durch heldenmütige Liebesakte, Teilhabe und Aufopferung des heiligen Messopfers, Rosenkranz, Almosen, Verrichtung von Tugendakten, die die Verstorbenen im Leben besonders vernachlässigt haben, sowie durch Aufopferung der Arbeit.

Es darf in diesem Zusammenhang daran erinnert werden, dass die Kirche „gemäß bewährtem Brauch“ *Messstipendien* annimmt, um sie nach Meinung der Gläubigen zu feiern. Diese Messen werden in der Praxis vorzugsweise für Verstorbene appliziert, sollen also dazu beitragen, dass bestimmte Verstorbene aus dem Fegfeuer erlöst werden.

Man sollte auch bedenken, dass das Gebet für den Verstorbenen viel wichtiger ist als eine *„prachtvolle Beerdigung“*. Dies wusste schon Monika, die heilige Mutter des Augustinus, der über sie schreibt: „Als der Tag ihrer

Auflösung herannahte, dachte sie nicht daran, ihr Leib möchte köstlich gekleidet oder mit Spezereien bestattet werden, begehrte kein prächtiges Denkmal, kümmerte sich auch nicht um ein Grab in der Heimat. Nicht dies trug sie uns auf, sondern verlangte nur danach, es möge ihrer an deinem Altare gedacht werden, dem sie ohne Unterlass täglich gedient. Sie wußte ja, dass dort das heilige Opfer dargebracht wird, wodurch ‚ausgetilgt ist die Handschrift, die wider uns war', wodurch der Feind überwunden ist, der unsere Sünden uns vorrechnet und sucht, wie er uns verklage, aber an ihm nichts findet, in dem auch wir den Sieg erlangen."

14. Die Lehre vom Purgatorium und die Lehre und Praxis der Ablässe dürfen nicht aus einer falsch verstandenen *Ökumene* heraus vernachlässigt werden.

Martin Luther († 1546) attackierte in seinen 95 Thesen (1517) die konkrete Ablasspraxis, verteidigte aber teilweise sogar noch die Lehre über den Ablass (vgl. 38., 49., 71. These). Ein gutes Jahrzehnt später nahm er allerdings in seinem „Widerruf vom Fegfeuer" (1530) pointiert gegen das Purgatorium Stellung. Er lehnte in dieser Schrift die Berufung auf 2 Makk ab, da er die Makkabäerbücher als nicht zur Heiligen Schrift gehörig betrachtete. Im Übrigen meine diese Stelle kein Fegfeuer, sondern sei auf die Auferstehung der Toten bezogen. Zudem hielt Luther es für einen Anachronismus und für unangemessen, es dem Judas Makkabäus gleichzutun und „widder zu Juden [zu] werden". Drittens gebe es im Alten wie im Neuen Testament keine Annahme eines Fegfeuers und viertens hätte die Zeit alttestamentlicher Opfer mit Christus ein Ende gefunden. Überhaupt seien die Katholiken, die Luther „Sophisten" nennt, aufgrund

ihres naiven Umgangs mit der Heiligen Schrift „ungelerte esel”.
Abgelehnt wurde der Fegfeuerglaube auch von *Philipp Melanchthon* († 1560), *Huldrych Zwingli* († 1531) und *Johannes Calvin* († 1564). Der Ingolstädter Kontroverstheologe *Johannes Eck* († 1543) nahm gegen Luthers „lasterbüchlin“ kritisch Stellung, ebenso der Luther-Gegner *Johannes Cochlaeus* († 1552).
Nun – was das eigentliche Argument Luthers ausmacht – die Lehre vom Fegfeuer stehe nicht in der Heiligen Schrift, sondern werde von den Kirchenvätern übernommen –, so bestätigt dieser Umstand gerade die Rechtmäßigkeit der katholischen Lehre. Wir halten nämlich getreu der Lehre des Zweiten Vatikanischen Konzils (1962-1965) daran fest, „dass die Kirche ihre Gewißheit über alles Geoffenbarte nicht aus der Heiligen Schrift allein [‚non per solam Sacram Scripturam’] schöpft”, wie Luther es mit seinem „Sola scriptura”-Prinzip vorschreiben wollte. Vielmehr gilt für den Katholiken: „Die Heilige Überlieferung und die Heilige Schrift bilden den einen der Kirche überlassenen heiligen Schatz des Wortes Gottes.” Und schließlich ist die Aufgabe, „das geschriebene oder überlieferte Worte Gottes verbindlich zu erklären, … nur dem lebendigen Lehramt der Kirche anvertraut, dessen Vollmacht im Namen Jesu Christi ausgeübt wird”.
Wenn also das kirchliche Lehramt bei der Definition einer katholischen Glaubenslehre Schriftstellen über ihren rein literarischen Sinn hinaus anagogisch oder allegorisch deutet und sich darin auf die Lehre der Kirchenväter bezieht, so übt sie ihr Lehramt zu Recht im Namen Jesu Christi aus und ist in der Lage, unfehlbar zu lehren.
Aufgrund der Leugnung des Fegfeuers durch die Reformatoren verschwand im *evangelischen Bereich* das Ge-

bet für die Verstorbenen. Als reformatorische Antworten auf die Frage nach dem Zustand der Verstorbenen bietet der Evangelische Erwachsenenkatechismus (2000) den „Seelenschlaf" bis zum Jüngsten Tag oder die „Auferstehung im Tode" an; ja es ist auch die Rede davon, dass die Verstorbenen im Wachzustand „mit uns durch Christus verbunden [sind] in einer Hoffnungs- und Unterwegsgemeinschaft, in welcher sie mit uns auf die Zukunft des Reiches Gottes und seiner Gerechtigkeit aktiv warten und mit uns, ja für uns hoffen." Ähnliche Gedanken trifft man auch im evangelischen Liedgut an: da ist von „Schlaf" und „Ruhen" die Rede; es fällt aber auch auf, dass weniger *über* den Verstorbenen und mehr *stellvertretend* für ihn gesungen wird. In dieser mannigfaltigen Vorstellungswelt des Protestantismus zeigt sich für Anton Ziegenaus: „Obwohl das Purgatorium nicht zu den Kernwahrheiten des Glaubens gehört, führte sein Ausfall zu überraschenden eschatologischen Verschiebungen."

Im Blick auf die Verstorbenen kennen die Protestanten nur ein „der Toten Gedenken" (im Sonntagsgottesdienst, am Ewigkeitssonntag, am letzten Tag des Kalenderjahres), bei dem die „Bitterkeit des Sterbens und des Todes" und die „Hoffnung auf die Totenauferweckung" ihren Platz haben, nicht jedoch ein Gebet für die Verstorbenen. Mit anderen Worten: Der evangelische Christ setzt sich zwar mit der Realität des Todes auseinander; er betet aber nicht explizit „für" den Verstorbenen und hat auch keine sichere Vorstellung von dem, was man unter individueller Eschatologie versteht und katholischerseits mit den drei Stichworten „Himmel, Hölle, Fegfeuer" skizziert wird. Vielmehr wird die Möglichkeit der Darbringung des Messopfers für die Verstorbenen im „Augsburger Bekenntnis", das im Evangelischen

Gesangbuch (1994) unter dem Kapitel „Bekenntnisse und Lehrzeugnisse der Kirche" abgedruckt wird, eindeutig verworfen: „Die Messe ist von den Evangelischen nicht abgeschafft worden, sondern wird mit größerer Andacht als bei den Widersachern gehalten … Man hat aber den Irrtum abgeschafft, die Messe sei ein Opfer für Lebendige und Tote, mit dem man Sünde wegnehmen und Gott versöhnen könne."

Eine Übernahme protestantischer Vorstellungen in Bezug auf die Letzten Dinge kann daher für einen Katholiken aus Glaubensgründen nicht in Betracht kommen. Es wäre auch unhaltbar zu behaupten, jene protestantischen Ansichten stünden nicht im Gegensatz zum katholischen Glauben. Nun behauptet der *Arbeitsbericht „Communio sanctorum"* der „Bilateralen Arbeitsgruppe der Deutschen Bischofskonferenz und der Kirchenleitung der Vereinigten Evangelisch-Lutherischen Kirche Deutschlands" aus dem Jahre 2000: „Gemeinsam können wir heute von einer Läuterung im folgenden Sinne sprechen: Die Gemeinschaft in Christus, in die der Mensch berufen wird, bleibt auch in Tod und Gericht erhalten und wird dadurch vollendet, dass er durch den Schmerz über sein Versagen im irdischen Leben hindurch der Liebe Gottes die vollendete Antwort seiner Liebe geben kann. Dass dies geschehe, darum darf die Gemeinschaft der Glaubenden auf Erden auf Grund des allgenugsamen Opfers Christi Gott allzeit bitten. Dieses ihr Gebet ist wie die Verehrung der Heiligen liturgischer Ausdruck ihrer eschatologischen Hoffnung." – Diese „versöhnte Verschiedenheit" bezüglich der katholischen Fegfeuerlehre stellt eine grobe Verkürzung dar, die dem katholischen Dogma nicht gerecht wird, und zwar aus folgenden Gründen:

1. Es ist keineswegs sicher, das die „Gemeinschaft in Christus, in die der Mensch berufen wird, … auch in Tod und Gericht erhalten" bleibt. Die Möglichkeit, dass der Christ seiner Berufung untreu wurde, im Stande der Todsünde stirbt und damit ewig verloren geht, unterschlägt das ökumenische Dokument.
2. Wenn ein Verstorbener nach dem Tode das Fegfeuer erleiden muss, dient das nicht dazu, dass „er durch den Schmerz über sein Versagen im irdischen Leben" nun „die vollendete Antwort seiner Liebe geben kann". Das Fegfeuer ist keine moralische Besserungsanstalt, in der der Wille zum Guten gelenkt werden könnte, sondern ein Strafort, an dem die Seele durch die Strafe geläutert wird bzw. ein Reinigungsort, an dem er von Sündenstrafen befreit wird. Ein Erziehungsort kann das Fegfeuer nicht sein, da Erziehung eine Änderung des Willens intendiert, die nach dem Tode ausgeschlossen ist. Es handelt sich zudem nach allgemeiner Überzeugung nicht nur um den „inneren Schmerz" der Seele, sondern um von Gott verhängte Strafen.
3. Die Gemeinschaft der Glaubenden bittet nicht nur „auf Grund des allgenugsamen Opfers Christi", sondern vielmehr kann die Kirche den Verstorbenen fürbittweise Hilfe aus dem „thesaurus Ecclesiae", dem Kirchenschatz, zukommen lassen. Und dazu gehört keineswegs nur das „Opfer Christi", sondern die „Verdienste Christi und der Heiligen". Hier scheint sich die „Solus Christus"-Lehre der Protestanten bei den katholischen Mitgliedern der Arbeitsgruppe festgesetzt zu haben.
4. Die Tätigkeit der Gläubigen beim Gebet für die Verstorbenen ist nicht nur „liturgischer Ausdruck [!] ihrer eschatologischen Hoffnung", sondern wirkmächtige Hilfe [!] für die Verstorbenen aufgrund der amtlichen Fürbitte der Kirche. Konkret gesagt: Wenn jemand

einen Ablass gewinnt und diesen fürbittweise einem Verstorbenen zukommen lässt oder eine Messe für einen Verstorbenen stiftet, ist das nicht zum Ausdruck gebrachte Hoffnung, sondern tatsächliche Hilfe der Kirche, die dazu führt, dass eine Seele – auf die Weise der Fürbitte und deren Erhörung – vorzeitig aus dem Fegfeuer erlöst wird.
Mit anderen Worten: Was sich hier als ökumenischer Konsens in der Fegfeuerlehre darstellt, ist in Wirklichkeit ein äußerst fragwürdiger Kompromiss, der die wesentlichen katholischen Elemente dieser Lehre schlichtweg eliminiert. Hier zeigt sich beispielhaft, welche Konsequenzen die ökumenische Parole von der „versöhnten Verschiedenheit" auslöst: Unter der Hand verzichtet man auf Verkündigung und Anwendung des katholischen Dogmas, sucht den angeblich kleinsten gemeinsamen Nenner im Glauben und erklärt bestehende Unterschiede für nicht mehr kirchentrennend. Eine solche theologische Vorgehensweise ist jedoch theologisch wie pastoral zutiefst bedenklich.
Zum Schluss dieser Abhandlung über das Fegfeuer sollte sich der aufmerksame Leser folgende Fragen stellen: „Kommt die Glaubenslehre vom Fegfeuer in meinem Leben vor? Wann habe ich zuletzt eine Predigt über das Fegfeuer gehört? Wann habe ich zum letzten Mal einen Ablass gewonnen und einem Verstorbenen fürbittweise zugewendet? Wann habe ich eine heilige Messe für einen Verstorbenen feiern lassen?" – Wenn die Lehre über das Fegfeuer sowie über die Hilfen für die Armen Seelen durch Messopfer, Ablass und gute Werke verkündet und geglaubt wird und sie im pfarrlichen wie im persönlichen Leben der katholischen Christen wieder praktisch umgesetzt werden, dann hat der vorliegende Beitrag sein Ziel erreicht.

Geschnitzter Stein, der die Seelen im Fegfeuer in der Pfarrkirche Santa María Magdalena, Ponte Ulla (Spanien), darstellt.

IV.
Die Teilablässe

Die Kirche lehrt: „Ein Ablass ist Teilablass oder vollkommener Ablass, je nachdem er von der zeitlichen Strafe, die für die Sünden zu verbüßen ist, teilweise oder ganz befreit“ (c. 993 CIC).
Das vorliegende Buch behandelt Lehre und Praxis der Ablässe, wobei es hierbei in erster Linie um die vollkommenen Ablässe ging. Denn bei der Ablassgewinnung besteht sicher der verständliche und sinnvolle Wunsch, von *allen* Sündenstrafen befreit zu werden bzw. – wenn man den vollkommenen Ablass den Verstorbenen zuwendet – die *Leidenszeit der Armen Seelen im Fegfeuer* nicht nur abzukürzen, sondern *zu beenden,* damit sie in die beseligende Gottesschau und die Gemeinschaft der Heiligen des Himmels gelangen können.
Auf diesem Hintergrund wurden in den vorangegangenen Auflagen die Teilablässe nicht im Einzelnen berücksichtigt.
Nun ist jedoch die Gewinnung eines vollkommenen Ablasses daran gebunden, dass man die entsprechenden Bedingungen *vollständig* erfüllt:

- Beichte innerhalb von 20 Tagen vorher oder nachher;
- Freisein von jeder Anhänglichkeit an irgendeine, auch lässliche Sünde;
- Kommunionempfang;
- Gebet in den Anliegen des Papstes sowie
- das jeweilige Ablasswerk.

Es kann jedoch sein, dass eine dieser Bedingungen aufgrund eines Versäumnisses nicht eingehalten wird, z.B., wenn die Beichte außerhalb des genannten Zeitraumes liegt oder wenn kein Kommunionempfang möglich ist oder wenn das Gebet in den Anliegen des Papstes vergessen wird. Und zudem ist die Bedingung des „Freiseins von jeder Anhänglichkeit an irgendeine, auch lässliche Sünde“ (HA 2008, N. 20 § 1, S. 20) – *„praeter omnimodam exclusionem affectus erga quodcumque peccatum etiam veniale“ (EI 2004, N. 20 § 1, S. 25)* – schon eine große sittliche Herausforderung, die vielleicht nur in zeitlicher Nähe zur Beichte (in der man zerknirscht seine Sünden bekennt) verwirklicht, dann aber ggf. zeitweise wieder nicht erfüllt wird und wahrscheinlich eine Lebensaufgabe für jeden Christen bleibt. Und zudem kann natürlich auch das jeweils vorgeschriebene Werk unvollkommen bleiben, z.B. ein nur halb gebeteter Rosenkranz.

Allerdings geht man in diesem Fall des Ablasses nicht völlig verlustig. Vielmehr lehrt die Kirche: „Wenn die innere Disposition nicht vollständig vorhanden ist oder die genannten Bedingungen … nicht erfüllt werden, so gewinnt man … einen Teilablass“ (HA 2008, N. 20 § 4, S. 23; vgl. EI 2004, N. 20 § 4, S. 26).

Daher macht es erstens immer Sinn, sich um die Erlangung eines vollkommenen Ablasses zu bemühen – entweder für sich oder fürbittweise für Verstorbene. Wenn dann auch wegen mangelnder Erfüllung der Bedingungen im Einzelfall kein vollkommener Ablass gewonnen wird, dann zumindest ein Teilablass, d.h. eine *teilweise Befreiung, Verkürzung oder Erleichterung von Fegfeuerstrafen (für sich selbst oder für Verstorbene).*

Und zweitens wird unser Augenmerk damit auf jene Gebete und Handlungen gelegt, mit denen man ohnehin von vornherein ausschließlich einen Teilablass gewinnen kann, den man dann wiederum für sich selbst erlangen oder ihn fürbittweise Verstorbenen zuwenden kann. Diese Gewährungen von Teilablässen, die man täglich auch mehrfach erlangen kann, werden hiermit ab der 5. Auflage ergänzt aufgelistet.

Zunächst einmal handelt es sich um **„allgemeine Gewährungen“**, die sich auf das tägliche Tragen des eigenen Kreuzes, auf die Tat der Nächstenliebe, auf freiwilligen Verzicht und auf das offene, mutige Bekenntnis des katholischen Glaubens beziehen:

- „Demjenigen Christgläubigen wird ein Teilablass gewährt, der in seiner **Pflichterfüllung** und in den **Mühen** des Lebens mit demütigem Vertrauen seine Seele zu Gott erhebt und dabei wenigstens innerlich ein **Stoßgebet** verrichtet.“ (HA 2008, Gew. I, S. 29)
- „Ein Teilablass wird einem Christgläubigen gewährt, der, geleitet vom Geist des Glaubens und barmherzigen Sinnes, sich selbst oder seine Güter in den Dienst an den **notleidenden Brüdern und Schwestern** stellt.“ (HA 2008, Gew. II, S. 32)
- „Ein Teilablass wird demjenigen Christgläubigen gewährt, der auf eine erlaubte Annehmlichkeit im Geist der Buße **freiwillig verzichtet**.“ (HA 2008, Gew. III, S. 35)
- „Ein Teilablass wird demjenigen Christgläubigen gewährt, der in besonderen Situationen des täglichen Lebens vor anderen **offen seinen Glauben bezeugt**.“ (HA 2008, Gew. IV, S. 38)

Und dann fügt das Handbuch der Ablässe **„weitere Gewährungen“** hinzu, die mit verschiedenen, konkreten Akten der Frömmigkeit verbunden sind:

- **Weihe der Familien** – Sprechen des Gebetes (s. S. 241 oder 244) am Jahrestag der Weihe. (Vgl. HA 2008, Nr. 1, S. 48)

- Gebet zur **Weihe der Menschheit an Jesus Christus, den König** (s. S. 203) außerhalb des Christkönigsfestes oder allein. (Vgl. HA 2008, Nr. 2, S. 48)

- **Sühnegebet** (s. S. 167) außerhalb des Herz-Jesu-Festes oder allein. (Vgl. HA 2008, Nr. 3, S. 49)

- **Beten für die Erreichung eines bestimmten religiösen Zieles** (z.B. Förderung von Priester- und Ordensberufen, Hingabe an die besondere Sorge um die Kranken und Schwachen, Stärkung der Heranwachsenden im Bekenntnis des Glaubens und Unterstützung eines heiligmäßigen Lebens). (Vgl. HA 2008, Nr. 5, S. 52)

- Bemühen um die **Weitergabe oder Aneignung der christlichen Glaubenslehre.** (Vgl. HA 2008, Nr. 6, S. 52)

- **Kurzer Besuch zur Anbetung des Allerheiligsten** oder sich Jesus im Allerheiligsten Sakrament der Eucharistie **Anvertrauen** mit einem rechtmäßig approbierten Gebet, z.B. Gebet „Gottheit tief verborgen“ (GL 497) [Adoro te devote], „O heiliges Gastmahl“ [O sacrum convivium], „Gott ist nah in diesem Zeichen“ [Tantum ergo] (GL 496). (Vgl. HA 2008, Nr. 7, S. 53)

- **Geistliche Kommunion** oder **Danksagung nach dem Kommunionempfang,** z.B. durch das Gebet „Seele Christi, heilige mich“ (GL 6,4) [Anima Christi], „Siehe, o guter und lieber Jesus“ [En ego, o bone et dulcissime Iesu] (S. 139). (Vgl. HA 2008, Nr. 8, S. 55)

- **Gewissenserforschung** und Vorsatz zur Besserung oder **Erweckung der Reue** nach approbierter Formel mit frommer Gesinnung, z.B. „Ich bekenne …“, „Aus der Tiefe …“ (Ps 130), „Gott, sei mir gnädig …“, Gradual-Psalmen, Bußpsalmen. (Vgl. HA 2008, Nr. 9, S. 57)

- Teilnahme an einem **monatlichen Einkehrtag.** (Vgl. HA 2008, Nr. 10, S. 57)

- **Gebet für die Einheit der Christen,** z.B.: „Allmächtiger und barmherziger Gott, dein Wille ist es, die vielen Völker durch deinen Sohn zu dem einen Volk zusammenzuführen. Gib, dass alle, die sich Christen nennen, eins seien in Wahrheit und Liebe ohne alle Spaltungen. Lass alle Menschen, vom wahren Glauben erleuchtet, in der brüderlichen Gemeinschaft der einen Kirche zusammenfinden. Darum bitten wir durch Christus, unseren Herrn. Amen.“ (Vgl. HA 2008, Nr. 11, S. 58)

- Benutzung eines von einem Priester oder Diakon rechtmäßig **gesegneten Andachtsgegenstandes** in frommer Gesinnung. (Vgl. HA 2008, Nr. 14, S. 61)

- **Betrachtendes Gebet** zur persönlichen Auferbauung. (Vgl. HA 2008, Nr. 15, S. 61)

- Aufmerksames und andächtiges **Hören des Wortes Gottes** in einer liturgischen Feier. (Vgl. HA 2008, Nr. 16, S. 61)

- Privates und allein praktiziertes **Beten des Rosenkranzes** außerhalb einer Kirche oder öffentlichen Kapelle (z.B. alleine zuhause, bei einer Zugfahrt oder im Wald). (Vgl. HA 2008, Nr. 17, S. 62)

- Beten des **Magnifikat** oder des **Angelus/Regina caeli** oder eines anderen approbierten **Gebetes zur Muttergottes,** z.B. „Gedenke“, „Sei gegrüßt, o Königin“, „Unter deinen Schutz und Schirm“. (Vgl. HA 2008, Nr. 17, S. 63)

- **Anrufung des Schutzengels** mit einem approbierten Gebet, z.B. „Engel Gottes …“, „Heiliger Schutzengel mein …“. (Vgl. HA 2008, Nr. 18, S. 66)

- **Anrufung des heiligen Josef** in frommer Gesinnung mit einem approbierten Gebet, z.B. „Heiliger Josef, in unserer Not …“. (Vgl. HA 2008, Nr. 19, S. 67)

- **Gebet zu den heiligen Aposteln Petrus und Paulus:** „Ihr heiligen Apostel Petrus und Paulus, bittet für uns. Beschütze, o Herr, dein Volk, das auf die Fürsprache deiner Apostel Petrus und Paulus vertraut, und gewähre ihm deinen immerwährenden Beistand. Durch Christus, unseren Herrn. Amen.“ (Vgl. HA 2008, Nr. 20, S. 68)

- **Beten des Tagesgebetes** oder eines anderen approbierten **Gebetes zum Heiligen** an dessen Gedenktag. Oder Besuch einer Kirche in frommer Gesinnung innerhalb einer Jahresfrist, in der dort eines **neuen Seligen oder Heiligen** gedacht wird. (Vgl. HA 2008, Nr. 21, S. 69)

- Andächtige Teilnahme an einer öffentlich abgehaltenen **Gebetsnovene,** privates Beten einer approbierten **Litanei,** Gebet eines **kleinen Offiziums.** (Vgl. HA 2008, Nr. 22, S. 69; dt. fälschlich „vollkommener Ablass", vgl. lat.: „partialis indulgentia" EI 2004, n. 22)

- Privates und allein praktiziertes Beten des Hymnus **„Akathistos"** oder des Offizium **„Paráklesis"** außerhalb einer Kirche oder öffentlichen Kapelle. (Vgl. HA 2008, Nr. 23, S. 70)

- Beten eines rechtmäßig approbierten **Gebetes für die Wohltäter,** z.B. „Schenke, o Herr …" (Vgl. HA 2008, Nr. 24, S. 71)

- **Gebet für die Hirten der Kirche, z.B. für den Papst:** „Lasset uns beten für unseren Papst N. Der Herr behüte ihn und erhalte sein Leben. Er lasse ihn gesegnet sein auf Erden und übergebe ihn nicht dem Hass seiner Feinde" **oder für den Bischof** das entsprechende Gebet aus dem Messbuch. (Vgl. HA 2008, Nr. 25, S. 72)

- **Morgen- und Abendgebet, Gebet zu Beginn und zum Abschluss des eigenen Tagewerks, Beten vor und nach der Mahlzeit** mit approbierten Gebeten, z.B. **„Herr, unser Gott,** komm unserem Beten und Arbeiten mit deiner Gnade zuvor und begleite es, damit alles, was wir beginnen, bei dir seinen Anfang nehme und durch dich vollendet werde. Darum bitten wir durch Christus, unseren Herrn. Amen." – **„Wir sagen dir Dank,** allmächtiger Gott, für alle deine Wohltaten, der du lebst und herrschest in alle Ewigkeit. Amen." – **„Herr, segne uns** und diese Gaben, die wir von deiner Güte nun empfangen, durch Christus, unseren Herrn. Amen." – **„Komm, Heiliger Geist,** erfülle die Herzen deiner Gläubigen und entzünde in ihnen das Feuer deiner Liebe." – **„Herr und Gott, kehre ein in dieses Haus** und halte alle Nachstellungen des Feindes von ihm fern. Deine heiligen Engel mögen darin wohnen und uns im Frieden bewahren. Und dein Segen sei über uns allezeit. Darum bitten wir durch Christus, unseren Herrn. Amen." (Vgl. HA 2008, Nr. 26, S. 72ff)

- **Erneuerung des Taufbekenntnisses** nach einer dafür vorgesehenen Formel (S. 246 oder 249). (Vgl. HA 2008, Nr. 28, S. 76)

- Das **Kreuzzeichen** machen und dabei sprechen: „Im Namen des Vaters und des Sohnes und des Heiligen Geistes. Amen." (Vgl. HA 2008, Nr. 28, S. 76)

- Andächtiges Sprechen des **Apostolischen oder des Großen Glaubensbekenntnisses** (s. S. 171-174). (Vgl. HA 2008, Nr. 28, S. 76)

- **Erweckung der theologischen Tugenden (Glaube, Hoffnung und Liebe)** nach einer beliebigen Formel mit frommer Gesinnung. (Vgl. HA 2008, Nr. 28, S. 76)

- **Besuch eines Friedhofes** in frommer Gesinnung und Gebet wenigstens im Geiste für die Verstorbenen; Beten der Laudes oder der Vesper des **Totenoffiziums** oder Anrufung: **„Herr, gib ihnen die ewige Ruhe"** (dieser Teilablass kann jeweils nur den läuterungsbedürftigen Seelen zugewendet werden). (Vgl. HA 2008, Nr. 29, S. 77)

- Geistliche Lesung (bei Behinderung auch Vorlesen) der **Heiligen Schrift** für weniger als eine halbe Stunde. (Vgl. HA 2008, Nr. 30, S. 78)

- Besuch einer Begräbnisstätte der frühen Christen **(Katakombe)** in frommer Gesinnung. (Vgl. HA 2008, Nr. 33, S. 81)

Kirchliche Dokumente

AEM: Allgemeine Einführung in das Römische Messbuch, in: Messbuch. Kleinausgabe, Köln u.a. ^{2}1988, S. 25*-75*.

Apostolische Pönitentiarie, Anweisungen für die Erlangung des Jubiläumsablasses (1998), in: Verlautbarungen des Apostolischen Stuhls 136, Bonn 1999, S. 21-24.

CIC: Codex Iuris Canonici, Kevelaer ^{11}2025 (cc. 992-997).

DzH: Heinrich Denzinger, Kompendium der Glaubensbekenntnisse und kirchlichen Lehrentscheidungen (Enchiridion symbolorum). Erw. v. Peter Hünermann, Freiburg ^{45}2017.

EI 1986: Enchiridion indulgentiarum. Normae et concessiones, ed. Pænitentiaria Apostolica, Roma ^{3}1986.

EI 1999: Enchiridion indulgentiarum. Normae et concessiones, ed. Pænitentiaria Apostolica, Roma ^{4}1999.

EI 2004: Enchiridion indulgentiarum. Normae et concessiones, ed. Pænitentiaria Apostolica, Roma $^{4\ \text{Reimpressio}}$ 2004.

Franziskus (Papst) [Apost. Pönitentiarie], Über die Gewährung eines Ablasses während des Heiligen Jahres 2025, in: Amtsblatt für die Diözese Augsburg 134, Nr. 7 (19.06.2024), S. 214-220.

GL: Gotteslob 2014; (GL alt: Gotteslob 1975).

GRM: Grundordnung des Römischen Messbuchs, in: Arbeitshilfen 215, Bonn 2007.

HA 1989: Handbuch der Ablässe. Normen und Gewährungen, hrsg. v. Sekretariat der Deutschen Bischofskonferenz, Bonn 1989; deutsche Übersetzung von EI 1986.

HA 2008: Handbuch der Ablässe. Normen und Gewährungen, hrsg. v. der Apostolischen Pönitentiarie, Vatikan ^{2}2008; deutsche Übersetzung von EI 1999/2004.

Johannes Paul II., »Incarnationis mysterium« (29.11.1998). Verkündigungsbulle des Großen Jubiläums des Jahres 2000, in: Verlautbarungen des Apostolischen Stuhls 136, Bonn 1999, S. 1-19.

KKK: Katechismus der Katholischen Kirche, München u.a. ^{3}2020 (Nr. 1471-1479).

Martyrologium Romanum ex decreto Sacrosancti Oecumenici Concilii Vaticani II instauratum auctoritate Ioannis Pauli pp. II promulgatum, Città del Vaticano ^{2}2004.

MI 2021: Manuale delle indulgenze. Norme e concessioni. ed. Penitenzieria Apostolica, Vaticano $^{4\ \text{ristampa}}$ 2021.

NKD: Nachkonziliare Dokumentation, Bd. 1ff, Trier 1967ff.

Paul VI., Apostolische Konstitution »Indulgentiarum doctrina« (01.01.1967), lateinisch-deutsch in: NKD 2, Trier 1967, S. 72-127; dt. auch in: HA 1989, S. 69-93; HA 2008, S. 93-119.

Zeremoniale für die Bischöfe in den katholischen Bistümern des deutschen Sprachgebietes, Freiburg 1998.

Zweites Vatikanisches Konzil: Karl Rahner u.a., Kleines Konzilskompendium, Freiburg ^{18}1985.

Sekundärliteratur

Zu den Orden und Ordensgründern: LThK², LThK³, http://www.orden.de

Art. »Ablass«, in: LThK², Bd. 1, Freiburg 1957/1986, Sp. 46-54 (K. Rahner, L. Hödl, A. Antweiler).

Art. »Ablass«, in: LThK³, Bd. 1, Freiburg 1993, Sp. 51-58 (G.L. Müller, J. Kremsmair, R. Messner, O. Fuchs).

Art. »Ablass«, in: Himmel-Hölle-Fegfeuer. Das Jenseits im Mittelalter, hrsg. v. Peter Jezler, Zürich 1994, S. 234-247 (S. Rova, W. Flury, P. Jezler, F.G. Zehnder, M. Germann, M. Illi, B. Brinkmann).

Anzenberger, Joseph, Dogmatische Begründungen über den Ablaß der Kirche, Passau 1856.

Auer, Johann, Der Ablaß, in: ders., Die Sakramente der Kirche (=Kleine Katholische Dogmatik 7), Regensburg 1972, S. 187-193.

Bartmann, Bernhard, Der Ablaß, in: ders., Lehrbuch der Dogmatik, 2. Bd., Freiburg ⁸1932, S. 418-425.

Beaugrand, Günter (Hrsg.), Die neuen Heiligen. Große Christen auf dem Weg zur Heilig- oder Seligsprechung, Augsburg 1991.

Bendel, Aloys, Der kirchliche Ablaß. In seiner historischen Entwicklung, dogmatischen Auffassung und practischen Anwendung nebst einem Anhang über das Jubiläum, Rottweil a.N. 1847.

Beringer, Franz, Die Ablässe, ihr Wesen und Gebrauch. Handbuch für Geistlichen und Laien. Nach den neuesten Entscheidungen und Bewilligungen der hl. Ablaßkongregation, Paderborn ¹¹1895; Bd. 1-3, Paderborn ¹⁵1921-1930.

Braghin, Andrea, Heiliges Jahr 2000. Rom. Die vier Basiliken, Città del Vaticano o.J. [1999].

Brandt, Reinhard, Lasst ab vom Ablass. Ein evangelisches Plädoyer, Göttingen 2008.

Britz, C., Der verborgene Schatz. Der Ablaß und die mit Ablässen bereicherten Gebete, Übungen und Bruderschaften in d. kath. Kirche nebst d. notwendigsten tägl. Gebeten u. Andachten für d. verschiedenen Feste d. Jahres, Dülmen bei Münster i. W. 1892.

Brunquell, Pius, Kurze histor., dogmat. und prakt. Abhandlung über den Ablaß, Bamberg/Würzburg 1816.

Bubenheimer, Ulrich, Reliquienfest und Ablass in Halle. Albrecht von Brandenburgs Werbemedien und die Gegenschriften Karlstadts und Luthers, in: ders., Wittenberg 1517-1522. Diskussions-, Aktionsgemeinschaft und Stadtreformation. Hrsg. von Thomas

Kaufmann und Alejandro Zorzin (=Spätmittelalter, Humanismus, Reformation 134), Tübingen 2023, S. 273-294.

Bühler, Pierre, Ablass oder Rechtfertigung durch Glauben? Was brauchen wir zum Jubiläumsjahr 2000?, Zürich 2003.

Bysted, Ane L., The crusade indulgence. Spiritual rewards and the theology of the crusades, c. 1095-1216, Leiden 2015.

DeAngelis, Seraphinus, De indulgentiis. Tractatus quoad earum naturam et usum, Ed. altera, Città del Vaticano 1950.

de Fabrica, Johannes, De indulgentiis pro animabus in purgatorio [Inkunabel], 1489; elektronische Reproduktion: Leipzig u.a. 2023.

Dehoux, Esther – Galland, Caroline – Vincent Catherine (Hrsg.), Des usages de la grâce. Pratiques des indulgences du Moyen Âge à l'époque contemporaine, Villeneuve-d'Ascq 2021.

Demel, Sabine, Der Ablass in der Römisch-Katholischen Kirche, in: Ökumenische Informationen 34 (2019), S. 13-16.

Der Bischof von Augsburg [Bischof Konrad Zdarsa], Gewinnung eines Jubiläums-Ablasses im Außerordentlichen Heiligen Jahr der Barmherzigkeit (08.12.2015-20.11.2016), in: Amtsblatt für die Diözese Augsburg 125, Nr. 11 (04.11.2015), S. 413-415 [mit Ablasskirchen im Bistum Augsburg].

Der Bischof von Augsburg [Bischof Viktor Josef Dammertz], Gewinnung eines Jubiläumsablasses im Heiligen Jahr 2000, in: Amtsblatt für die Diözese Augsburg 109, Nr. 12 (05.11.1999), S. 388-390 [mit Ablasskirchen im Bistum Augsburg].

→ siehe auch unter: „Heiliges Jahr 2025“ [Bischof Bertram Meier], sowie „Oberhirtliche Erlasse und Bekanntmachungen“ [Bischof Konrad Zdarsa und Bischof Bertram Meier].

Diekamp, Franz, Die Lehre vom Ablaß, in: ders., Katholische Dogmatik nach den Grundsätzen des heiligen Thomas, 3. Bd., Münster 1932, S. 307-315.

– Die Lehre vom Ablaß, in: ders., Katholische Dogmatik nach den Grundsätzen des heiligen Thomas, hrsg. v. Klaudius Jüssen, 3. Bd., Münster ^{13}1962, S. 321-330.

Dieter, Theodor, Der Ablassstreit. Dokumente, Ökumenische Kommentierungen, Beiträge, Abteilung I: Band 1: Vorgeschichte des Ablassstreits 1095-1517. Kirchliche Verlautbarungen, Recht, Theologie, Liturgie, Predigten, Ablassbriefe, Leipzig 2021.

Dietterle, Johannes A., Die franziskanischen „Summae confessorum“ und ihre Bestimmungen über den „Ablass“, Döbeln 1893.

Doublier, Étienne, Ablass, Papsttum und Bettelorden im 13. Jahrhundert (=Papsttum im mittelalterlichen Europa 6), Köln u.a. 2017.

– Gebet, Ablass und Heilsaneignung im Mittelalter, in: Das Mittelalter 24,2 (2019), S. 289-302.

Doublier, Étienne – Johrendt, Jochen (Hrsg.), Economia della salvezza e indulgenza nel Medioevo (Konferenzschrift: Heilsökonomie und Exklusivität. Der Ablass zwischen dem 13. und 14. Jahrhundert. Veranstaltung 2015 in Wuppertal), Milano 2017.

Düren, Peter Christoph, Christus in heiligen Zeichen. Eine kleine Sakramentenlehre, St. Ottilien 1991 (S. 109f: Wozu dient der Ablass?).

– Der Ablass in Lehre und Praxis. Die vollkommenen Ablässe der katholischen Kirche, Augsburg 2000, [2]2000, [3]2003, [4]2013, [5]2025.

– Der Tod als Ende des irdischen Pilgerstandes. Reflexion über eine katholische Glaubenslehre. Dissertation, Augsburg [6]2022.

– Die Begleitung Schwerstkranker und Sterbender. Eine Handreichung für Angehörige und gläubige Laien, Augsburg 1998, [8]2015.

– Die Läuterung der Geretteten nach dem Tod, in: Gerhard Stumpf (Hrsg.), In der Erwartung des ewigen Lebens. 10. Theologische Sommerakademie in Dießen 2002, Landsberg 2002, S. 113-140.

– Gast auf Erden. Sterben und Tod aus christlicher Sicht, Augsburg [2]1998.

– Schnelles, sanftes oder seliges Sterben? Sterben aus theologischer Sicht, in: Georg Kaster (Hrsg.), Sterben – an der oder durch die Hand des Menschen? 3. Internationale Gocher Gespräche, Münster 2009, S. 132-176.

Ehlers, Axel, Die Ablasspraxis des Deutschen Ordens im Mittelalter (=Quellen und Studien zur Geschichte des Deutschen Ordens 64), Marburg 2007.

Felmberg, Bernhard Alfred R., Die Ablasstheologie Kardinal Cajetans (1469-1534). Habilitationsschrift Berlin 1996, Köln u.a. 1998.

Figge, Horst H., Zum Titel von Martin Luthers „Ein Sermon von dem Ablass und Gnade“, Freiburg 2024.

Filler, Ulrich (Hrsg.), Schatz der Kirche, Kißlegg 2024.

Forneck, Torsten-Christian, Der Ablass. Seine rechtliche Entwicklung vom CIC/1917 bis zur Gegenwart. Dissertation (=Münsterischer Kommentar zum Codex iuris canonici. Beihefte 72), Essen 2016.

Gatterer, Michael, Der Ablass und die Seelsorge. Die neuen Ablassbestimmungen und eine Auslese aus den neueren Ablassverleihungen, Innsbruck 1935.

Gerardus <Augustanus>, Vita sancti Uodalrici. Die älteste Lebensbeschreibung des heiligen Ulrich. Lateinisch-deutsch. Mit der Kanonisationsurkunde von 993. Einl., kritische Ed. und Übers. besorgt von Walter Berschin (=Editiones Heidelbergenses 24), Heidelberg 1993.

Göller, Emil, Der Ausbruch der Reformation und die spätmittelalterliche Ablaßpraxis. Im Anschluß an d. Ablaßtraktat d. Freiburger Professors Johannes Pfeffer v. Weidenberg (=Freiburger Diözesanarchiv N.F. 18), Freiburg/Breisgau 1917.

Göttler, Christine, Die Kunst des Fegefeuers nach der Reformation. Kirchliche Schenkungen, Ablass und Almosen in Antwerpen und Bologna um 1600 (=Berliner Schriften zur Kunst 7), Mainz 1996.

Haas, Carl, Verteidigung der Katholischen Kirche – Kirchengeschichte und Apologie. Kommentierte Neuauflage [der Ausgabe von 1857] hrsg. von Claudia Sperlich, Hamburg 2023.

Habenicht, Georg, Ablass: Wertpapier der Gnade. Wie es zur Reformation kommen musste, Petersberg 2020.

Hamel, Martin, Ablaß 2000. Ein Beispiel der heutigen papstkirchlichen Lehre und Praxis des Ablasses, Steinhagen 2016.

Hamm, Berndt, Ablass und Reformation. Erstaunliche Kohärenzen, Tübingen 2016.

Hauke, Manfred, Das Jubiläumsjahr der Hoffnung als geistliche Chance, in: Theologisches 55 (2025), Nr. 01/02, Sp. 5-8.

Heiliges Jahr 2025. Gewinnung eines vollständigen Jubiläumsablasses [Bischof Bertram Meier], in: Amtsblatt für die Diözese Augsburg 135, Nr. 1 (15.01.2025), S. 38 [mit Ablasskirchen im Bistum Augsburg].

Heiliges Jahr 2025 – Pilger der Hoffnung [Hauptabteilung II – Seelsorge], in: Amtsblatt für die Diözese Augsburg 134, Nr. 13 (14.11.2024), S. 665.

Heinrich, J.B., Der Ablaß, in: ders., Dogmatische Theologie, 10. Bd., Münster i.W. 1904, S. 161-196.

Hellmann, Sarah, Darf man mit Ablässen handeln? Eine wirtschaftsethische Betrachtung. Magisterarbeit, München 2017.

Herrmann, Alfred, Gott suchen: Männerorden in Deutschland, Paderborn 2014.

– Sich Gott nähern: Frauenorden in Deutschland, Paderborn 2017.

Hesemann, Michael, Rom im Heiligen Jahr. Mit einem Vorwort von Erzbischof Nikola Eterović, Illertissen 2024.

Hilgers, Josef, Die katholische Lehre von den Ablässen und deren geschichtliche Entwicklung, Paderborn 1914.

Himmelstein, Franz Xaver, Der Jubelablaß. Eine Auswahl von Bußandachten u. Ablaßgebeten, nebst Unterricht über Ablaß u. Jubiläum, Würzburg 1851.

Holböck, Ferdinand, Neue Heilige der katholischen Kirche: Bd. 1-3: Von Papst Johannes Paul II. in den Jahren 1979 bis 1984 (1984 bis 1987, 1988 bis 1991) kanonisierte Selige und Heilige, Stein am Rhein 1990, 1991, 1994.

Holtz, Leonhard (Hrsg.), Männerorden in der Bundesrepublik Deutschland, Köln u.a. 1984.

Hüttenbügel, Johannes, Der Ablass. Überlegungen zu seiner Theologie und zum heutigen Verständnis. Hrsg. v. Presseamt d. Erzbistums Köln (=Zeitfragen 21), Köln 1983; neu hrsg. mit einem Vorwort von Joachim Kardinal Meisner (=Zeitfragen 49), Köln 1999.

Jenks, Stuart (Hrsg.), Documents on the papal plenary indulgences 1300-1517 preached in the Regnum Teutonicum, Leiden 2018.

Junglas, Johannes Peter, Der Ablaß, in: ders., Die Lehre der Kirche. Eine Laiendogmatik, Bonn 1936, S. 262-264.

Kalkoff, Paul, Ablass und Reliquiem. Verehrung an der Schlosskirche zu Wittenberg unter Friedrich dem Weisen, Nachdruck der Originalausgabe Gotha 1907, Bremen 2012.

Kanatli, Senay, Der Ablasshandel in der Kirchengeschichte. Von den Kreuzzügen bis zum Trienter Konzil. Eine kurze Darstellung, München 2020.

Kaufmann, Thomas, Martin Luther als Publizist. Eine biographische Studie, Tübingen 2025.

Kempis, Stefan von, Benedikt XVI. – das Lexikon. Von Ablass bis Zölibat, Leipzig 2007.

Kindlimann, Hans, Der moderne Ablaß. Zu Karl Rahners Ablaßtheorie, in: vobiscum. Publikationsorgan des Erzbistums Vaduz, Nr. 02/2003, S. 29-37,

Kirsch, Johann Peter, Die Stationskirchen des Missale Romanum. Mit einer Untersuchung über Ursprung und Entwicklung der liturgischen Stationsfeier (=Ecclesia orans 19), Freiburg im Breisgau 1926.

Kopler, Leopold, Bußsakrament und Ablaß. Als Manuskript gedr., Linz [Kath. Preßverein] 1931.

Kracht, H.-J. u.a., [Serie:] Stationskirchen – Stätten geistlicher Sammlung, in: Oss. Rom. (dt.) v. 10.12.1999, S. 5 [und folgende Teile].

Kratzert, Anne Helene, „… dass das ganze Leben Buße sei“. Fundamentaltheologische Überlegungen zu einer praktischen Theologie evangelischer Buße. Diss. Uni Heidelberg 2013 (=Arbeiten zur Systematischen Theologie 7), Leipzig 2014.

Krebs, Engelbert, Der Ablaß. Seine Entstehung, Geschichte und Wesen (=Religiöse Quellenschriften 19), Düsseldorf 1926.

Kronbeck, Franz, Martin Luthers Kampf mit Gott, Bobingen 2017.

Kühne, Hartmut, Humanisten. Ablass – Heilige – Wunderzeichen. Fundstücke aus einem mitteldeutschen Ausstellungsprojekt, in: Berndt Hamm – Thomas Kaufmann (Hrsg.), Wie fromm waren die Humanisten? (=Wolfenbütteler Abhandlungen zur Renaissanceforschung 33), Wiesbaden 2016, S. 159-186.

– u.a. (Hrsg.), Johann Tetzel und der Ablass: Begleitband zur Ausstellung „Tetzel – Ablass – Fegefeuer" in Mönchenkloster und Nikolaikirche Jüterbog vom 8. September bis 26. November 2017, Berlin 2017.

Kurz, Anton, Die katholische Lehre vom Ablass vor und nach dem Auftreten Luthers, Paderborn 1900.

Laudage, Christiane, Das Geschäft mit der Sünde. Ablass und Ablasswesen im Mittelalter, Freiburg u.a. 2016.

– Heilung durch Ablass? Heilige Jahre und Wege zum Himmel, in: Herbers, Klaus – Rückert, Peter (Hrsg.), Pilgern – Heil – Heilung. Deutsche St. Jakobus-Gesellschaft Jahrestagung 2021 Benediktbeuern (=Jakobus-Studien 25), Tübingen 2023, S. 77-108.

Laun, Andreas, Der Ablass – die übersehene Liebe Gottes, in: Kirche heute 9/99, S. 4-7.

Lea, Henry C., A history of auricular confession and indulgences in the Latin church, In 3 vol. [Repr. d. Ausg. Philadelphia 1895], New York 1968.

Liedke, Johanna, Das Wittenberger Heiltum. Frömmigkeit, Kunst und Politik zwischen Spätmittelalter und Reformation, Diss. Uni Leipzig 2022 (=Leucorea-Studien zur Geschichte der Reformation und der lutherischen Orthodoxie 42), Leipzig 2023.

Lohmann, Rolf, Unterwegs zur Hoffnung. Was das Heilige Jahr 2025 bringt, in: Herder-Korrespondenz 79 (2025), Nr. 1, S. 13-14

Luther, Martin, 95 Thesen nebst dem Sermon von Ablass und Gnade 1517. Sonderdruck aus der Lutherausgabe von O. Clemen. Hrsg. von Kurt Aland, Berlin 1962. Reprint 2018.

Margerie, Bertrand de, Le mystère des indulgences, Paris 1999.

Mayer, Achim, Fegfeuer und Bettelorden. Päpstliches Marketing im 13. Jahrhundert. Ein Beitrag zur Analyse der Unternehmensgeschichte der katholischen Kirche unter Einsatz der Franchisetheorie. Dissertation (=Hochschulschriften 29), Marburg 1996.

Meersseman, G.G., Der Hymnos Akáthistos im Abendland, 1. Akáthistos-Akoluthie und Grußhymnen, Freiburg/Schweiz 1958.

– Hymnos Akáthistos, Die älteste Andacht zur Gottesmutter, Freiburg/Schweiz 1958.

Mensah, Jean-Claude Agbeko Komba, Les indulgences. Des origines aux réformes doctrinales, institutionnelles et pastorales, Paris 2021.

Merkl, Ulrich, Eine illuminierte Ablaßurkunde aus der Altdorfer-Werkstadt, in: Pantheon 54 (1996), S. 181-189 [Wallfahrt zur Schönen Maria in Regensburg].

Moulin, Claudine, Ein Sermon von Ablass und Gnade (1518) – Materialität. Dynamik und Transformation, in: Meilensteine der Reformation 2014, S. 113-119, Taf. 10-15.

Muschalek, Georg u.a., Gespräch über den Ablaß (=Arbeiten zur kirchlichen Wiedervereinigung 2, Kirchengeschichtliche Reihe), Köln 1965.

Neuhausen, Christiane, Das Ablasswesen in Köln vom 13. bis zum 16. Jahrhundert, Köln 1994.

Oberhirtliche Erlasse und Bekanntmachungen [Bischof Konrad Zdarsa], Vollständiger Ablass im Jahr des Glaubens, in: Amtsblatt für die Diözese Augsburg 123, Nr. 2 (01.02.2013), S. 83f [mit Ablasskirchen im Bistum Augsburg].

Oberhirtliche Erlasse und Bekanntmachungen [Bischof Bertram Meier], Portiunkula-Ablass, in: Amtsblatt für die Diözese Augsburg 134, Nr. 4 (08.03.2024), S. 145.

Oswald, J.H., Die Lehre vom Ablaß oder von den Indulgenzen, in: ders., Die dogmatische Lehre von den heiligen Sakramenten der katholischen Kirche, 2. Bd., Münster 1877, S. 187-246.

Ohly, Christoph – Slenczka, Notger, Ablass, in: Lexikon für Kirchen- und Religionsrecht 2019 (online).

Ott, Ludwig, Die Lehre vom Ablaß, in: ders., Grundriss der katholischen Dogmatik, Freiburg u.a. [10]1981, S. 525-529; Bonn [11]2005, S. 597-601.

Paulus, Nikolaus, Geschichte des Ablasses im Mittelalter, 3 Bd., Paderborn 1922/23.

Pietschmann, Klaus, Maria zart und Ave Maria. Marienfrömmigkeit und Ablass in der Messvertonung der Renaissance, in: Martin Lüstraeten – Christiane Schäfer – Alexander Zerfaß (Hrsg.), Erkundungen zum Kirchenlied. Festschrift für Ansgar Franz, Tübingen 2024, S. 407-420.

Pohle, Joseph, Der außersakramentale Strafnachlaß oder die Lehre vom Ablaß, in: ders., Lehrbuch der Dogmatik, 3. Bd., Paderborn [2]1906, S. 505-522.

Poschmann, Bernhard, Der Ablass im Licht der Bußgeschichte (=Theophaneia 4), Bonn 1948.

– Der Ablass, in: ders., Buße und Letzte Ölung (=HDG IV-3), Freiburg 1951, S. 112-123.

Premm, Matthias, Das Wesen des Ablasses, in: ders., Katholische Glaubenskunde. Ein Lehrbuch der Dogmatik, 3. Bd., 2. Teil, Wien 1955, S. 145-159.

Rahner, Karl, Bemerkungen zur Theologie des Ablasses, in: ders., Schriften zur Theologie 2, Zürich u.a. 1961, S. 185-210.

– Kleiner theologischer Traktat über den Ablass, in: ders., Schriften zur Theologie 8, Zürich u.a. 1967, S. 472-487.

– Zur heutigen kirchenamtlichen Ablasslehre, in: ders., Schriften zur Theologie 7, Zürich u.a. 1967, S. 488-518.

Ramm, Martin, Heiliges Rom. Pilgern auf den Spuren der Apostel Petrus und Paulus, Opfenbach ³2024.

Rauscher, Joseph Othmar, Der Ablaß und die christliche Freiheit. Hirtenschreiben, Wien 1865.

Raya, Joseph – de Vinck, José, Byzantine Daily Worship. With byzantine breviary, the three liturgies, propers of the day and various offices, Alleluia Press, Allendale/N.J. – Combermere/Ontario/ Canada 1969 (Office of Consolation or Paraclisis: S. 937-955).

Rehberg, Andreas (Hrsg.), Ablasskampagnen des Spätmittelalters. Luthers Thesen von 1517 im Kontext (=Bibliothek des Deutschen Historischen Instituts in Rom 132), Berlin 2017.

Reuter, Wolfgang, Ablassen vom Ablass? Pastoralspychologische Assoziationen zu einer fragwürdigen Praxis, in: Ordenskorrespondenz 66 (2025), Nr. 1, S. 42-49.

Richter, Thomas, Ein Ablass zum Patrozinium der Kirchhovener Hubertuskirche, in: Heimatkalender des Kreises Heinsberg, Heinsberg [2025], S. 137-142.

Ritter, Hermann, Ablass – ein kirchengeschichtlich belasteter Begriff und seine bleibende Relevanz, in: Erfahrungen aus der Praxis. Freiburger Materialdienst für die Gemeindepastoral, Heft 4/1999.

Rosenberger, Maria (Hrsg.), Ablaßbüchlein – Erbarmt Euch der Armen Seelen. Ablaßlehre, Ablaß-Stoßgebete, Ablaßübungen, Durach 2010.

Satolli, Dino, Römische Fastenzeit. Betrachtungen zu den Stationsfeiern mit einer kurzen Beschreibung der Stationskirchen [Quaresima a Roma], Wien 1965.

Sattler, Dorothea, Leiden vergeben? Ökumenisch motivierte Reflexionen zum Heiligen Jahr 2025, in: Herder-Korrespondenz 79 (2025), Nr. 1, S. 15-17.

Schamoni, Wilhelm, Wunder sind Tatsachen. Eine Dokumentation aus Heiligsprechungsakten – Sonderaufl. d. Orig.-Ausg., Würzburg ⁴1976. 1. Aufl. u.d.T.: Parallelen zum Neuen Testament, Abensberg 1971.

Scheeben, Matthias Joseph, Der Ablaß, in: ders., Handbuch der Dogmatik, 4. Bd., v. Leonhard Atzberger, Freiburg 1933, S. 731-740.

Scheffczyk, Leo Cardinal, Entschiedener Glaube – befreiende Wahrheit. Ein Gespräch über das Katholische und die Kirche mit Peter Christoph Düren, Buttenwiesen 2003, S. 218f. 278f.

Schelhas, Johannes, Aktuelle Gedanken zum Bußsakrament, in: Trierer theologische Zeitschrift 122 (2013), Nr. 2, S. 103-123.

Schirrmacher, Thomas, Der Ablass. Eine evangelische Kritik, Nürnberg 2005.

Schmaus, Michael, Der Ablaß, in: ders., Der Glaube der Kirche, Bd. V/4, St. Ottilien ²1982, S. 175-197.

– Der Ablaß, in: ders., Katholische Dogmatik, 4. Bd./1. Halbband, München ⁴1952, S. 538-549.

Schreiner, Claus (Hrsg.), Frauenorden in Deutschland, Fulda u.a. 1993.

Schulz, Winfried, Das neue Selig- und Heiligsprechungsverfahren, Paderborn 1988.

Schuster, Joseph, Die Jubiläums-Feier in der katholischen Kirche. Oder kurz u. klar gefaßter Unterricht über d. Ablaß überhaupt u. d. Jubiläums-Ablaß insbes., nebst d. zur Gewinnung d. vom 5. Juni bis 4. Juli d. J. in d. Diözese Würzburg stattfindenden Jubel-Ablasses erforderl. Andachten, sowie Beicht-, Communion- u. Meßgebeten, Jubiläums-Betstunde …, Würzburg ⁹1852.

Shaffern, Robert W., Domnicans, indulgences, and imperial rivalry in fourteenth-century Germany, Lewiston, NY 2014.

Seibold, Alexander, Sammelindulgenzen. Dissertation, Regensburg 1997.

Seitz, Eduard, Darstellung der katholischen Kirchendisciplin in Ansehung der Verwaltung der Sacramente. Eine Anleitung zur geistl. Amtsverwaltung in Beziehung auf d. Taufe, d. Firmung, d. Buße, d. Ablaß, d. Abendmahl, d. Meßopfer, d. letzte Ölung, d. erste Tonsur, d. Weihe, d. Verlöbniß u. d. Ehe, Regensburg 1850.

Sellemond, Franz (Hrsg.), Der erneuerte Ablass. Ein Führer zu Innerlichkeit, ein Trost für die Verstorbenen, ein Freund der Armen Seelen, Bozen/Brixen 1969.

Serrano, Antonio, Die Heiligen Jahre. Deutsch – Italiano – English – Français – Español, Dachau 1999.

Sieger, Marcus, Die Heiligsprechung. Geschichte und heutige Rechtslage (=Forschungen zur Kirchenrechtswissenschaft 23). Zugl.: Bonn, Univ., Diss., 1992, Würzburg 1995.

Sodi, Manlio – Saraco, Alessandro (Hrsg.), Penitenza e penitenzieria nel „secolo“ del Concilio di Trento. Prassi e dottrine in un mondo più largo (1517-1614). Penitenzieria Apostolica (=Monumenta, studia, instrumenta liturgica 76), Città del Vaticano 2016.

Specht, Thomas, Der Ablaß, in: ders., Lehrbuch der Dogmatik, hrsg. v. Georg Lorenz Bauer, 2. Bd., Regensburg 1925, S. 400-411.

Sugiyama, Miyako, Images and indulgences in early Netherlandish painting. Dissertation [Promise to the Penitent: Images and Indulgences in early Netherlandish painting] (=Distinguished contributions to the study of arts in the Burgundian Netherlands 4), Turnhout 2021.

Tauwinkl, Wilhelm, La discussione teologica sulle indulgenze dal Concilio Vaticano II fino ad oggi. Dissertation, Norderstedt 2008.

Thomas von Aquin, Summa theologiae, q. 25-27 (Der Ablass), in: Die deutsche Thomas-Ausgabe, Bd. 32, Köln u.a. 1985, S. 117-151.

Trenner, V., Art. Akáthistos Hymnos, in: Marienlexikon 1, St. Ottilien 1988, S. 66-68.

Vom Konflikt zur Gemeinschaft: Gemeinsames lutherisch-katholisches Reformationsgedenken im Jahr 2017. Bericht der lutherisch/römisch-katholischen Kommission für die Einheit, Leipzig [2]2013.

Von Walldürn bis Konstanz. Erzbischof Burger hat Orte für den Jubiläumsablass in der Erzdiözese festgelegt, in: Konradsblatt. Wochenzeitung f.d. Erzbistum Freiburg 109 (2025), Nr. 13, S. 37.

Vorgrimler, Herbert, Der Ablass, in: ders., Buße und Krankensalbung (=HDG IV-3), Freiburg [2]1978, S. 203-214.

Wirsching, Daniel, Was ist der „Jubiläumsablass“? Das „Heilige Jahr 2025“ in der katholischen Kirche ist eng mit Beichte und Buße verbunden. Fragen und Antworten zu einer Glaubenspraxis, die vielen fremd geworden ist, in: Augsburger Allgemeine 81./174. Jg., Nr. 74 (29.03. 2025), S. 16.

Wirth, Stefan, Die neuen Heiligen der katholischen Kirche. Bd. 5: 1996 bis 1999, Stein am Rhein 2006; Bd. 6: 2000 bis 2002, Stein am Rhein 2009; Bd. 7: 2003 bis 2006, Stein am Rhein 2011; Bd. 8: 2007 bis 2009, Stein am Rhein 2012.

Wolny, Alexander, Quantifizierung von Frömmigkeit im 13. Jahrhundert. Ablässe in den Bistümern Halberstadt und Naumburg. Dissertation, Heidelberg 2016.

Zöller, Walter, Mit Geld den Platz im Himmel sichern. Pilgerreisen, Knochenreste und ein umfassendes Ablass-System: Die Menschen im Spätmittelalter versuchten vieles, um für das Jenseits vorzusorgen. In Halle zeugt davon eine riesige Reliquiensammlung, die aktuell Teil einer Ausstellung ist, in: Mitteldeutsche Zeitung v. 11.02.2025, S. 12.

Zumbroich, Eberhard Maria, Das Geheimnis der Gottesmutter – Hymnos Akáthistos, Gaildorf 1970.

Quellennachweis

Textnachweis:

Die Ständige Kommission für die Herausgabe der liturgischen Bücher im deutschen Sprachgebiet erteilte für die aus »Messbuch«, »Zeremoniale«, »Stundenbuch« und »Feier der Krankensakramente« entnommenen Texte die Abdruckerlaubnis (fü-me 198/99 v. 29.07.1999).

S. 75-90: Eberhard Maria Zumbroich, Das Geheimnis der Gottesmutter – Hymnos Akáthistos, Gaildorf 1970.

S. 92-104: Offizium Paráklesis, in: Kilian Kirchhoff, Hymnen der Ostkirche. Dreifaltigkeits-, Marien- und Totenhymnen, Münster ²1979, S. 176-188.

S. 241f: Weihe der Familie an das Heiligste Herz Jesu, in: Ablassbuch, Regensburg ³1952, S. 364f.

S. 244: Weihe der Familie an die Heilige Familie: Leo XIII., Neminem fugit, in: ASS 25 (1892-1893), S. 8-10; Weihegebet: ebd., S. 19f; eig. dt. Übers.; vgl. Ablassbuch, Regensburg ³1952, S. 366.

S. 249-251: Erneuerung des Taufbundes, in: Laudate. Gebet- und Gesangbuch für das Bistum Augsburg, München 1954, S. 134-136.

Der Verband der Diözesen Deutschlands erteilte für die Texte aus dem »Handbuch der Ablässe« (Bonn 1989) und den Verlautbarungen des Apostolischen Stuhls, Nr. 136 (Bonn 1998) die Abdruckerlaubnis (AZ 1843/6149/99 v. 24.08.1999).

Liedtextnachweis:

S. 122-125; 145f; 160f: Der Caritasverband für die Diözese Eichstätt e.V. erteilte die Abdruckerlaubnis für die Lieder aus dem alten GL 241 (GL neu 342) und 542 (GL neu 495) (Hu/ha v. 16.08. 1999).

S. 145f; 165: Die VG-Musikedition Kassel erteilte i.A. des Christophorus Verlages, Freiburg/Br. die Abdruckgenehmigung (Nr. 1453 v. 19.08.1999) für das Lied aus dem alten GL 544 („Das Geheimnis lasst uns künden“, fehlt im GL neu).

S. 122f; 125f; 145; 159f; 162; 164f: Die Texte aus dem alten GL 240 (GL neu 341), 245 (GL neu 351) und 543 (GL neu 494) sind rechtefrei (Ständige Kommission für die Herausgabe der liturgischen Bücher im deutschen Sprachgebeit, Trier, G 5898/99 v. 09.08.1999).

Bildnachweis:

Umschlag: Coëtivy-Meister, Französisches Stundenbuch, Miniatur zum Totenoffiz, um 1460. Baltimore/USA, Walters Art Gallery, Baltimore/Maryland, Ms. W. 274 f. 118 v, Permission for Reproduction, Nr. 3441 v. 27.09.1999;

S. 14: Papstaudienz am 11.10.2000, © Servizio Fotografico de L'Osservatore Romano, Città del Vaticano;

S. 16: Päpstliche Tiara mit gekreuzten Schlüsseln, Bild: Daniel Meunier, © meunierd, Depositphotos ID 618214828, License 341037498 v. 17.03.2025;

S. 18: Papst Johannes Paul II., © picture-alliance/dpa /ANSA Vatican Pool, Bild 2734348; Lizenz 212508203 v. 21.05.2025;

S. 27: Papst Paul VI. öffnet die Heilige Pforte im Petersdom zum Heiligen Jahr 1975, © 1974 KNA, www.kna-bild.de – Nutzungsrechte vorbehalten, Bild: KNA_22837, Lizenz 107105/1251408 v. 21.05.2025;

S. 38: Franz Xaver Schmädl (1705-1777), Christus-im-Elend-Arme-Seelen-Altar (1732-1739), Marienmünster, Dießen am Ammersee (2012), © P.C. Düren, IMG_0489;

S. 41: Statue des hl. Apostels Petrus auf dem Petersplatz in Rom (2009), © P.C. Düren, 100_2391;

S. 49: Meister des Lebensbrunnens, Messe des heiligen Gregors, um 1510. Provenienz 1903-1942: Wallraf-Richartz-Museum, Köln. Privatsammlung. Ausschnitt;

S. 52: Niederländisches Stundenbuch, Utrecht, um 1430, Beginn des Totenoffiziums: Zwei Seelen im Fegfeuer, fol. 205r;

S. 54: Fegfeuer-Darstellung auf der Insel Malta (2011), © P.C. Düren, IMG_0917;

S. 56: Maria hebt die durch das Blut Christi erlösten Armen Seelen aus dem Fegfeuer, Wallfahrtskirche Maria Vesperbild bei Ziemetshausen (2025), © P.C. Düren;

S. 64: Die Rosenkranzbeter helfen bei der Erlösung der Armen Seelen aus dem Fegfeuer, Holzschnitt 1514, in: Marcus von Weida, Der Spiegel hochloblicher Bruderschafft des Rosenkrantz Marie, Leiptzk 1514, S. 107v, Faksimile: hrsg. von Anthonÿ van der Lee, (=Quellen und Forschungen zur Erbauungsliteratur des späten Mittelalters und der frühen Neuzeit 3), Amsterdam 1978, ebenso: Augusta von Oertzen, Maria, die Königin des Rosenkranzes, Augsburg 1925, S. 30.75f;

S. 72: Maria, Mutter der immerwährenden Hilfe. Foto: RufflesDeQueijo (2020), CC BY-SA 4.0, wikimedia 109322619;

https://commons.wikimedia.org/wiki/File:Nossa_Senhora_do_Perpetuo_Socorro_HD.jpg

S. 106: Basilika Santa Sabina, Rom, Foto: Marek Poplawski, © mark52, Depositphotos ID 58679463, License 341036428 v. 17.03.2025;

S. 138: Crucifixus: lebensgroßes Schnitzwerk des Augsburger Bildhauers Ehrgott Bernhard Bendel, Anfang des 18. Jhdt., Hoher Dom, Augsburg, südl. Querarm (2006), © P.C. Düren, 255_5542_r1;

S. 151: Papst Benedikt XVI. erteilt an Weihnachten 2008 den Segen „Urbi et orbi" – für die Stadt Rom und den Erdkreis, © JialiangGao www.peace-on-earth.org, Wikipedia Creative Commons-Lizenz;

S. 184: Portiuncula-Kapelle, Assisi: http://www.maranatha.it/photo/20090913-01.htm;

S. 201: Tafel am Hauptportal der Lateranbasilika in Rom (2025), © P.C. Düren;

S. 208: Papst Franziskus erteilt den Segen „Urbi et orbi", Foto: Marco Iacobucci, © m.iacobucci.tiscali.it, Depositphotos ID 775655622, License 341036036 v. 17.03.2025;

S. 212 oben: Papst Benedikt XVI. bei der Generalaudienz auf dem Petersplatz in Rom am 18.02.2009, © P.C. Düren, 100_2404;

S. 212 unten: Papst Franziskus, Foto: Marco Campagna, © neneosan, Depositphotos ID 38382767, License 341036988 v. 17.03.2025;

S. 214 oben: Basilika St. Peter im Vatikan, Rom, neurenovierte Fassade (2009), © P.C. Düren, 100_2272;

S. 214 unten: Blick über den Petersplatz Richtung Engelsburg (2007), © David Iliff Lizenz: CC-BY-SA 3.0, wikipedia;

S. 243: Herz-Jesu-Altar, Pfaffenhofen an der Zusam, © P.C. Düren, N28932;

S. 245: Heinrich Salmannsberger, Ikone der Heiligen Familie, 1999. Privatbesitz Düren, © P.C. Düren, IMG 1153;

S. 262: Papst Leo XIV. erteit den Segen „Urbi et orbi" am 08.05.2025, © Vatican Media, Bildnummer: 41/44 N._RIS0259, Lizenz Nr. 2025-SF000235 v. 17.05.2025;

S. 268: Stadtpfarrkirche Rohrbach. Aller-Seelen-Altar (1700) – Altargemälde: Arme Seelen im Fegefeuer (2007), © Wolfgang Sauber, Wikipedia, GNU-Lizenz für freie Dokumentation;

S. 302: Geschnitzter Stein, der die Seelen im Fegfeuer in der Pfarrkirche Santa María Magdalena, Ponte Ulla (Spanien), darstellt, Foto: Joaquin Ossorio-Castillo, © jqnoc, Depositphotos ID 698398942, License 341037118 v. 17.03.2025;

S. 335: Fegfeuer-Darstellung in der Kirche in Saint-Nicolas de Véroce, Frankreich, Foto: Pascal Deloche, © godongphoto, Depositphotos ID 677175066, License 341037148 v. 17.03.2025.

Rezensionen

„Aus diesem Büchlein können wirklich Schätze für das ewige Leben geschöpft werden … Für diese aus übernatürlichem Geist heraus geleistete theologische und verlegerische Arbeit [ist] höchstes Lob zu zollen.“
Kirchliche Umschau

„Der Stella Maris Verlag Buttenwiesen hat ein Buch über die Ablässe der katholischen Kirche herausgebracht. Autor ist der katholische Theologe Peter Düren, der dafür die kirchliche Druckerlaubnis der Bischöflichen Ordinariates Augsburg eingeholt hat.“
KNA – Bayerischer Dienst

„Was ist eigentlich ein Ablass? Wie kann man ihn gewinnen? Auf diese Fragen gibt das Buch kompetente Antworten. Es legt ausführlich und verständlich die Lehre und Praxis der Kirche dar.“
L'Osservatore Romano. Wochenausgabe in deutscher Sprache

„Die Lehre vom Ablass steht nicht gerade im Mittelpunkt der kirchlichen Verkündigung. Im Gefolge aktueller ökumenischer Bestrebungen scheint sie noch weiter in den Hintergrund gedrängt zu werden. Umso wichtiger ist es, dass sich der Augsburger Theologe … dieser Thematik angenommen hat.“
Der Fels

„Bislang war die Kunde von den römischen Ablässen nur spärlich über die Alpen gelangt. Jetzt wurde in Augsburg ein neues Buch vorgestellt, das die derzeit gültigen Ablassbestimmungen erstmals in deutscher Sprache zugänglich macht.“
Kirche heute

„Die Frage, ob dem Ablass ernst zu nehmender Sinn innewohnt, wird kaum mehr gestellt. Diese Lücke füllt das gerade erschienene Buch … Ohne Kenntnisnahme der wesentlichen Züge des geschichtlichen und des aktuellen Ablasswesens, wie Düren sie hier vorlegt, dürfte eine sachgerechte und vorurteilslose Begründung des eigenen Urteils kaum möglich sein.“
Rheinischer Merkur

„Dieses handliche und gut ausgestattete kleine Buch ist in jeder Hinsicht zu begrüßen und zu empfehlen."
Klerusblatt. Zeitschrift der katholischen Geistlichen in Bayern und der Pfalz

„Das schön ausgestattete, auch bebilderte Buch ist sowohl eine Informationsquelle für das noch immer strittige Thema als auch eine Anregung zur ‚Wiederentdeckung einer katholischen Lehre und religiösen Praxis, die dem Heil der Gläubigen und vor allem der Erlösung der Armen Seelen aus dem Fegfeuer dient'."
Katholische SonntagsZeitung für das Bistum Augsburg

„Das handliche und liebevoll bebilderte Werk ist nicht nur für den wissenschaftlich arbeitenden Theologen hilfreich, sondern wendet sich an jeden Gläubigen, der – inspiriert durch das vom Papst ausgerufene Heilige Jahr – sich der Ablasspraxis neuerlich zuwenden will. Düren, der sich schon mit früheren Büchern als ein gebildeter und klar denkender Theologe erwiesen hat, der mit beiden Beinen fest in der Kirche steht, hat mit seinem neuesten Werk eine theologische und geistliche Marklücke geschlossen."
Die Tagespost

„Das Buch … ist … eine Orientierungshilfe zum gläubigen Verstehen des Ablasses."
KNA-ÖKI

„Mit einer äußerst positiven Stellungnahme hat der Vatikan auf eine Veröffentlichung des Augsburger Theologischen Referenten Peter Christoph Düren reagiert … Der für das Ablasswesen zuständige Kurienkardinal, William Baum, ließ mitteilen, dass er die Initiative Dürens begrüße, ein fundiertes Werk über den Ablass verfasst zu haben. Im Land der Reformation wird dieses Thema nicht nur von Protestanten mit Skepsis betrachtet."
Katholische SonntagsZeitung für das Bistum Augsburg

„Nach einer Darlegung der kirchlichen Lehre über den Ablass werden sämtliche vollkommenen Ablässe, die die Kirche bewilligt hat, beschrieben und die Bedingungen für ihre Gewinnung genannt."
Vobiscum. Publikationsorgan des Erzbistums Vaduz

„Über den Ablass – sehr katholisch, aber zur Klärung hilfreich! Wer sich Gedanken über den Ablass machen und sich an der Diskussion beteiligen will, der sollte unbedingt das kleine Buch von Peter Chris-

toph Düren lesen: »Der Ablass in Lehre und Praxis« … Auf 44 Seiten wird die »stramme« katholische Ablass-Lehre vorgelegt – sehr gründlich und informierend, aber immerhin beginnend mit der Kritik Martin Luthers und der katholischen Antwort … Auch wenn man über den Ablass anders denkt und urteilt – dieses Buch ist eine informative Begleitung."
Deutsches Pfarrerblatt. Zeitschrift für Pfarrerinnen und Pfarrer

„Mit zu jenen Lehrinhalten, die auf der ‚Abschussliste' übereilter Ökumeniker einen oberen Platz einnehmen, gehört auch der Ablass … Umso erfreulicher ist es, dass jetzt ganz gegen diesen theologischen Zeitgeist ein sehr hilfreiches Buch zu dem Thema Ablass erschienen ist. An die Stelle von Polemik und Kritik setzt es die gleichermaßen sachlich-wissenschaftliche wie allgemeinverständliche, ganz auf der Lehre der Kirche basierende Beantwortung der Fragen, was ein Ablass überhaupt ist und wie er gewonnen werden kann … Das Buch, das bereits in zweiter Auflage erschienen ist, ist nicht nur eine wahre Schatzkammer für den Beter und trotz seiner erstklassigen Ausstattung zu einem erstaunlich günstigen Preis zu haben, es ist in einer Zeit, die auf dem Gebiet des Ökumenismus weithin jede Grenze vermissen lässt, ein unüberhörbares Signal, ein Rückruf zum Authentisch-Katholischen."
Theologisches

„Das Ablassbüchlein von Düren füllt zweifellos eine pastorale »Marktlücke« und kann allen aufgeschlossenen Christen als bleibend wertvolles »Vademecum« [„Geh-mit-mir", d.h. als treuer Wegbegleiter] empfohlen werden."
Forum Katholische Theologie

„Insgesamt bietet das vorliegende Werk grundsätzlich und leicht verständlich Information über das immer noch strittige bzw. zumindest unökumenische Thema. Es kann aber auch zur Wiederentdeckung der katholischen Lehre über den Ablass sowie zur religiösen Praxis beitragen."
Zeitschrift für katholische Theologie

Stichwortverzeichnis

Fegfeuer-Darstellung in der Kirche in Saint-Nicolas de Véroce, Frankreich